Leslie Kern

Gentrifizierung lässt sich nicht aufhalten

und andere Lügen

UNRAST

Leslie Kern ist Autorin von drei Büchern über Städte, darunter *Feminist City* (Unrast Verlag). Sie lehrt an der Mount Allison University in Kanada Geografie mit einem Fokus auf urbane, soziale und feministische Bewegungen, schreibt auf ihrem Blog lesliekerncoaching.com und twittert über Feminismus, urbane und akademische Themen unter @LellyK.

Leo Kühberger ist Historiker, Kulturanthropologe und Übersetzer und lebt in Graz. Er forscht und schreibt vor allem zur Geschichte und Theorie sozialer Bewegungen. Hauptberuflich ist er Eisenbahner.

Leslie Kern

Gentrifizierung lässt sich nicht aufhalten und andere Lügen

aus dem Englischen übersetzt
von Leo Kühberger

UNRAST

Bibliografische Information der Deutschen Bibliothek
Die Deutsche Bibliothek verzeichnet diese Publikation in der Deutschen Nationalbibliografie; detaillierte bibliografische Daten sind im Internet über https://www.dnb.de abrufbar.

Leslie Kern
Gentrifizierung lässt sich nicht aufhalten und andere Lügen

Titel der Originalausgabe: Gentrification Is Inevitable and Other Lies

Erstveröffentlichung bei Between the Lines, Toronto, Kanada, 2022
www.btlbooks.com

Übersetzt und gedruckt mit freundlicher Unterstützung des
Canada Council for the Arts.

Canada Council for the Arts
Conseil des arts du Canada

Umschlag: David Hellgermann, Münster
Satz: Andreas Hollender, Köln
Druck: Multiprint, Kostinbrod
ISBN 978-3-89771-206-5

www.unrast-verlag.de – kontakt@unrast-verlag.de
Mitglied in der assoziation Linker Verlage (aLiVe)

In liebevoller Erinnerung an meinen Vater, einen freundlichen und großzügigen Mann

Inhalt

Danksagung

Ich danke Amanda Crocker, meiner Verlegerin bei Between the Lines, für ihre unermüdliche Unterstützung und ihr in jeder Phase der Entstehung dieses Buches hilfreiches Feedback. Leo Hollis von Verso Books war mit seinen Überlegungen und Vorschlägen ebenfalls eine ungeheure Unterstützung. Ein großes Dankeschön geht an die Mitarbeiter*innen dieser beiden unabhängigen Verlage, die hinter den Kulissen in der Gestaltung und im Marketing großartige Arbeit leisten. Nadine Ryan leistete beim Lektorat hervorragende Arbeit, und alle verbliebenen Fehler sind mir anzulasten.

Den Mi'kmaq habe ich zu danken, da ich seit 2009 auf ihrem Land Gast sein darf. Ich fühle mich geehrt, dass ich während des Schreibens dieses Buches auf dem Land der Mi'kmaq leben, arbeiten und lernen durfte.

Ich bin dankbar, dass ich Kolleg*innen, die ich mittlerweile zu meinen Freund*innen zähle, wie Winifred Curran habe, deren eigene Forschungen und Bereitschaft zur Zusammenarbeit viele meiner Projekte bereichern konnten. Michael Fox ging das Risiko ein, einer Nicht-Geografin an einem Institut für Geografie einen Job zu geben, und er setzte sich dafür ein, dass ich dort bleiben konnte. Roberta Hawkins hatte die Geduld, zu warten, bis die Arbeit an diesem Buch beendet ist, damit wir uns wieder in die gemeinsame Arbeit stürzen können.

Meine Freund*innen waren und sind die größten Unterstützer*innen meiner Arbeit, und trotz der Entfernung, einer Pandemie und der Achterbahn des Lebens sind sie eine große Bereicherung für mein Leben: Jennifer Kelly, Kris Weinkauf, Katherine Krupicz, Sarah Gray, Cristina Izquierdo, Michelle Mendes, Katie Haslett, Jane Dryden, Shelly Colette und Lisa Dawn Hamilton.

Ich möchte auch meiner Familie danken, die mich immer ermutigt hat, in meinem Beruf und in meinem Leben nicht stehenzubleiben, sondern weiterzugehen: Dale Kern, Ralph Kern, Josh Kern, Geof Dunn, Kathy Saunders, Charmaine Peters und meine Großeltern, Tanten, Onkel und Cousins und Cousinen.

Meine Tochter Maddy ist für mich immer eine große Inspiration, und hoffentlich kann ich das auch für sie sein. Mein Partner Peter sorgt mit seiner bedingungslosen Liebe und Fürsorge dafür, dass ich auf dem Boden bleibe. Ich danke euch allen!

Gentrifizierung ist …

Ich lebte früher in The Junction, einem von sich kreuzenden Eisenbahnlinien durchzogenen, abgelegenen Stadtteil im Westen von Toronto. Die Industriegeschichte dieses Viertels war allein schon durch die Geräusche und Gerüche, die von den Gummi-, Farb- und Fleischfabriken herrührten, allgegenwärtig. Auch heute, an einem heißen Nachmittag, mögen einem diese Gerüche noch in die Nase steigen, aber mittlerweile konkurrieren sie mit den Gerüchen aus den schicken Cafés und veganen Bäckereien. Mir ist schon klar, dass es ein Klischee ist, wenn man davon redet, wie trostlos das eigene Viertel doch einmal war, aber es gibt einen Grund, warum wir dieser Erzählungen überdrüssig sind: So viele unserer Stadtteile werden nun vor unseren Augen umgestaltet.

Was ich in The Junction beobachten konnte, ist Teil einer ganzen Reihe von Veränderungen, die jenen Orten und Communitys widerfahren, die eine Stadt einmal interessant und besonders und zum Schauplatz von Protest und Fortschritt gemacht haben. Diese Veränderungen werden heute als Gentrifizierung bezeichnet und dieses Buch handelt von den Kämpfen gegen die Gentrifizierung, die alles unter sich begräbt, was vielen von uns am Leben in der Stadt lieb und teuer ist.

Bevor ich im Jahr 2000 dorthin zog, hatte ich, obwohl ich seit über zwanzig Jahren in Toronto lebte, noch nie von The Junction gehört. Das Viertel war ein merkwürdiger Ort: Zwischen 1904 und 1998 war es ›trocken‹, sprich der Ausschank von Alkohol war untersagt, und durch die Nähe zu den alten Schlachthöfen war es attraktiv für Migrant*innen aus Malta, Italien und Polen, die in der Fleischindustrie schufteten. Aktive Industrieanlagen und fleischverarbeitende Betriebe befanden sich direkt neben verlassenen Fabriken und brachliegenden Flächen, nur wenige Straßenzüge von den überaus praktischen Angeboten der zentralen Einkaufsmeile entfernt. Die Filiale eines Videoverleihs, ein Lebensmitteldiscounter und die Post waren die einzigen Geschäfte, die ich als Studentin und frischgebackene Mutter aufsuchte. Die Pfandleihhäuser und das eigenartige Überangebot an Werkstätten, die Polstermöbel reparierten, waren für mich weniger einladende Orte.

Was wir stattdessen zu bieten hatten, waren eine überdurchschnittlich hohe Luftverschmutzung, öffentliche Parks, die mit weggeworfenen Nadeln übersät waren, und eine weitgehend vergessene, migrantisch geprägte Bevölkerung, überwiegend aus der Arbeiter*innenklasse und mit niedrigen Einkommen. Ich sage ›weitgehend vergessen‹, weil The Junction im Gegensatz zu anderen Stadtteilen von Toronto, die wegen des Drogenkonsums, der Wohnungslosigkeit und der Sexarbeit stigmatisiert wurden, nur selten in den Nachrichten auftauchte. Es war kein Ort, der als ›fremd‹ oder angsteinflößend imaginiert wurde. Wer nicht selbst innerhalb dieses Dreiecks aus Eisenbahnlinien wohnte, hatte einfach keine Vorstellung von diesem Ort. Als ich auf der Suche nach einer bezahlbaren Wohnung gewesen war, war in den Inseraten für The Junction stets von »High Park North« die Rede, um eine Assoziation zu dem vornehmen Stadtteil und dem schönen Park im Süden herzustellen. Das war ein ziemlich kreativer Prozess der Namensgebung, um die Tatsache zu verschleiern, dass es sich eben nicht um High Park handelte.

Aber es gab trotzdem eine Menge junger Familien, gute Schulen und passable, wenn auch kleine Grünflächen, die über das Wohngebiet verstreut waren. Schlussendlich reden wir über eine Stadt in Kanada, wo die öffentlichen Ausgaben für die städtische Infrastruktur in der Regel nicht so weit zurückgefahren wurden, dass völlig unbewohnbare Orte entstanden wären. Auch wenn meine Kellerwohnung, in der sich die Mäuse tummelten, so einiges zu wünschen übrig ließ, lernte ich schnell andere Mütter mit Kindern im Alter meiner Tochter kennen und traf auf eine hilfsbereite Community. In den ersten Jahren gab es hin und wieder Zeichen der Veränderung: hier ein interessantes neues Geschäft, da eine Veranstaltung. Aber nur wenig davon schien von Dauer zu sein. Es war ein bisschen ›artsy‹, aber alles andere als hip.

Mitte der 2000er Jahre begann sich jedoch alles zu ändern. Die große Zahl an neuen Geschäften und Restaurants bot der bisherigen Abwärtsentwicklung die Stirn und bescherte dem Viertel ungewohnte

Aufmerksamkeit. Auf einmal war das Viertel ›im Kommen‹ und wurde schnell Torontos neuester Hotspot. The Junction lag plötzlich im Trend. Altes und Neues kam hier zusammen. Ein Reiseziel. Die Medien der Stadt berichteten in ihren wöchentlichen Sparten ›Was tun?‹ und ›Wo essen?‹ über Veranstaltungen, Bars, Geschäfte und Restaurants in unserem Stadtteil. Die Aufregung erreichte ihren vorläufigen Höhepunkt, als die Online-Redaktion der *New York Times* 2009 eine Geschichte mit dem Titel »Der Problemkiez von Toronto wird hip«[1] brachte.

Der Artikel erzählte eine Aschenputtel-Geschichte, die wie ein Märchen über den Gegensatz von Vorher und Nachher funktioniert. In diesem und anderen Artikeln wurde die ›alte Junction‹ als heruntergekommenes, dreckiges Viertel beschrieben. Ein giftiges Wrack, zu marode, um repariert zu werden, in der Vergangenheit steckengeblieben und im Niedergang begriffen. Mit diesen Adjektiven lässt sich sicherlich eine packende Geschichte einer Metamorphose erzählen. Aber sie erfüllen auch einen anderen Zweck. Indem das Viertel als kaputt, verwahrlost und dreckig dargestellt wird, erscheinen die Veränderungen durch die Gentrifizierung als notwendig, gut und wünschenswert. Das Viertel als einen Ort zu beschreiben, der gerettet werden muss, macht aus der Gentrifizierung einen Helden.

Der Reisereporter der *New York Times* erklärte seinen Leser*innen, dass sich »Junge Leute und Künstler*innen die noch niedrigen Immobilienpreise zunutze machen und sich in den leeren Schaufenstern und einstöckigen Häusern der Junction einmieten«. Diese Held*innen leisten, wie es scheint, gute Arbeit: »Block für Block verwandeln sie diesen Teil der Dundas Street West von einer schäbigen Problemgegend in eine lebhafte Insel voller schräger Buchläden, veganer Restaurants und nachhaltiger Cafés. (...) Wo sich früher ein Pornoladen an den anderen reihte, finden sich jetzt Geschäfte mit gesunden und biologischen Lebensmitteln.«[2] Der Schatten aus Dreck, Armut und Pornografie, der über der Gegend lag, weicht dem verheißungsvollen Strahlen der Bücher, veganen Cafés und Bio-Lebensmittel.

In diesem Hype um die Wiederauferstehung der Junction dachte fast niemand an diejenigen, die nun nicht mehr willkommen waren oder aus ihrer Nachbarschaft verdrängt wurden. Ein Blick in die Kommentarspalten diverser Blogs im Internet machte deutlich, dass es für diese Bewohner*innen nur wenig Sympathie gab. Vielmehr waren sich die Kommentator*innen sicher, dass, wenn die fetttriefenden Imbissbuden, dreckigen Donut-Läden und Brachflächen erst verschwunden wären, auch die ›Freak-Show‹ die Stadt verlassen würde, wie jemand die Anwesenheit von Menschen, die mit psychischen Erkrankungen, Wohnungslosigkeit und Behinderungen zu kämpfen haben, nannte.[3]

War die Veränderung, die die Junction erfuhr, der Wandel von einem Arbeiter*innenviertel und einer Industriezone zu einem hippen, lebenswerten Stadtteil, bloß eine quasi natürliche Phase im Laufe städtischer Entwicklung? Ist es eine Frage des ökonomischen Einmaleins, dass auf Jahrzehnte des Niedergangs unvermeidlich ein Aufschwung folgt? Gab es auf der kulturellen Ebene etwas, das die Junction so interessant machte, dass sich die jungen Hipster davon angezogen fühlten? Und während sich die Gentrifizierung ihren Weg bahnt, welchen Schaden richtete sie dabei an, falls sie einen anrichtete? Aus den Antworten auf diese und andere Fragen über einen Stadtteil wie die Junction entstehen dann die Geschichten, die wir uns erzählen, wie und warum Gentrifizierung passiert. Diese Geschichten, mit ihren jeweiligen Held*innen und Bösewichten, Widersprüchen und überraschenden Wendungen, Ungereimtheiten und Darsteller*innen, die allzu sehr klischeehaft wirken, sind das Thema dieses Buches.

Wenn ihr, wie auch ich, bei diesen Geschichten über Gentrifizierung eine Mischung aus Frustration, Hilflosigkeit, Wut und Mitgefühl empfindet, dann ist es genau das richtige Buch für euch. Bis vor gar nicht allzu langer Zeit kam der Begriff Gentrifizierung fast ausschließlich in akademischen Debatten vor. Mittlerweile wollen immer mehr Menschen verstehen, was in ihrem Stadtteil passiert, und sich darüber klar werden, was sie selbst damit zu tun haben. Aber genau dann, wenn man denkt, dass man verstanden hat, was Gentrifizierung ist, nimmt diese eine neue und beängstigendere Gestalt an. Dieses Buch liefert eine Grundlage, um zu verstehen, wie die Gentrifizierung historisch entstanden ist, aber, und das ist noch wichtiger, ich werde zudem einen Rahmen bieten, um zu verstehen, wie, wo und warum Gentrifizierung heute passiert.

Es wird um heikle Fragen von Verantwortung, Rechenschaft und Macht gehen. Das Buch geht auch Themen auf den Grund, die in den Debatten über Gentrifizierung häufig ausgeklammert werden, wie *Race*, Kolonialismus, Gender und Sexualität. Vor allem aber soll uns dieses Buch in Erinnerung rufen, dass es zahlreiche Beispiele erfolgreichen Widerstands gegen die Gentrifizierung gibt. Ganz egal, in welcher Form man mit Gentrifizierung zu tun hat, gibt es Möglichkeiten, sich mit diesen Kämpfen – genau jetzt – solidarisch zu zeigen.

Jedes der Kapitel beleuchtet eine andere Perspektive auf Gentrifizierung, eine andere Geschichte sozusagen, die einen anderen Ausschnitt dieses schwer zugänglichen Themas darlegt. Ich mache mich auf die Suche danach, was diese Geschichten zu Tage fördern und was nicht, was sie beinhalten und was sie weglassen, worauf sie ihren Fokus legen und was sie außen vor lassen. Ich wähle diesen Zugang, weil ich davon überzeugt bin, dass Geschichten wichtig sind. Sie prägen die Art und Weise, wie wir unsere Vergangenheit und Gegenwart wahrnehmen, sie ermöglichen die Fähigkeit zu Empathie mit anderen, und, was am wichtigsten ist, sie setzen den Rahmen dafür, was wir uns als Ergebnis überhaupt wünschen und vorstellen können. Ich interessiere mich vor allem dafür, ob die Geschichten, die wir über die Gentrifizierung ersinnen, eine Vision oder zumindest auch nur das Anklingen einer Möglichkeit enthalten, dass es eine Stadt geben kann, in der Gentrifizierung nicht als unabwendbar erscheint.

Anfänge

In den späten 1990er Jahren lebte und arbeitete ich im Norden von London, ohne zu wissen, dass ich ganz in der Nähe des Stadtteils wohnte, in dem der Begriff Gentrifizierung ursprünglich geprägt worden war. Islington war, so wie ich es in Erinnerung habe, voller typischer georgianischer Reihenhäuser und hatte eine belebte Hauptstraße mit Geschäften und Pubs, die von Fans des FC Arsenal frequentiert wurden, und eine Menge Cafés und Restaurants. Die Sozialwohnungen und das Gefängnis Pentonville waren für mich einfach ein Teil dessen, was ich für einen typischen Stadtteil von Nord-London hielt.

Zu diesem Zeitpunkt hatte ich noch nie von Gentrifizierung gehört und keine Vorstellung davon, dass Islington früher einmal eine überbevölkerte, dreckige und von Armut geprägte Gegend gewesen war. In der Mitte des 19. Jahrhunderts waren viele Bewohner*innen aus der Innenstadt Londons wegen großer öffentlicher Infrastrukturprojekte wie dem Bau der U-Bahn verdrängt worden. Sie mussten in den Norden der Stadt ausweichen und zwängten sich in die kleinen Wohnungen der vormals mondänen Bürgerhäuser von Islington. Mitte des 20. Jahrhunderts galt Islington dann als eine von mehreren Gegenden, die von städtischer Armut heimgesucht wurden. Nachdem die Bomben des Zweiten Weltkriegs für große Zerstörungen gesorgt hatten, wurden viele der Reihenhäuser durch Sozialwohnungen ersetzt, wodurch sich die Lebensbedingungen etwas verbesserten.

In den 1960er Jahren wurden die verbliebenen georgianischen Häuser, die zwar etwas heruntergekommen, aber stabil genug gewesen waren, um den Krieg zu überstehen, nach und nach für Menschen aus der Mittelschicht attraktiv. Die Londoner Soziologin Ruth Glass bemerkte diese langsame Zunahme an Familien mit mittleren Einkommen, die in »schäbige, bescheidene Reihenhäuser und Cottages«[4] zogen. Sie setzten die maroden Reihenhäuser durch ihre eigene Arbeitskraft nach und nach wieder instand. Im Laufe der Zeit erfuhren die Häuser einen beträchtlichen Wertzuwachs. Im Jahr 1964 prägte Glass den Begriff Gentrifizierung, um diese ökonomische und demografische Entwicklung zu beschreiben. Der Begriff verweist schon auf den für sie wichtigsten Aspekt dieses Prozesses: eine Veränderung der Klassenzusammensetzung. Das Viertel wurde von den *Gentry*[5], den Wohlhabenderen, immer mehr nach ihren Vorstellungen, ihrem Geschmack und ihren Vorlieben umgestaltet.

Von Anfang an stellte Glass die Verdrängung als das entscheidende, wenn auch oft diskutierte Merkmal der Gentrifizierung in den Vordergrund. Glass dazu: »Sobald dieser Prozess der ›Gentrifizierung‹ in einem Gebiet beginnt, setzt er sich unaufhörlich fort, bis alle oder die meisten der bisherigen Bewohner*innen aus der Arbeiter*innenklasse vertrieben sind und sich der gesamte soziale Charakter des Viertels geändert hat.«[6] Glass bezeichnete diesen Vorgang als »Invasion«

und erwähnte, dass Teile von Notting Hill, einem von Arbeiter*innen, die aus der Karibik zugewandert waren, dicht bevölkerten Stadtteil in West-London, sich bereits verändert hatten. Für die Frage, worüber wir eigentlich sprechen, wenn wir über Gentrifizierung sprechen, ist es noch immer von zentraler Bedeutung, dass zahlreiche Menschen verdrängt werden und der »gesamte soziale Charakter« eines Stadtteils verändert werden könnte.

Menschen aus der Mittel- und Oberschicht eigneten sich wahrscheinlich schon immer Räume an und gestalteten sie nach ihren Bedürfnissen und Wünschen um. Was an Islington aber bemerkenswert erschien, war, dass dies in einer urbanen und von Arbeiter*innen dicht bewohnten Gegend passierte, und mit Häusern, die, wie Glass bemerkte, ein umgekehrtes Verhältnis zwischen ihrem gegenwärtigen sozialen Status und ihrem Wert und ihrer Größe hatten. Anders gesagt: Ihr sozialer Status war hoch, während sich der Wert und die Größe eher bescheiden ausnahmen. Diese Leute aus der Mittelschicht zogen nicht aus der Stadt weg und waren auch nicht auf der Suche nach einer größeren oder moderneren Wohnung. Vielmehr blieben sie in der Stadt oder kehrten in die Stadt zurück und suchten nicht moderne Wohnungen oder die Ruhe der Vorstadt, sondern etwas anderes. Was sie da genau suchten, ist nicht ganz klar. Aber im Vergleich zu Entwicklungen wie der Suburbanisierung scheint die Gentrifizierung von anderen Hoffnungen und Ängsten getrieben zu sein.

Die Verdrängung von migrantischen oder rassifizierten Communitys oder Menschen aus der Arbeiter*innenklasse war zu diesem Zeitpunkt weder für England noch für andere Länder etwas Neues. Sogenannte ›Elendsviertel‹ oder ›Slums‹ waren schon immer Ziel der von den Regierungen forcierten Stadterneuerungsprojekte, die darauf abzielten, diese Communitys loszuwerden und den frei gewordenen Bereich anderen Communitys oder neuen Nutzungen wie Autobahnen oder Einkaufszentren zuzuführen. Der Prozess der Gentrifizierung aber, zumindest konnte Glass das damals so beobachten, ist im Gegensatz zu diesen Formen der Stadterneuerung nicht von oben verordnet und staatlich finanziert und es werden dabei auch nicht ganze Stadtteile dem Erdboden gleichgemacht.

Vielmehr kamen *weiße* Menschen aus der Mittelschicht aus freien Stücken in scheinbar wenig attraktive Gegenden und veränderten durch die Renovierung der Häuser und die Umgestaltung der Umgebung nach und nach den Stadtteil. Selbstverständlich gibt es, wie wir später im Buch noch sehen werden, einen Zusammenhang zwischen einer Stadterneuerung von oben und Gentrifizierung, aber Letztere schien sich davon doch in einem solchen Maße zu unterscheiden, dass diese Entwicklungen einen eigenen Begriff notwendig machten.

Seit 1964 nahm die Gentrifizierung, wie sie von Glass beschrieben wurde, jedoch ganz unterschiedliche Formen an und entwickelte sich in verschiedene Richtungen. Zum Teil entsprechen diese Entwicklungen, die als Gentrifizierung verstanden werden, ganz und gar nicht dem Szenario, das wir vor Jahrzehnten in Islington erlebten.

Nicht die Gentrifizierung eurer Eltern

Nach etwas mehr als einem Jahr im Londoner Norden kehrte ich Ende 1999, in Begleitung eines kleinen Menschen in einem Kinderwagen, nach Toronto zurück. Sich im Gewirr belebter Straßen zurechtzufinden ist schwer genug, aber ich wurde andauernd irgendwo aufgehalten, weil sich überall auf den Gehsteigen der Innenstadt Baustellen breitgemacht hatten. Ich manövrierte den Kinderwagen durch einen Parcours aus Reklametafeln, die alle die unmittelbar bevorstehende Eröffnung eines weiteren glitzernden Wohnturms ankündigten, der ganz sicher der ›letzte Schrei modernen Wohngefühls‹ sein würde. Ich war genervt, aber ich muss zugeben, dass ich von diesem Bauboom, der meine Stadt eine Zeit lang in eine Hauptstadt der Baukräne verwandelte, auch fasziniert war.

Ich hatte zwar noch keine Ahnung von Gentrifizierung, aber man musste nun wirklich kein*e Stadtforscher*in sein, um zu erkennen, für wen diese Eigentumswohnungen gebaut wurden. Schlussendlich lief ich an jeder Straßenecke in eines dieser grinsenden, jungen, *weißen* Gesichter. Das waren die Gesichter von Menschen, die offensichtlich kein Problem damit hatten, Hunderttausende Dollar auf den Tisch zu legen, um in einem Ein-Zimmer-Würfel hoch über der Autobahn zu wohnen. Das war noch einige Jahre, bevor ich mir genügend Wissen angeeignet hatte, um selbst diese Verbindung herstellen zu können, aber durch irgendetwas schienen die bunten Reihenhäuser in Islington und die Giganten aus Glas und Stahl, die sich jetzt in meiner Stadt nach oben kämpften, miteinander verbunden.

Die Form der Gentrifizierung, die von Glass beschrieben wurde, bei der ein Haus nach dem anderen erfasst wird, passiert noch immer, sie wird aber mittlerweile von vielen anderen Formen der Veränderung in den Schatten gestellt, die eine vollständige gesellschaftliche Transformation nach sich ziehen. Diese beschränken sich nicht darauf, dass einzelne Familien Immobilien erwerben, noch ist diese Entwicklung nur auf den Wohnbereich beschränkt. Diese Veränderungen sind größer, gehen schneller vonstatten und sie sind wohl auch gefährlicher. Der Bau von zehn Gebäuden mit jeweils dreihundert Eigentumswohnungen fühlt sich im Vergleich zur langsamen, atmosphärischen Veränderung, wenn ein paar Familien ihre Altbauwohnungen renovieren, eher an wie der Einschlag eines Asteroiden.

Die Gentrifizierung wird mittlerweile von Kräften betrieben, die um ein Vielfaches gewaltiger sind als eine durchschnittliche Hausbesitzerin aus der Mittelschicht: Stadtregierungen, Bauträger, Investor*innen, Spekulant*innen und digitale Plattformen, die ganz woanders ihren Firmensitz haben, aber immer neue Wege finden, Profit aus dem städtischen Raum zu schlagen. Die altmodische Gentrifizierung der 1960er Jahre erscheint im Vergleich zu der Maschinerie, die sich heute über unsere Städte hermacht, geradezu idyllisch.

Auch die Symbole der Gentrifizierung sind heute ganz andere als die, die Ruth Glass 1964 beschrieb. Reihenweise abschließbare Schlüsselkästen vor Hauseingängen sind beispielsweise ein untrüglicher Hinweis darauf, dass es hier eine Menge Wohnungen gibt, die nur kurzfristig vermietet werden. Das Geräusch der Rollkoffer, die über das Kopfsteinpflaster rattern, ist ein akustisches Indiz für eine durch den Tourismus beförderte Gentrifizierung, was beispielsweise von den Bewohner*innen historischer Stadtteile von Amsterdam als nervtötendes Zeichen der Veränderung wahrgenommen wird.[7] Alte Fabrikgebäude sind nicht mehr der Gradmesser für den Niedergang einer Stadt, sondern ein hipper Wohnsitz für jede und jeden, ob Künstler*in oder Börsenmakler*in. Sogar die bauliche Aufwertung von Sozialwohnungen kann ein Warnhinweis auf die Gentrifizierung sein, da im Zuge dieser ›Sanierungen‹ meist auch Wohnungen zu marktüblichen Preisen geschaffen werden, die für Bewohner*innen der Sozialwohnungen unerschwinglich sind.

All das legt nahe, dass Gentrifizierung heute auf sehr viele verschiedene Weisen stattfindet. Es reicht nicht aus, sich nur anzusehen, welche Entscheidungen die Käufer*innen von Häusern treffen, auch wenn die Fragen des Geschmacks und der Vorlieben der Mittelschicht weiterhin wichtig sind. Es scheint dringlicher zu sein, sich mit der zunehmend aktiven Rolle von Regierungen und Unternehmen zu beschäftigen, die Gentrifizierung forcieren und von ihr profitieren. Städte fördern mittlerweile ganz offen Investitionen der Mittel- und Oberschicht und sogar von Investor*innen, indem sie politische Maßnahmen beschließen, die einer ganz bestimmten Form der Entwicklung von Immobilien und Gewerbe den Weg ebnen.

Einige Zutaten dieses stadtpolitischen Rezepts sind so erwartbar, dass wir sie von San Francisco bis Shanghai finden können. Viele Städte verfolgen von der Revitalisierung des alten Hafens über Einkaufsmeilen, die auf die Bedürfnisse von Fußgänger*innen zugeschnitten sind, bis zu neuen Grünflächen und Kunst- und Kulturprojekten bemerkenswert gleichartige Pläne, um die, wie sie hoffen, passenden Annehmlichkeiten zu schaffen, dass sich Menschen mit der gewünschten Mischung aus finanziellen und kulturellen Ressourcen angesprochen fühlen. Auch wenn nicht alle diese Anstrengungen als Gentrifizierung bezeichnet werden können, sind sie häufig Teil einer ganzen Reihe von Maßnahmen und räumlichen Eingriffen, die Städten und Stadtteilen ein neues Image verpassen sollen, damit andere Bevölkerungsgruppen angesprochen werden.

Zugleich haben Lokalregierungen Wege und Mittel der Kooperation mit dem privaten Sektor gefunden, wodurch sie die Geschwindigkeit der Veränderung in den Innenstädten und darüber hinaus erhöhen konnten. Anreize für Investor*innen wie Steuererleichterungen oder die Möglichkeit, dass sie die abgewohnten Sozialwohnungen ›sanieren‹ und als Gegenleistung neue Wohnungen zu marktüblichen Preisen in der Gegend errichten dürfen, tragen dazu bei, dass gigantische neue Wohnprojekte aus dem Boden gestampft werden. Manchmal ist es der Staat selbst, der durch seine Stadtsanierungsprojekte die Armen bewusst in alle Winde zerstreut und informelle Unterkünfte zerstört, um Platz für die Art von Eigentum zu schaffen, die dann reiche Investor*innen und die neue Mittelklasse anziehen.

Ist der Begriff Gentrifizierung angesichts dieser ganz unterschiedlichen Taktiken und Strategien, die von mächtigen Akteur*innen zum Einsatz gebracht werden, überhaupt noch passend? Bereits 1984 stellten Forscher*innen wie Damaris Rose besorgt fest, dass Gentrifizierung ein »chaotischer Begriff«[8] geworden war, der so weit über seine ursprüngliche Bedeutung hinaus ausgedehnt wurde, dass er seine Bedeutung verlor. Die alternativen Begriffe hingegen, die in politischen und stadtplanerischen Diskussionen auftauchen, bleiben vage und verschleiern die Verdrängung und die Machthierarchien.

Revitalisierung, Reurbanisierung, Stadterneuerung, Wiederbelebung und Sanierung sind die Begriffe der Wahl, verwendet von Stadtplaner*innen, Politiker*innen, Bauträgern, Immobilienmakler*innen, Kreditinstitutionen und all den anderen, die sich für großflächige, von der Stadt und Bauträgern getragene Maßnahmen starkmachen, mit dem Ziel, dass wieder Geld in die Stadt fließt. Diese Begriffe gehen dem leidigen Thema der Veränderung der Klassenzusammensetzung aus dem Weg. In der Wortschöpfung von Ruth Glass steckt diese Dimension aber sehr wohl. Wenn wir beim Thema Gentrifizierung auch über soziale Ungerechtigkeit reden wollen, sollten wir den Begriff beibehalten.

Wie sich die Gentrifizierung auf die Menschen auswirkt

Wir müssen, wenn wir verstehen wollen, welche Folgen Gentrifizierung für viele Menschen hat, über soziale Ungerechtigkeit reden. Unabhängig davon, ob Menschen nun physisch aus ihrem Stadtteil verdrängt werden oder nicht, haben viele den Eindruck, dass die Gentrifizierung einen erheblichen Einfluss auf ihre Lebensqualität und ihr Zugehörigkeitsgefühl hat. Für diejenigen, die durch Zwangsräumungen, steigende Mieten, den Abriss von Häusern oder Projekte der ›Stadterneuerung‹ umgesiedelt werden, können die Folgen verheerend sein und über Generationen hinweg nachwirken. Es ist einfach, sich die Traumata geflüchteter Menschen, die durch Kriege oder Naturkatastrophen zwangsweise vertrieben werden, bewusst zu machen, aber es scheint um einiges schwieriger zu sein, das Leid zu erkennen, das durch die Verdrängung verursacht wird, die Tag für Tag überall in unseren Städten stattfindet.

Auch wenn sich Wissenschaftler*innen und politisch Verantwortliche über das Ausmaß der Verdrängung infolge der Gentrifizierung uneins sind, berichten Menschen von überall her, dass die Veränderungen in ihrem Stadtteil dazu führten, dass diese nun weniger divers, nicht mehr bezahlbar und weniger einladend sind. Die Folgen sind sehr unterschiedlich. Viele Wissenschaftler*innen sehen einen Zusammenhang zwischen Gentrifizierung und dem noch immer bestehenden rassistisch bedingten Wohlstandsgefälle, dem Verschwinden von Sozialwohnungen, zunehmender polizeilicher Überwachung und dem ungleichen Zugang zu guten Schulen, Grünflächen, sauberem Wasser und öffentlichen Dienstleistungen. Der allmähliche Verlust öffentlichen Raums zugunsten privatisierter, durch Kameras und Sicherheitspersonal überwachter Räume, die bloß dem Konsum dienen, wird ebenfalls mit der Gentrifizierung in Verbindung gebracht.

Wenn wir über die Folgen der Gentrifizierung, insbesondere die Verdrängung, reden, reden wir eigentlich über eine ganze Menge verschiedener Dinge. Physische Verdrängung kann ganz verschiedene Ursachen haben, etwa steigende Mieten, höhere Immobiliensteuern, Zwangsräumungen oder der Abriss oder Verkauf von Sozialwohnungen. Die physische Verdrängung ist aber nicht die einzige problematische Folge der Gentrifizierung. Da'Shaun Harrison, eine Aktivistin aus Atlanta, versteht Gentrifizierung als eine Form der Gewalt, und sie beschreibt den Schmerz, den man empfindet, wenn man aus seiner eigenen Nachbarschaft verdrängt wird: »Menschen, mit denen ich gemeinsam aktiv war, können ihre Miete, die immer weiter steigt, nicht mehr bezahlen. Schwarze Kinder werden von *weißen* Typen, die durch unseren Stadtteil joggen und ängstlich ihren Kinderwagen oder die Leine ihres Hundes umklammern, mit Blicken der Abscheu und des Entsetzens bedacht.«[9] Selbst wenn die Bewohner*innen nicht gezwungen sind umzuziehen, können sie einen Verlust an Gemeinschaft, Zugehörigkeit und Verbundenheit mit diesem Ort erfahren, wenn sich ihre Nachbar*innen, die lokalen Unternehmen und die gebaute Umgebung auf eine Art und Weise verändern, dass sie sich wie Außenseiter*innen fühlen und vielleicht sogar als solche behandelt werden.

Wie sich Gentrifizierung auf Menschen auswirkt, unterscheidet sich nicht nur von einem Ort zum anderen, sondern auch je nach betroffener Bevölkerungsgruppe. Es liegt auf der Hand, dass einige Menschen große Vorteile aus der Gentrifizierung ziehen können, auch wenn wir uns in diesem Buch nicht allzu lange damit aufhalten werden, was in den Profiteur*innen vorgeht. Wenn wir über diejenigen sprechen, die von Verdrängung, Ausgrenzung und Gewalt betroffen sind, dann müssen wir auch auf die Unterschiede achten, die durch Begriffe wie ›die Arbeiter*innenklasse‹ oder ›die Minderheiten‹ übertüncht werden können. Die konkreten Folgen der Gentrifizierung hängen davon ab, wie Menschen im Hinblick auf die herrschenden Machtsysteme entlang von Gender, *Race*, Sexualität, Alter und *Ability* verortet sind. Frauen bekommen beispielsweise Gentrifizierung auf eine Art und Weise zu spüren, die ihre zentrale Rolle in der Carearbeit, die höhere Wahrscheinlichkeit, alleinerziehend zu sein, die längere Lebenserwartung und die Folgen der genderbedingten Lohnunterschiede widerspiegelt.

Über die Veränderung der Klassenzusammensetzung hinaus

Wir können die Logik der Gentrifizierung nicht begreifen, wenn wir sie nur unter dem Blickwinkel der Kategorie Klasse betrachten. Es ist zwar unbedingt notwendig, dass die Verdrängung aufgrund der Klassenzugehörigkeit ein Teil der Erzählung bleibt, dabei werden aber Gender, *Race*, Kolonialismus, *Ability*, Alter und Sexualität häufig als zweitrangig abgetan. Dank der harten Arbeit von Aktivist*innen, Wissenschaftler*innen, Autor*innen, Künstler*innen und kritischen Stadtplaner*innen wird Gentrifizierung zunehmend als ein Prozess begriffen, der sich auf alle Formen von Machtverhältnissen stützt, um die Verdrängung und Transformation eines Ortes durchzusetzen.

Der Autor und Journalist Ta-Nehisi Coates bringt beispielsweise die Gentrifizierung in amerikanischen Städten mit dem historischen und noch immer andauernden Raub des Vermögens und der Ressourcen Schwarzer Amerikaner*innen in Verbindung, von der Sklaverei über Jim Crow, die Praxis des *Redlining*[10] bis zur Gentrifizierung unserer Tage. In einem Interview aus dem Jahr 2019 sagte er Folgendes: »Gentrifizierung ist nur eine schöne Umschreibung für Diebstahl. Die Lösung ist ziemlich einfach: Hört auf zu stehlen! Das ist das eine. Und gebt zurück, was ihr gestohlen habt! Das ist das andere.«[11] Diese Perspektive zwingt uns, über eine Darstellung, die nur die Klassenverhältnisse im Blick hat, hinauszugehen, und zu verstehen, wie Ungleichheit aufgrund von *Race* in der Gentrifizierungsgeschichte eine treibende Kraft darstellt, worauf ich später noch ausführlicher eingehen werde.

Auch die Bedeutung der Kategorie Gender verdient eine größere Aufmerksamkeit. Die feministische Stadtgeografin Winifred Curran meint, dass die Genderverhältnisse für die Gentrifizierung keineswegs nebensächlich sind.[12] Vielmehr bestimmt Gender maßgeblich, wie, wann und wo Gentrifizierung stattfindet. Die steigende Erwerbsquote von Frauen im späten 20. Jahrhundert hatte einen großen Einfluss auf die räumlichen Arrangements, die von Frauen und ihren Familien bevorzugt wurden. Das Leben in der Stadt stellte für viele eine Verbesserung gegenüber der Vorstadt dar, wo es angesichts fehlender Transportmöglichkeiten nahezu unmöglich ist, bezahlte und unbezahlte Arbeit unter einen Hut zu bekommen. Für andere wiederum verschlimmerte die Gentrifizierung die bestehenden Nachteile für Frauen auf dem Wohnungsmarkt, führte zu Verdrängung, Wohnungslosigkeit und einem erhöhten Risiko, Gewalt zu erfahren.

Die bedrückende Geschichte und Gegenwart des Kolonialismus macht deutlich, dass es an der Zeit ist, die Geschichte neu zu schreiben, und zwar von Grund auf. Begriffe wie Grenze, Pionier*in, Invasion, Siedler*in, Kolonisator*in und Dschungel waren lange Zeit fixe Bestandteile der Literatur der Gentrifizierung. Nur wenige Stadtgeograf*innen hielten mal inne und dachten darüber nach, inwiefern die Gentrifizierung und andere Formen der Stadtentwicklung nicht nur metaphorisch Erweiterungen der Kolonisierung sind, indem sie die historische Vertreibung Indigener Menschen durch den kolonialen Städtebau und die noch immer bestehenden Praxen der Marginalisierung und Enteignung im städtischen Raum heute untermauern.

Für den Amerikanisten und Indigenen Aktivisten Nickt Estes ist die Gentrifizierung in den kolonialen Siedlerstädten, wo »die Ureinwohner*innen, die nicht im Reservat leben, die unvollendete Aufgabe des Kolonialismus repräsentieren«[13], eine der Entwicklungen, die explizit ›anti-indianisch‹ sind. Die eigentumszentrierte Logik der Gentrifizierung stärkt die kolonialistische Kontrolle des Raums, während durch die Verdrängung im Zuge der Gentrifizierung die Präsenz Indigener beseitigt und die Vorstellung gestärkt wird, dass Indigene Menschen keine Ansprüche auf urbane Räume hätten.

Es soll nicht vom eigentlichen Thema ablenken, wenn wir versuchen, sich gegenseitig überlappende Faktoren wie *Race,* Gender und Kolonialismus zu verstehen. Eine intersektionale Analyse kann nicht nur einen Beitrag leisten, um die Folgen der Gentrifizierung besser zu analysieren, sondern bietet auch Hoffnung auf politisches Eingreifen. Curran fragt: Wenn es bei all den Texten über Gentrifizierung schlussendlich darum geht, diese Entwicklung aufzuhalten oder zumindest das Leben der Menschen zu verbessern, die davon betroffen sind, sollten wir dann nicht allen Formen der Ungleichheit Aufmerksamkeit schenken? Wenn dem so ist, dann müssen wir uns fragen: Worüber sprechen wir *nicht*, wenn wir über Gentrifizierung sprechen?

Eine Macht, die nicht aufzuhalten ist?

Rebecca Solnit, die von sich selbst sagt, dass sie Städte liebt, beklagt in ihrem aufrüttelnden Buch *Hollow City* die Folgen der Gentrifizierung in San Francisco:

> »Was hier geschieht, zersetzt das Herz der Stadt von innen: Die Infrastruktur wird größtenteils ausgebaut und nicht abgerissen, aber das Leben darin wird ausgehöhlt. Die Vielfalt, das kulturelle Leben, die Erinnerungen und die Vielschichtigkeit des Lebens werden trockengelegt. Was dann übrig bleibt, mag durchaus wie die Stadt aussehen, die sie gewesen ist, oder eine schönere, glänzendere und sauberere Ausgabe davon, aber das, was diese Stadt beinhaltete, ist verloren.«[14]

Solnits Befürchtungen dürften allen, die in ihrer Stadt Veränderungen beobachten und sich deswegen sorgen, nur allzu bekannt sein. Autor*innen, die sich die Stadt zu ihrem Thema machten, haben uns mit ihren düsteren Warnungen und ergreifenden Lobeshymnen dazu gebracht, uns mit der Leere auseinanderzusetzen, die nach der Gentrifizierung entsteht. Da ist es schwer, hoffnungsvoll zu bleiben, und selten nur stolpern wir über gute Nachrichten.

Für viele scheint die Gentrifizierung eine unausweichliche Entwicklung zu sein. Ich kann es sehr gut nachempfinden, wenn sich angesichts der Gentrifizierung Gefühle von Überforderung und Verzweiflung breitmachen. Die Erzählung der Unvermeidlichkeit spielt allerdings nur denjenigen in die Hände, die aus der Gentrifizierung Nutzen ziehen. Wir bleiben dann isoliert und frustriert in unserer Blase, ohne zu wissen, dass es Alternativen gibt und der Kampf vieler Communitys durchaus von Erfolg gekrönt wurde.

Von direkten Aktionen wie Hausbesetzungen oder der Besetzung von Brachflächen bis zur Zusammenarbeit mit der Stadtverwaltung in Form von *Community Land Trusts*[15]: Es gibt viele Beispiele erfolgreicher Initiativen, um Wohnraum zu erhalten und die Gentrifizierung abzuschwächen. Soziale Bewegungen wie *Black Lives Matter*, Bewegungen gegen sexualisierte Gewalt oder auch die Umweltbewegung machen sich den Kampf gegen Gentrifizierung zu eigen, weil ihnen sehr bewusst ist, dass prekäre Wohnverhältnisse, Verdrängung und Gewalt miteinander verbunden sind. Mir ist es wichtig, dass wir, wenn wir über Gentrifizierung reden, auch darüber reden, wie Widerstand aussehen kann und welche alternativen Ansätze es gibt, einen Stadtteil zu entwickeln oder in diesen zu investieren, ohne dass dies zu Verdrängung führt.

… und andere Lügen

Ich möchte in diesem Buch anhand einiger Geschichten, sieben um genau zu sein, erläutern, wie wir Gentrifizierung begreifen können. Ich denke nicht, dass es sich bei auch nur einer dieser Geschichten um eine Lüge im eigentlichen Sinne handelt. Einige davon tragen jedoch die Gefahr in sich, dass sie die Möglichkeit von Veränderung oder Gerechtigkeit im Keim ersticken. Andere wiederum sind nicht unbedingt falsch, sondern eher unvollständig oder davon bestimmt, dass sie eine bestimmte Sichtweise bevorzugen. Meine Hoffnung ist, dass jede dieser Geschichten euch ermöglicht, dass ihr über die Gentrifizierung auf eine Art und Weise nachdenkt, die ihr bisher nicht in Betracht gezogen habt. Das Schlusskapitel beinhaltet dann eine Reihe von Grundsätzen und Methoden, die euch als Ausgangspunkt für weitere Überlegungen und eigenes Handeln dienen können.

Ich nehme nicht an, dass meine Version dieser Entwicklungen die beste oder gar die wahrhaftigste Geschichte erzählt, aber ich denke, dass dieses Buch Anlass zur Hoffnung bietet, dass wir die Erzählung von der Unvermeidbarkeit der Gentrifizierung umschreiben können. Am Ende dieses Buches, so hoffe ich, werdet ihr mir darin zustimmen.

Gentrifizierung ist natürlich

Mit großer Begeisterung folge ich auf Instagram einigen Accounts mit historischen Fotos von Toronto. Besonders mag ich dabei diese Vorher-Nachher-Aufnahmen, die das Vergangene, heutzutage also alles vor 1990, dem Neuen gegenüberstellen. Es ist faszinierend zu sehen, wie viel sich verändert hat, und noch interessanter ist es, wenn man sich ansieht, was einfach nur über die Relikte der Vergangenheit gelegt wurde.

Wenn man sich auf diese Bilder einlässt, könnte man den Eindruck gewinnen, dass diese Veränderungen Teil eines natürlichen Wachstumsprozesses sind, der organisch und vielleicht sogar durch eine Art städtische DNA vorbestimmt scheint. Die Stadt breitet sich aus, sie wächst in die Höhe, sie wird immer dichter und sie bewegt sich immer schneller. Sie scheint, wie es beim Wachstum eines jeden Organismus der Fall ist, ihrer natürlichen Bestimmung zu folgen. Die Vorstellung von der Stadt als Organismus ist in der Tat verlockend und erlaubt es uns, ihr schlagendes Herz, ihre Nervenzentren, Arterien und Venen wie unsere eigenen zu denken.

Die Übertragung von Vorstellungen und Begriffen aus der Natur auf die gebaute Umwelt führt leider dazu, dass die nur allzu menschengemachten Fundamente dieser Orte, die wir unser Zuhause nennen, ausgeblendet werden. Sich auf natürliche Prozesse zu beziehen scheint praktisch zu sein, um einem derart komplexen Ungetüm wie einer Stadt Sinn zu verleihen, aber es ist auch ein effektiver Weg, Machtverhältnisse unsichtbar zu machen.

Die erste Geschichte über Gentrifizierung, die ich in diesem Buch erzählen werde, richtete großen Schaden an, und deshalb müssen wir ihr etwas entgegensetzen. Daher begegne ich der Vorstellung, dass es sich bei der Gentrifizierung um einen natürlichen, also erwartbaren, unvermeidbaren und normalen Prozess handelt, mit der Frage, wer davon profitiert und wer verliert, wenn wir fragen: »Aber ist das nicht einfach nur natürlich?«

Es ist leicht nachzuvollziehen, warum es so verlockend ist, auf die Evolution, die Gesetze der Physik und den Anthropomorphismus zurückzugreifen, um zu verstehen, wie sich Städte verändern. Menschen lieben Metaphern. Durch Metaphern können wir zwischen verschiedenen Arten von Dingen und Ideen eine Verbindung herstellen und sie dadurch in einem anderen Licht sehen. Gerade als Autorin habe ich nichts gegen Metaphern einzuwenden. Aber eine Metapher ist nicht dasselbe wie eine Erklärung, und hier begeben wir uns schnell auf Glatteis, wenn wir beispielsweise über Städte als sich entwickelnde Organismen sprechen.

Die Evolutionstheorie ist überaus wichtig, um die schwindelerregend komplexe und dynamische Welt der Lebewesen zu erklären und ihr einen Sinn zu geben. Eine Erklärung hat etwas Beruhigendes. Sie gibt uns ein gewisses Maß an Stabilität, Vorhersehbarkeit und Gewissheit. Die ›Gesetze‹ der Evolution bringen Ordnung in eine sich permanent verändernde Umwelt. Daher ist es kein Wunder, dass wir diese Gesetze gerne auch auf andere komplexe Systeme anwenden, unter anderem auf unsere Städte.

Im Alltag verwenden wir das Wort ›Entwicklung‹ gerne als Synonym für Veränderung. Der englische Begriff ›evolve‹ meint jedoch zudem eine positive oder wünschenswerte Veränderung, wie beispielsweise eine Zunahme der Komplexität (von Organismen), der Effizienz (von Technologien) oder des Wissens und der Erfahrung (menschliches emotionales Wachstum). Anders gesagt, es handelt sich dabei um keinen neutralen Signifikanten. Noch wichtiger ist unter Umständen aber, dass der Begriff untrennbar mit der Theorie, wie sich Arten in Reaktion auf ihre Umwelt verändern und anpassen, verbunden ist. Die Evolutionstheorie wurde indessen auf eine Art und Weise auf Städte und vor allem auf Prozesse der Gentrifizierung angewandt, die weit über die Verwendung von Synonymen und Metaphern hinausgeht.

Die Verfechter*innen dieser Sichtweise gehen dabei nicht unbedingt subtil vor. »Gentrifizierung ist eine natürliche Entwicklung«[1] lautete 2014 etwa die Schlagzeile eines Kommentars im *The Guardian*, in dem sich der Autor Philip Ball auf die Arbeit des Wissenschaftlers Sergio Porta stützt, um zu argumentieren, dass »problematische« Londoner Stadtteile wie Brixton und Battersea einen evolutionären Prozess durchliefen, der sie von kriminellen und drogenverseuchten Vierteln zu hippen Szenevierteln entwickelte. Ball beschreibt Städte dabei als »natürliche Organismen« und die Gentrifizierung der »schwierigen« Londoner Gegenden als »beinahe ein Naturgesetz«. Porta und seine Kolleg*innen, die in einem Peer-Review-Journal mit dem interessanten Namen »Physics and Society« veröffentlichen, behaupten, dass sie eine Formel gefunden hätten, mit der sich Gentrifizierungsprozesse vorhersagen lassen.

Sie konzentrieren sich dabei auf die physischen Merkmale eines Stadtteils und behaupten, dass anhand der Geometrie des Straßennetzes und seiner Anbindung an die Hauptverkehrsstraßen berechnet werden könne, wie wahrscheinlich es ist, dass es zu Prozessen der Gentrifizierung kommt. Ihr Argument lautet, dass Städte gewissen Naturgesetzen gehorchen und diese über den willentlichen Eingriffen von Stadtplaner*innen, Politiker*innen und Bauträgern stehen: »So gesehen untersuchen die Forscher*innen die Evolution von Städten ähnlich wie Biolog*innen die Evolution in der Natur – fast so, als ob die Stadt selbst ein natürlicher Organismus wäre.«[2] Basierend auf diesen Annahmen kommt Porta zu dem Schluss, dass Gentrifizierung für Städte eigentlich gesund ist, denn »sie ist Ausdruck ihrer Anpassungsfähigkeit, eine Facette ihrer Resilienz.«[3]

Die Bewohner*innen von Brixton und Battersea, die schon lange dort leben, würden ihre Resilienz hingegen wohl anders definieren, nämlich als eine Facette ihrer Fähigkeit, eine Welle von Veränderungen zu überstehen, die über Jahrzehnte diese Schwarzen, multikulturellen Arbeiter*innenviertel auf verschiedene Weisen bedroht hat. Die Sprache der Evolution und der wünschenswerten Anpassung ist in diesen Fällen auch wegen des rassistischen Kontexts ganz besonders bitter, weil hier Menschen of Color von *weißen* Gentrifiern verdrängt werden.

Die Bewohner*innen und lokalen Unternehmen befürchten steigende Mieten und Verdrängung, wenn millionenschwere ausländische Investor*innen Orte wie den Brixton Markt aufkaufen oder Battersea mit Luxus-Hochhäusern überziehen.[4] Folashade Akande, der einen Stand am Brixton Market betreibt, sagte zur *New York Times*: »Die ganzen Einheimischen, die Angehörigen von Minderheiten, werden vertrieben. (...) Ich versuche, so lange wie möglich zu bleiben.«[5] In Vauxhall-Nine Elms-Battersea, einem Gebiet, das angeblich ›voller Möglichkeiten steckt‹ und dafür – zumindest von konservativen Politiker*innen – gepriesen wird, stehen die Luxuswohnungen, die von Spekulant*innen erworben wurden, leer, während Menschen in ›bezahlbaren‹ Gebäuden ihre Wohnungen durch gesonderte, für Arme bestimmte Eingänge betreten und den »Lärm und Dreck der Bauarbeiten für Londons neue Kanalisation über sich ergehen lassen müssen.«[6]

Die Erzählung von der ›Gentrifizierung als natürliche Anpassung‹ setzt voraus, dass den Bewohner*innen entsprechender Gebiete weniger Bedeutung beigemessen wird als ihrer städtischen Umgebung – falls sie in dieser Geschichte überhaupt von Bedeutung sind. Es ist, als wären solche Veränderungen nicht durch die Entscheidungen von Menschen bestimmt, sondern davon, wo die Gegend liegt, wie die Straßen angeordnet sind und welche Gebäude sich dort befinden – und als würden diese Veränderungen auf eine abstrakte, räumliche Weise erfahren werden und nicht von Menschen, deren tägliches Leben und körperliches wie emotionales Wohlbefinden bedroht sind.

Ungeachtet der Einwände derjenigen, die gegen ihre Verdrängung kämpfen, hat die Erzählung der natürlichen Evolution einen gewissen Reiz. Sie spricht das tief verwurzelte kulturelle Bedürfnis an, komplexe Phänomene auf eine Reihe von Ursache-Wirkungs-Beziehungen zu reduzieren, die von unveränderlichen Gesetzen geleitet werden und auf die wir keinen Einfluss haben. Das macht ja alles so viel einfacher! Was bringt es schließlich, die Gesetze der Physik einer Stadt infrage zu stellen? Genauso gut könnte man der Schwerkraft trotzen.

Mich interessiert, was diese Geschichte alles anrichtet. Dazu sollten wir uns vor Augen führen, worin die Folgen, ob nun beabsichtigt oder nicht, dieser ›Naturgesetze‹ bestehen. Erstens spricht uns das von jedweder Verantwortung frei. Wenn so etwas wie die Gentrifizierung einfach ein Gesetz der Physik ist, dann trägt niemand daran Schuld und niemand muss sich verantwortlich fühlen, etwas dagegen zu unternehmen. Zweitens suggeriert das Wort ›natürlich‹, dass es gut und richtig ist. Diese Veränderungen sind also nicht nur unabwendbar, sondern auf lange Sicht auch noch von Vorteil. In der westlichen Weltsicht wird Veränderung als Fortschritt begriffen, und Fortschritt ist gut, weil er uns in eine rosigere Zukunft führt. Drittens kehren wir damit in den tröstlichen Arm des Status quo zurück. Wir können uns beruhigt zurücklehnen, weil die Dinge so laufen, wie sie laufen sollen.

Die ökologische Stadt

Die Naturalisierung der Stadt begann schon lange vor den Debatten um Gentrifizierung. Es ist einfach, Autor*innen zu finden, die Städte mit lebenden Organismen vergleichen, mit einem pulsierenden Herz, Nervenzentren, Kreisläufen, Entsorgungs- und Verdauungssystemen und Zyklen von Wachstum und Zerfall. Die Ideen von Jane Jacobs, der einflussreichen Kritikerin der Stadtplanung, dass der städtische Wandel aus komplexen, alltäglichen urbanen Prozessen entsteht, werden häufig als Ausdruck einer organischen Sicht auf die Stadt verstanden, im Gegensatz zu von oben nach unten verlaufenden, geplanten, modernistischen Visionen der Stadt.[7]

Lange vor den Arbeiten von Jacobs in den 1960er Jahren waren im 19. Jahrhundert Philosoph*innen wie beispielsweise Patrick Geddes darum bemüht, Konzepte der Biologie wie die Evolution sowohl auf die Stadt als auch auf die Gesellschaft insgesamt anzuwenden. Geddes glaubte, dass man in der Stadtplanung Erkenntnisse über die Interaktion des Menschen mit seiner Umwelt in die Tat umsetzen könne. Er verwendete zudem Metaphern wie ›chirurgische Eingriffe‹ und ›Entfernung von Unkraut‹, um zu beschreiben, wie er mit Slums umgehen würde, indem nämlich die heruntergekommensten Häuser ›chirurgisch‹ entfernt werden sollten, damit die verbliebenen Mietshäuser und Innenhöfe mehr Licht und frische Luft bekommen.[8]

Der berühmte Stadtforscher und Architekturkritiker Lewis Mumford, der von Geddes' Arbeiten beeinflusst war, verwendete im 20. Jahrhundert organische Metaphern, um seinem Standpunkt Nachdruck zu verleihen, dass ein unkontrolliertes, technologisch und ökonomisch getriebenes Wachstum der Stadt destruktiv wäre und es regional abgestimmter Planung bedürfe, die die Städte und ihre Umgebung als miteinander verbundene organische Einheiten begreift. Mumford verglich die ideale Stadt mit einer Zelle, die einen neuen Zellkern und eine neue Zelle bildet, bevor sie sich zu weit ausdehnt und ihre Funktionsfähigkeit verliert.[9]

Wenn man die Stadt als einen Körper oder Teil eines Körpers begreift, dann wird man sich wahrscheinlich fragen, was mit diesem Körper alles nicht stimmt. Daher ist die Rede von Krankheiten oder die Verwendung von Metaphern aus der Medizin weit verbreitet. Unkontrolliertes Wachstum wird dann gerne mit einem Tumor verglichen, während fehlendes Wachstum ein Indiz für allgemeinen Verfall oder eine schleichende Krankheit sein könnte. ›Krankheit‹ oder andere Metaphern aus der Medizin werden regelmäßig verwendet, wenn von gesellschaftlichen Problemen die Rede ist, und gesellschaftliche Probleme werden nur allzu gerne auf urbane Räume übertragen.

Die Kommunikationswissenschaftlerin Julia Todoli beschäftigt sich mit Krankheits-Metaphern in der Stadtplanung, die verwendet werden, um Eingriffe, die auf verarmte Communitys und Arbeiter*innenviertel abzielen, zu rechtfertigen.[10] In einer Fallstudie über ein Sanierungsprojekt im spanischen Valencia in den frühen 2000er Jahren stellte Todoli fest, dass die Architekt*innen und Stadtplaner*innen Begriffe wie ›Operation‹, ›großer Eingriff‹, ›Reinigung‹, ›Amputation‹, ›Metastasen‹ oder Formulierungen wie ›den Patienten töten‹ und ›chirurgische Eingriffe‹ verwendeten, um zu beschreiben, was für die Fertigstellung des Projekts ›notwendig‹ war.

Todoli behauptet nun, dass die Verwendung dieser Sprache einen Nebel aus Metaphern bildet, um die tatsächlichen Absichten und Folgen der Stadtplanung zu verschleiern. Das ist auch insofern praktisch, weil ein Problem auf eine solche Art und Weise dargestellt werden kann, dass in der Folge eigentlich nur eine bestimmte Art der Lösung möglich ist. Denn wenn etwas krank oder infiziert ist, dann muss es ja gesäubert, operiert oder gar amputiert werden. Architekt*innen und Stadtplaner*innen nehmen symbolisch den Platz von Ärzt*innen ein, die über mehr gesellschaftliche Anerkennung verfügen und größeres Vertrauen genießen.

Einige der bedeutendsten Stadtforscher*innen der ersten Hälfte des 20. Jahrhunderts, die Vertreter*innen der sogenannten Chicagoer Schule, bedienten sich ebenfalls der Sprache der Evolutionstheorie, um die Stadt als eine Art natürliches System darzustellen. Die Chicagoer Schule wird infolgedessen auch als ökologische Schule bezeichnet. Forscher wie Ernest Burgess und Robert E. Park, die von 1915 bis 1935 am Institut für Soziologie der *University of Chicago* tätig waren, beobachteten mit großer Aufmerksamkeit die Muster des demografischen Wandels entlang der Kategorie Klasse und – in geringerem Ausmaß – *Race* in ihrer überwiegend von *blue-collar*-Arbeiter*innen und Migrant*innen geprägten Stadt.[11] Sie traten allerlei Hypothesen entgegen, die davon ausgingen, dass die Möglichkeiten eines Menschen von persönlichen Eigenschaften oder seinen Genen abhängig seien. Stattdessen richteten sie ihr Augenmerk auf gesellschaftliche Strukturen und die Umwelt als entscheidende Faktoren im Hinblick auf Kriminalität oder soziale Mobilität.

Burgess' Theorie über das Wachstum von Städten bediente sich vieler Konzepte aus der zunehmend akzeptierten Evolutionstheorie, die durch das Werk *Der Ursprung der Arten* von Charles Darwin im späten 19. Jahrhundert populär geworden war. Er behauptete, dass Großstädte wie Chicago durch die Ausdehnung konzentrischer Kreise oder Zonen, die unterschiedliche soziale Klassen beherbergen, wachsen. Das Zentrum mit seinen Geschäften sei von »Elendsvierteln« oder Zonen des »Übergangs« umgeben. Dann folgten die »Arbeiter*innenwohnungen«, danach die »Vorstädte der Mittelschicht« und schließlich die Bungalowsiedlungen der Wohlhabenden.

Die Größe, Kosten und die Qualität der Wohnung nahmen, je weiter man sich nach außen bewegte, zu. Burgess ging davon aus, dass Communitys, sobald sie eine gewisse Beständigkeit und soziale Mobilität erreicht hätten, stadtauswärts ziehen und von neu zugewanderten Migrant*innen ersetzt werden würden. Beispielsweise zogen Italiener*innen und Jüd*innen, die einst in der Gegend der Near West Side gewohnt hatten, schließlich in Vororte wie Cicero, Oak Park, Evanston und Highland Park.

Für die Interaktionen zwischen diesen Zonen und die Bewegungen der einzelnen Gruppen wurden Begriffe wie Invasion und Nachrücken verwendet. Der Stoffwechsel der Stadt würde, während sie sich veränderte und anpasste, solche Veränderungen vorantreiben. Da es sich bei der Stadt um ein Ökosystem handele, besagten die Grundsätze der Ökologie, dass die Probleme eines Ortes oder Systems – beispielsweise das Versagen von Bildungseinrichtungen – Auswirkungen auf andere Teile der Stadt oder des Systems haben mussten. Dieser stärker ganzheitlich ausgerichtete Ansatz, die Stadt und ihre Schwierigkeiten zu verstehen, bedeutete eine Abkehr von der gängigen Perspektive, die für die Probleme (in) der Stadt die moralischen oder genetischen Schwächen von Einzelpersonen oder Gruppen verantwortlich machte und rassistische Erklärungen fand.

Dieser kurze Abriss ist selbstverständlich eine grobe Verkürzung der Arbeit, die Dutzende Wissenschaftler*innen im Laufe von Jahrzehnten leisteten. Ich möchte an dieser Stelle nicht behaupten, dass die Mitglieder der Chicagoer Schule reduktionistisch vorgegangen wären oder versucht hätten, urbane Entwicklungen in übersichtliche biologische Kategorien zu zwängen. Ihnen war sehr wohl bewusst, dass diese ›natürlichen Kräfte‹ in hohem Maß von Menschen gesteuert waren. Was aber schlussendlich von diesem von der Biologie durchdrungenen Diskurs über die Stadt überdauerte, schenkte den feineren Nuancen ihrer Arbeiten keine Aufmerksamkeit. Von der Biologie geprägte Vorstellungen von der Stadt gingen weit über die Verwendung von ein paar Metaphern hinaus und fanden Eingang in die politische Praxis. In den neunziger Jahren führten beispielsweise mehrere US-amerikanische Städte ein Programm mit dem Namen »Weed and Seed« (Dt.: Ausmerzen und Säen) ein, das darauf abzielte, Kriminalität ›auszumerzen‹ und günstige wirtschaftliche Entwicklungsaktivitäten zu ›säen‹.

Der Geograf Tim Cresswell meint, dass die Verwendung von Metaphern aus der Biologie oder solchen, die mit dem Körper in Zusammenhang stehen, in diesen Programmen dazu diente, gewisse Gruppen von Menschen zu markieren, die ›fehl am Platz‹ seien, um damit ihre Verdrängung zu rechtfertigen:

> »Das ›Weed and Seed‹-Programm bezog sich auf das von der Regierung formulierte Ziel, Problemzonen von unerwünschten Bewohner*innen (›Unkraut‹) zu

> befreien, um diese Gebiete mit geeigneteren Akteur*innen (Gemeinschaftszentren, Arbeitsbeschaffungsmaßnahmen, Polizeistationen) zu ›bepflanzen‹. Nicht nur werden hier Menschen als ›fehl am Platz‹ dargestellt, es werden noch weitere, weniger offensichtliche Assoziationen hergestellt, die mit den Eigenschaften von Unkraut zu tun haben: Diese Menschen, die fehl am Platz seien, werden als schwach, aber tückisch charakterisiert, als sich schnell vermehrend, als ›Flüchtige‹, die immer in Bewegung sind. All das verstärkt das Bild von ›Fremden‹, die in die Ordnung der amerikanischen Stadt eindringen.«[12]

Die Begriffe Invasion und Nachrücken werden durch die Verwendung der im Alltag gebräuchlichen Metapher vom Unkraut aufgerufen und verstärkt, denn wer musste nicht schon mal gegen Unkraut kämpfen? Wenn man das Problem begrifflich auf diese Weise fasst, liegt die Lösung auf der Hand: Man entfernt das Unkraut und bringt gute Samen aus. Das hat sich zwar weit von den Theorien der Chicagoer Schule entfernt, aber wir können darin noch immer das verzerrte Echo ihrer Arbeit hören.

Die Verdrängung zu naturalisieren, sie damit zu rechtfertigen und als Teil eines ökologischen und/oder evolutionären Prozesses zu charakterisieren, trägt zur allgemeinen Naturalisierung der Gentrifizierung bei. Obwohl Gentrifizierung früher als widersinnig (und womöglich als unnatürlich) erschien, gerade angesichts des Zonenmodells der Chicagoer Schule, in dem die Bewegung von den Zentren nach außen geht, wurden Begriffe wie Nachrücken und Invasion ohne Weiteres auf die Gentrifizierung angewandt, als diese in den 1960er Jahren erstmals benannt und erforscht wurde. Die Erzählung der Gentrifizierung als ökologisch-evolutionärer Prozess im Wettstreit um städtische Ressourcen verstärkt die Vorstellung, dass die Verdrängung bestimmter Gruppen zu erwarten und eine zunehmende Konzentration von Vermögen der ganz normale Verlauf städtischer Entwicklung sei.

Kolonisierung und Naturalisierung

Wenn ich meine kleine Universitätsstadt verlasse und in eine der größeren Städte in der Umgebung, etwa Halifax in Nova Scotia, fahre, muss ich für Indigene Belange nicht besonders sensibilisiert sein, um Spuren Indigener Präsenz zu bemerken: ein leuchtendes Wandgemälde am örtlichen *Friendship Centre*[13], Indigene Ortsnamen auf Straßenschildern, die Flaggen Indigener Nationen, die im Wind wehen, oder ein leerer Sockel, auf dem sich einmal die Statue eines grausamen Kolonialherren befand. Doch in zahlreichen Städten überall auf der Welt war es und ist es zum Teil bis heute sehr viel schwieriger, irgendein Anzeichen, geschweige denn eine Würdigung Indigener Präsenz zu finden.

Die Urbanisierung kolonialer Siedlergesellschaften sorgte nicht nur dafür, dass Indigene Menschen enteignet und vertrieben wurden, sondern tilgte auch deren Geschichte aus den Stadtplänen.[14] Das spiegelt sich auch darin wider, dass die städtische Geografie Indigenen Menschen, ihren Belangen und dem Siedlerkolonialismus keine Aufmerksamkeit schenkt. Allzu oft werden kolonialistische Metaphern verwendet, ohne die tatsächliche und noch immer fortbestehende Praxis der Kolonialisierung an genau diesen Orten zu berücksichtigen.[15]

Silvano Onofri, ein Biologe und Umweltwissenschaftler, erklärt dazu:

> »Der in den Umweltwissenschaften weit verbreitete Begriff der ›biologischen Kolonisierung‹ beschreibt Folgendes: die Besetzung eines Lebensraums oder Territoriums durch eine Gemeinschaft von Organismen oder einer ökologischen Nische durch eine einzelne Population einer Art. (...) In der Biologie ist die Kolonisierung ein dynamischer Prozess, der beginnt, wenn ungenutzte Lebensräume, Gebiete oder Nischen verfügbar werden, oder wenn Organismen durch Anpassung die Fähigkeit erwerben, unter den in neuen Nischen herrschenden Bedingungen zu überleben und sich zu reproduzieren.«[16]

Es wäre naiv zu denken, dass ein Begriff, wenn er als Metapher verwendet wird, von den historischen und gegenwärtigen Entwicklungen, die damit bezeichnet werden, gelöst werden könnte. Durch diese Verflechtung des Natürlichen mit dem Politischen geraten wir auf ein schwieriges Terrain.

Der europäische Kolonialismus und dessen langlebige Auswirkungen konnten aus der Naturalisierung der menschengemachten Kolonisierung Nutzen ziehen. Wenn in der Ökologie Invasion, Ansiedlung, Verdrängung und Dominanz etwas ganz Natürliches sind, warum dann nicht auch die menschliche Version davon? Ist es nicht einfach natürlich, dass stärkere Arten über die schwächeren herfallen und sie erobern? Diese Logik ist ein fester Bestandteil der historischen wie auch der zeitgenössischen Rechtfertigung von Kolonialismus und Imperialismus.

Es sollte nicht gesondert gesagt werden müssen, dass es mehr als problematisch ist, Gesetzmäßigkeiten der Pflanzenwelt auf menschliche Gesellschaften zu übertragen. Wenn wir uns dieser Metapher bedienen, dann landen wir unweigerlich bei der Vorstellung, dass manche Gesellschaften von Natur aus überlegen und andere minderwertig seien. Darauf gründet sich dann quasi ein natürliches ›Recht‹ für diejenigen, die überlegen sind, in die Territorien anderer Menschen einzudringen, diese zu erobern und zu besetzen und die eroberte Bevölkerung zu eliminieren oder drastisch zu reduzieren. Anders gesagt, damit wird die Kolonisierung in einer Art natürlichem, biologischem System verankert.

Die Naturalisierung der Kolonisierung wurde auch dadurch befördert, dass Indigene Menschen als ›Wilde‹ dargestellt wurden. Indigene Menschen wurden als primitiv und animalisch beschrieben und von den Europäer*innen, die ihre eigene zivilisatorische Entwicklung als überlegen erachteten, als nicht voll entwickelte Menschen gesehen. Die Vorstellung einer ›terra nullius‹, eines Niemandslandes, spielte ebenfalls eine große Rolle. Die Kolonisator*innen weigerten sich, die Art und Weise, wie Indigene sich das Land aneigneten und nutzten, anzuerkennen, und betrachteten das Land als nicht kultiviert und sich quasi noch in einem natürlichen Zustand befindend. Ohne Anzeichen einer Bearbeitung nach europäischen Maßstäben galt das Land als leer und für eine Einnahme verfügbar.

Autor*innen, die sich mit Gentrifizierung beschäftigten, bedienten sich immer wieder kolonialistischer Begriffe. Jim Strattons Buch *Pioneering in the Urban Wilderness* aus dem Jahr 1977 ist hier ein bemerkenswertes Beispiel.[17] Während Stratton die Entwicklung beschreibt, dass leer stehende Fabrikgebäude in Lofts umgewandelt werden, spricht er von »urbanen Pionier*innen«, die in die »verfallenen und ungenutzten Räume der städtischen Katastrophengebiete Amerikas« ziehen. Begriffe wie ›Siedler*in‹, ›besiedelt‹, ›Großstadtdschungel‹,

›Grenzland‹, ›Besetzung‹, ›wild‹ und ›gezähmt‹ gehören zum festen Repertoire der Literatur über Gentrifizierung.

Kritiker*innen dieses Vokabulars wie der Geograf Neil Smith wiesen darauf hin, dass hier die Arbeiter*innenklasse ähnlich dargestellt wird wie Indigene Menschen in der Kunst und Literatur: als ein natürliches Element ihrer physischen Umgebung und nicht als Teil der sozialen Welt.[18] Diese Kritik formuliert Smith ironischerweise in einem Buch mit dem Titel »The New Urban Frontier« (Dt. in etwa: Das neue städtische Grenzland).[19] Er übersieht, dass diese Darstellung Indigener Menschen nicht nur der Vergangenheit angehört und dass die Gentrifizierung in vielen Städten eine Fortsetzung der Kolonisierung darstellt.

Als in Erklärungen von Aktivist*innen davon die Rede war, dass die »Gentrifizierung der neue Kolonialismus« sei, entgegneten Indigene Vertreter*innen, dass es keinen ›neuen Kolonialismus‹ gebe, weil der ›alte Kolonialismus‹ noch kein Ende gefunden habe. Das *Last Real Indians Media Movement* erinnerte die Aktivist*innen, die im Kampf gegen Gentrifizierung derartige Slogans verwendeten, daran, dass der Kolonialismus noch existiert und »die Behauptung, dass Gentrifizierung der neue Kolonialismus sei, eine Form der Gewalt gegen Indigene ist.«[20] Der Schriftsteller Wakíŋyaŋ Waánataŋ berichtete von einem Treffen mit Anti-Gentrifizierungs-Aktivist*innen aus Seattle, bei dem er ihnen erklären musste, dass die Stadt, in der sie sich befinden, ein Teil des

> »Landes, der Gewässer und Ressourcen ist, die von den Duwamish seit Tausenden von Jahren genutzt wurden und von denen sie systematisch und brutal vertrieben worden waren und zu denen ihnen bis heute der Zugang verwehrt wird. Das ist Kolonialismus und dieses System des Siedlerkolonialismus besteht weiter fort, worunter unsere Stammesgemeinschaften bis heute zu leiden haben.«[21]

Es ist notwendig, dass alle, die der Gentrifizierung kritisch gegenüberstehen, darüber nachdenken, wie wir in unserem Sprechen über Gentrifizierung koloniale Denk- und Lebensweisen reproduzieren, selbst dann, wenn wir bemüht sind, Formen der Naturalisierung aufzubrechen.

Survival of the Fittest

Es ist eigentlich gar nicht weiter verwunderlich, dass die Naturalisierung gesellschaftlicher Verhältnisse in der Literatur und Forschung über die Stadt so weit verbreitet ist. In den westlichen Gesellschaften gibt es grundsätzlich die Tendenz, die kapitalistische Produktionsweise zu naturalisieren. Charles Darwin wäre wohl entsetzt, wenn er wüsste, dass seine sorgfältigen Beobachtungen über die einzigartigen Anpassungsleistungen voneinander isolierter Arten an ihre jeweilige Umgebung auf grob vereinfachende Rechtfertigungen für Profitmacherei reduziert werden. So wird beispielsweise die im Kapitalismus vorherrschende Vorstellung, dass Wettbewerb zu Innovationen führt, durch Grundprinzipen der Evolution gerechtfertigt. Das Konzept vom ›Überleben des Stärksten‹ ist da sehr praktisch, um die großen Unterschiede an Reichtum und Wohlstand, die der Kapitalismus produziert, zu naturalisieren und Individualismus, Egoismus, Profitstreben und die Anhäufung von Ressourcen als ganz normal erscheinen zu lassen.

Solche Darstellungen beruhen jedoch auf einer sehr selektiven und verkürzten Lesart der Evolutionstheorie. So wird etwa die Bedeutung von Kooperation für das Überleben von Arten heruntergespielt oder einfach ignoriert. Und das ›Überleben des Stärksten‹ wird als Überleben des (physisch) stärksten und mächtigsten Individuums verstanden und eben nicht als das Überleben der Populationen, die sich am besten an ihre Umwelt anpassen konnten.

Die feministische Geografin J.K. Gibson-Graham schreibt in ihrem Buch *The End of Capitalism (As We Knew It)*, dass die Macht des Kapitalismus in erheblichem Maße daher rühre, dass er uns von seiner Alternativlosigkeit überzeugen konnte, dass es kein ›Außen‹ gebe, auf das wir uns beziehen könnten.[22] Gibson-Graham behauptet, dass die essenzialistische Sicht auf die Ökonomie als System, das alle Aspekte des sozialen, kulturellen und wirtschaftlichen Lebens umfasst und kontrolliert, eine Falle ist. Da bleibt kein Platz, um antikapitalistische oder nichtkapitalistische Praktiken, Räume oder Vorstellungen zu entwickeln. Naturalisierung trägt zu dieser essenzialistischen, oder wie Gibson-Graham es ausdrückt, kapitalfixierten Perspektive bei. Die

Fixierung auf den Kapitalismus und seine Naturalisierung zu überwinden, ist für den Kampf gegen Gentrifizierung von entscheidender Bedeutung, weil Gentrifizierung – unter kapitalistischen Verhältnissen – ansonsten immer als Erfolgsgeschichte gelesen wird.

Das Problem ist nicht, dass wir Metaphern verwenden, um uns einen Reim auf diese Welt zu machen. Eine gut eingesetzte Metapher verrät uns etwas über ein komplexes Phänomen, lässt etwas deutlicher hervortreten und ermöglicht es uns, interessante Querverbindungen herzustellen. Aber einer Metapher wohnt auch die Macht inne, unsere Wahrnehmung einer Sache zu beeinflussen, und damit auch, wie wir mit ihr umgehen wollen. Das Risiko bei Metaphern, die aus der Biologie kommen, besteht darin, dass sie uns dazu verleiten, einen Prozess als natürlich zu begreifen, wodurch unser Verständnis desselben begrenzt wird und wir dazu neigen anzunehmen, dass wir keinen Einfluss auf ihn nehmen könnten.

Wir sollten zudem bedenken, dass auch die Biologie selbst kein neutraler, objektiver Rahmen ist, um die Welt zu verstehen. Die Biologie und ihre Protagonist*innen werden von sozialen und wirtschaftlichen Faktoren beeinflusst, die die Fragen, die sie stellen, die Theorien, die sie entwickeln, und die Sprache, die sie verwenden, mitgestalten.

Für uns geht es also nicht unbedingt darum, die bessere Metapher zu finden, sondern darum, die Grenzen, die uns eine Metapher auferlegt, zu überwinden. Naturalisierung erzeugt ein Gefühl der Unvermeidlichkeit, Normalität und Wertneutralität. Für diejenigen von uns, die wegen der Gentrifizierung beunruhigt sind, bleibt dann wenig Raum, sich damit auseinanderzusetzen, was sie antreibt, oder Vorschläge zu machen, wie wir sie aufhalten können. Eine Naturalisierung der Gentrifizierung geht also schön mit dem Status quo einher. Das spielt den mächtigen Bauträgern und denen, die das Wachstum antreiben, in die Hände, indem die von ihnen gewünschte Veränderung als die richtige ›Evolution‹ der Städte erscheint.

Wir müssen uns also nach anderen Geschichten und anderen Erklärungen umsehen. Solchen, in denen das aktive Handeln der Menschen nicht einfach ausgeklammert wird und die Machtverhältnisse, der jeweilige Kontext und die politischen Verhältnisse nicht einfach ignoriert werden. Geschichten und Erklärungen also, die, auch wenn sie uns andere Grenzen setzen mögen, die Möglichkeit von Alternativen nicht ausschließen.

Gentrifizierung ist eine Frage des Geschmacks

Es gibt nicht viele Mahlzeiten, die einfacher zuzubereiten wären als eine Schale Frühstücksflocken. Das geht sogar schneller als ein Butterbrot und sorgt dafür, dass Millionen Menschen, vor allem Kinder, jeden Morgen so schnell wie möglich satt sind und aus dem Haus kommen. Aber könnten Frühstücksflocken nicht noch viel mehr sein? Das war offensichtlich die Frage, die Alan und Gary Keery, zwei Brüder aus Belfast, stellten und 2014 mit der Eröffnung des *Cereal Killer Café* im Londoner Stadtteil Shoreditch beantworteten.

Zumindest bis zur Corona-Pandemie konnte man in einem der ärmsten Stadtteile Londons in ihrem Geschäft in der Brick Lane eine der teuersten Schalen Frühstücksflocken der Stadt verzehren.[1] Wenig überraschend wurde die Schale Cornflakes, die 3,20 Pfund kostet und nur wenige Meter von einem des einkommensschwächsten Sozialwohnungskomplexes Englands entfernt verkauft wird, zu einem internationalen Symbol für Gentrifizierung.

Dieses Café und andere vergleichbare Geschäfte, die einfache, nostalgische Lebensmittel oder Erfahrungen fetischisieren und aufwerten, bringen uns einer anderen Geschichte über Gentrifizierung näher. In dieser Geschichte geht es um den Geschmack einer *weißen*, urbanen Mittelschicht als Marker – oder Vorbote – der Transformation eines Stadtteils. Da es sich bei diesen Unternehmen um starke Symbole handelt, werden sie häufig Ziel von Aktivist*innen, die sich gegen die Gentrifizierung zur Wehr setzen.

Im September 2015 wurde das *Cereal Killer Café* während eines Protests gegen die Gentrifizierung der Londoner Arbeiter*innenviertel mit Farbe und dem Wort ›Dreck‹ versehen.[2] Im Chicagoer Stadtteil Pilsen, der mehrheitlich von Latinx bewohnt wird, wurde 2015 das Gourmet-Café *Bow Truss* mehrmals das Ziel von Angriffen und mit Aufklebern mit der Flagge der Stadt Chicago und der Aufschrift »*Weiße* Menschen raus aus Pilsen« geschmückt.[3] Die heftigen Reaktionen auf diese und andere Lokalitäten, die den Vorlieben derjenigen gerecht werden, die ›von außen‹ kommen, erwecken den Eindruck, dass die kulturellen Begehrlichkeiten der potenziellen Gentrifier eine der wichtigsten Triebkräfte der Gentrifizierung seien.

Das Beispiel des *Cereal Killer Café* und ähnlicher Unternehmen wirft Fragen auf, über die sich Menschen, die die Gentrifizierung verfolgen, schon seit Jahrzehnten den Kopf zerbrechen. Als in den 1970er Jahren die ersten Berichte kursierten, dass es unter jungen Menschen eine ›Zurück in die Stadt‹-Bewegung gebe, stellten viele diese hippen Stadtmenschen ihren Pendants in den Vorstädten gegenüber. Es gab jede Menge Spekulationen. Wurden diese Entwicklungen von unzufriedenen Hausfrauen aus der Vorstadt getragen? War es die Begeisterung für die historische Bausubstanz? Oder eine Aversion gegen Rasenmäher? Bemerkenswert war, dass die Menschen, die da für Verwunderung sorgten, *weiße* Familien aus der Mittelschicht waren, die plötzlich etwas taten, das im Widerspruch zu dem ›Naturgesetz‹ stand, dass die Ober- und Mittelschicht nach außen gen Stadtrand abwandert.

Die seitdem vergangenen Jahrzehnte liefern auf diese Fragen nicht unbedingt eine Antwort, vielmehr verfestigen sie eine Geschichte über Gentrifizierung, in der ihre weniger greifbaren Elemente in den Mittelpunkt gestellt werden: der Protest gegen den normativen Traum vom Leben in der Vorstadt; Geschmack, Stil und Ästhetik; der Wunsch nach einer bestimmten Art urbanen Lifestyles.

Tatsächlich schlagen wir uns heute noch immer mit denselben Fragen herum. Wie sehr beeinflussen der individuelle Geschmack und persönliche Vorlieben die Dynamik einer Stadt? Läuten Orte wie das *Cereal Killer Café* die Gentrifizierung ein, oder sind sie Ausdruck davon, dass sie schon voll im Gange ist? Wie viel Einfluss haben Gruppen, die neue Trends aufgreifen und vorleben, wie Künstler*innen, Student*innen, junge Menschen oder auch die Inhaber*innen kleiner Geschäfte, in der Stadt wirklich? Welche Verantwortung tragen Menschen, die zum

Frühstück einen Toast mit Bio-Avocado wollen, gegenüber ihren Nachbar*innen, ihrer Community und ihrer Stadt? Und ist es sinnvoll, diese Trends als Kennzeichen mehr oder weniger vom Weißsein, männlicher Vorherrschaft, Kolonialismus und Heteronormativität losgelöster Klassenunterschiede zu benennen?

Wenn man die verschiedenen Schichten dieser Erzählung der Gentrifizierung freilegt, kommen Fragen von Macht und Identität zum Vorschein, die nicht einfach zu beantworten sind. Die Frage des Geschmacks ist wichtig, aber ich bin sicher, dass niemand von uns ernsthaft denken würde, dass ein Verbot überteuerter Kaffees, veganer Donuts, Apple-Laptops oder Brillen mit dicken schwarzen Rändern eine Antwort auf die Probleme der Stadt wäre. Nichtsdestotrotz hat kulturelle Macht materielle Folgen, die in einem beträchtlichen Ausmaß zur Umgestaltung von Stadtteilen beitragen. Jedoch gibt es in dieser Geschichte Aspekte, die als selbstverständlich betrachtet werden, während andere unter den Tisch fallen. Beginnen wir also mit einer der einflussreichsten Prophet*innen der kulturellen Anziehungskraft von Städten, mit Jane Jacobs.

Der Wunsch, anders zu sein

Kurz nach meiner Geburt im Jahr 1975 zogen meine Eltern mit der gesamten Familie aus einer Wohnung in der Innenstadt von Toronto in ein kleines Haus in einer Vorstadt, die damals weit entfernt vom Zentrum war und wo mehr Kühe als Menschen lebten. Wir waren nicht dazu bestimmt, eine dieser jungen, aufstrebenden Familien zu sein, die schon bald Stadtteile Torontos wie Cabbagetown und Annex gentrifizieren würden.

Jane Jacobs wohnte damals in Annex und hatte sich dort durch ihr Engagement im Kampf gegen den Bau der Spadina Schnellstraße einen Namen gemacht. Diese Straße hätte das Gefüge einiger der beliebtesten Wohngegenden – Chinatown, Kensington, Market und Garment – für immer zerstört und den Autoverkehr in der Stadt massiv erhöht. Wie schon zuvor in Manhattan setzte sich Jacobs auch in Toronto für den Erhalt alter Stadtteile und gegen Megaprojekte von Politiker*innen und Stadtplaner*innen ein, denen es nur darum ging, die boomenden Vorstädte mit den Geschäftsmeilen in der Innenstadt zu verbinden.

In ihrem 1961 erschienenen Buch *The Death and Life of Great American Cities* schildert sie ausführlich ihren Einsatz für eine Form des urbanen Lebens, das sie durch die modernistische Stadtplanung bedroht sah. Auch wenn Ruth Glass den Begriff Gentrifizierung noch gar nicht erfunden hatte, führte Jacobs in ihrem Buch deutlich vor Augen, woran es liegt, dass sich zum Beispiel Menschen in Islington Häuser kauften, und was Menschen wie sie selbst, die zweitausend Meilen entfernt in Greenwich lebte, am Leben in der Stadt so sehr schätzten. Während sie gegen die Stadterneuerungsvisionen von Leuten wie Robert Moses, dem New Yorker Planungsgott, zu Felde zog, lieferte sie zugleich einen detaillierten Bericht über den Alltag in der Stadt in all seinen Facetten, der drohte, durch die modernistische Stadtplanung, den Kult um das Auto und die Suburbanisierung vernichtet zu werden.

Die Vorzüge einer Stadt, die von Jacobs betont wurden, wie Straßen mit einer gemischten Nutzung, der historische Charakter, Diversität und Nachbarschaftsbeziehungen, bildeten das genaue Gegenteil zum herrschenden Ethos in der Stadtplanung und Stadtentwicklung ihrer Zeit. Es waren dieselben Qualitäten, die von den Neureichen der ›Zurück in die Stadt‹-Bewegung genannt wurden, die gegen die von *Race* und Klasse getriebene Welle der Flucht der *Weißen* in die Vorstadt anzuschwimmen schienen.

Jacobs gelang es, etwas von diesem städtischen Lebensgefühl einzufangen, das bei vielen Menschen Anklang fand. Die Jahrzehnte der Suburbanisierung hatten insbesondere für Frauen nicht das große Familienglück gebracht, worauf Betty Friedan 1963 in *The Feminine Mystique*[4] hinwies. Die umfangreichen Stadterneuerungsprojekte, die dazu führten, dass lebendige, aber arme Stadtteile dem Erdboden gleichgemacht wurden, um die ›Elendsviertel‹ zu beseitigen, sorgten nicht dafür, dass das Problem der Armut beseitigt wurde, sondern vertieften bloß die Segregation entlang von Klasse und *Race*. Die Kultur der Städte wurde Straßenzug um Straßenzug abgetragen und zubetoniert, und Jacobs war eine laute Stimme, die nicht müde wurde, darauf hinzuweisen, dass hier etwas Besonderes verlorenging.

Einige Menschen jedoch widersetzten sich dem sozialen, wirtschaftlichen und politischen Druck zur Suburbanisierung und kauften Wohnhäuser in Arbeiter*innenvierteln, zogen in die leer stehenden Lofts in Gegenden wie SoHo in New York, unweit des von Jacobs so geliebten Greenwich Village, und veränderten, wie Glass es beschrieb, nach und nach den sozialen Charakter dieser Stadtteile. Sie suchten, wie Jon Caulfield, David Ley und Sharon Zukin feststellten, eine Form der Authentizität, die sie in den Vorstädten aus der Retorte nicht fanden.

Der Stadtsoziologe Jon Caulfield beschreibt die Gentrifizierung in Toronto in den 1970er und 1980er Jahren als eine Art ›kritische soziale Praxis‹, in der die Gentrifier ein gegenhegemoniales Begehren nach gesellschaftlicher Vielfalt, einer Abkehr von der existenziellen Dumpfheit des Modernismus und einem Gemeinschaftsgefühl, das ohne Konformitätsdruck auskam, zum Ausdruck brachten.[5] David Ley, der auch über kanadische Städte forschte, bezeichnete die Gentrifier als ›neue Mittelklasse‹, deren Klassenidentität sich auf dem unübersehbaren Konsum einer Reihe von Annehmlichkeiten in trendigen Restaurants und Kunstgalerien gründete.[6] Man ging davon aus, dass diese Begehrlichkeiten eine Gentrifizierung auf der Grundlage eines sich verändernden Geschmacks in die Wege leiten.

Die Studie der Soziologin Sharon Zukin über die Loft-Wohnungen in SoHo hingegen zeigte, dass das Angebot solcher Lofts das Ergebnis von Entwicklungen des Marktes, wie der Deindustrialisierung und der chronischen Unterbewertung, waren. Dennoch hängt »die Akzeptanz von Lofts als Alternative zu traditionelleren Angeboten des städtischen Wohnungsmarktes von der Entstehung eine Reihe neuer gesellschaftlicher und kultureller Werte ab.«[7] Diese neuen Werte kommen aber nicht von ungefähr und sind auch nicht in jedem beliebigen Viertel zu finden. In der Regel kamen, bevor diese nach Authentizität suchende Mittelklasse auftauchte, zunächst Künstler*innen, Musiker*innen, Student*innen und manchmal auch Migrant*innen, deren Bemühungen, eine Community und ein reiches kulturelles Leben zu schaffen, diesen Stadtteilen erst eine neue Sichtbarkeit verlieh.

Den Raum neu gestalten

Als ich Mitte der 1990er Jahre an der Universität von Toronto studierte, verschlug es mich nur dann in das im Nordosten an den Campus grenzende Yorkville, wenn meine zahlungskräftigeren Mitbewohner*innen in der Stimmung waren, einen auszugeben. Modische Restaurants reihten sich hier an Designer-Boutiquen in kleinen, renovierten Stadthäusern, deren überschaubare Größe Exklusivität ausstrahlte. Wäre ich hingegen nur eine Generation früher hierhergekommen, dann wäre ich nicht in der – wie sie heute genannt wird – ›Mink Mile‹ gelandet, sondern im Zentrum der Musik- und der Hippieszene der Stadt, und mir wären vielleicht Joni Mitchell oder William Gibson über den Weg gelaufen. Diese Gegend, in der man heute die höchsten Quadratmeterpreise der Welt bezahlt, galt vielen früher als ›Eiterherd‹ im Herzen der Stadt.[8]

Einen ähnlichen Kulturschock könnte man erleben, wenn man eine Zeitreise in die Vergangenheit von SoHo in New York unternimmt. Heute ist man dort von Luxusgeschäften, teuren Restaurants, Tourist*innen und den begehrten Loftwohnungen, die von strengen Türsteher*innen bewacht werden, umgeben. In den 1960er und 1970er Jahren hingegen waren diese Lofts von der schrumpfenden Bekleidungsindustrie, die sich nach billigerer Arbeitskraft im Ausland umschaute, aufgegeben und von Musiker*innen und Künstler*innen bezogen worden. Heute sind diese Lofts weltweit begehrt, aber damals galten sie als alternative, randständige Wohnorte. Fehlende Annehmlichkeiten und Infrastruktur wurden angesichts der Fensterfronten, die bis an die Decke reichten, und vor allem der günstigen Mieten wegen gerne in Kauf genommen. Indem Künstler*innen, Musiker*innen, Dichter*innen und andere Bohemiens die Loftwohnungen für sich entdeckten, wurden diese weniger mit der Ausbeutung in Sweatshops in Verbindung gebracht, sondern mit Kultur und Kreativität.

Die Neubewertung, die mit der Anwesenheit von Künstler*innen einhergeht, ist ein nicht zu unterschätzender Faktor für die Gentrifizierung. Auch wenn sie nicht über die Finanzkraft verfügen, den Raum durch Kapitalinvestitionen zu transformieren, bilden Künstler*innen und andere Kreative eine Brücke, damit ein Stadtteil nicht mehr als industriell, roh und gefährlich gilt, sondern als lebendig, interessant und besonders wahrgenommen wird. Künstler*innen werden gerne als Teil der ›ersten Welle‹ der Gentrifizierung betrachtet, und jede weitere Welle bringt dann mehr und mehr finanzielle und kulturelle Macht in den Stadtteil. Die finanzielle Macht in der ersten Welle ist eher bescheiden, aber der Einfluss auf die Kultur und den Geschmack ist ausreichend, dass eine nächste Welle der Aufmerksamkeit erzeugt wird.

Die feministische Geografin Damaris Rose prägte den Begriff ›randständige Gentrifier‹, um die widersprüchliche Positionierung der Protagonist*innen der ersten Welle zu beschreiben. Bei ihrer Forschung in Toronto und Montreal stelle sie fest, dass Frauen mit geringem Einkommen, etwa Alleinerziehende, in der ›Aufbereitung‹ eines Stadtteils für die Gentrifizierung eine ähnliche Rolle spielen wie Künstler*innen.[9] Rose meint, dass die Rückkehr in die Stadt es den Frauen ermöglichte, den Spagat aus Lohnarbeit, Hausarbeit, Kinderbetreuung und Freizeit räumlich besser zu bewältigen. Diese Frauen, die nach einer bezahlbaren Gegend suchten, in der sie ihre bezahlte und unbezahlte Arbeit unter einen Hut bekommen könnten, verfügten nicht über die finanziellen Möglichkeiten, eine umfassende Transformation in Gang zu setzen, aber über genügend kulturelles Kapital, um Teil der sogenannten ›ersten Welle‹ zu sein.

Künstler*innen, Musiker*innen, Student*innen und alleinerziehende Mütter sind in der Regel keine millionenschweren Investor*innen. Wahrscheinlich sind sie nicht mal Hausbesitzer*innen. Auch die frühen Gentrifier, die sich an die Fersen der Künstler*innen hefteten, um interessante und billige Wohngegenden zu finden, gehörten nicht einer finanzstarken Klasse an. Auch wenn Autor*innen wie Ley sie als ›neue Mittelklasse‹ titulierten, definierte sich diese Gruppe weniger über ihr Einkommen als vielmehr über ihren Geschmack. Oder, genauer gesagt, über eine Reihe von Vorlieben, die für eine gebildete *weiße* Bevölkerungsgruppe neu waren. Die Frage ist also: Wie sehr spielen Geschmack und Vorlieben eine Rolle? Was hat das mit Klasse zu tun?

Kultur und Klasse

Wenn wir den Begriff Klasse im Alltag verwenden, dann beziehen wir uns in der Regel auf das Einkommensniveau oder das Vermögen, auch wenn das meist etwas vage bleibt, da die moderne Berufswelt mit ihren fließenden Übergängen zwischen der heutigen ›Arbeiter*innenklasse‹, ›Mittelklasse‹ oder selbst der ›Oberklasse‹ dazu führt, dass wir sowohl unsere eigene, als auch die Klassenposition anderer nur ungenau und oft widersprüchlich beschreiben.[10] Nichtsdestotrotz haben wir das Gefühl, dass Klasse etwas mit Geld zu tun hat.

Zugleich wird unsere Einschätzung einer Klassenposition – unserer eigenen, wie die anderer – durch weniger greifbare Eigenschaften beeinflusst. So hängt beispielsweise der Status, der sich aus dem Besitz eines bestimmten Autos ergibt, nicht nur von dessen Preis ab, sondern auch davon, wie ›cool‹ dieser Wagen zu einem bestimmten Zeitpunkt innerhalb einer bestimmten kulturellen Gruppe ist. Ruth Glass stellte ja fest, dass die Größe und der Preis der Wohnungen der frühen Gentrifier in London nicht in einem direkten Zusammenhang mit deren Attraktivität stand. Klasse kann nicht nur durch Geld definiert werden, sondern auch durch andere Merkmale, die für Unterscheidungen zwischen Gruppen von Menschen sorgen. Diese Unterscheidungen lassen sich, der bekannten Begriffssetzung des Soziologen Pierre Bourdieu folgend, als ›kulturelles Kapital‹[11] fassen.

Bourdieu entwickelte dieses Konzept, um zu erklären, dass einzelne Personen oder ganze Gruppen auf verschiedene Ressourcen zurückgreifen können. Kulturelles Kapital meint bei Bourdieu

> »eine Reihe symbolischer Merkmale wie Fähigkeiten, Geschmack, Körperhaltung, Kleidung, Manieren, materielle Besitztümer, Abschlusszeugnisse usw., die man durch die Zugehörigkeit zu einer bestimmten sozialen Klasse erwirbt. Wenn man ähnliche Formen kulturellen Kapitals mit anderen teilt, beispielsweise denselben Filmgeschmack oder einen Abschluss an einer Eliteuniversität, entsteht ein Gefühl der kollektiven Identität und Haltung als Gruppe (›Leute wie wir‹).«[12]

Auch wenn sie nur ›symbolisch‹ sein mögen, sind diese Ressourcen sehr real, da »bestimmte Formen kulturellen Kapitals höher als andere bewertet werden und die soziale Mobilität, ganz so wie Einkommen oder

Vermögen, befördern oder behindern können.«[13] Das bedeutet, dass auch Menschen, die nicht über Vermögen oder ein hohes Einkommen verfügen, aber zum richtigen Zeitpunkt das entsprechende kulturelle Kapital einbringen, Klassenmacht ausüben können. Selbstverständlich steht die Verfügungsgewalt über kulturelles Kapital in Zusammenhang mit dem finanziellen Kapital, da es wahrscheinlicher ist, diese Ressourcen zu entwickeln, wenn man in einem Haushalt aus der Mittel- oder Oberklasse aufwächst oder mit anderen Vertreter*innen dieser Klassen die Schule besucht. Kulturelles Kapital ist eine Währung, die eingesetzt werden kann, um handfestere Formen von Kapital oder Macht zu erlangen, wie beispielsweise einen Bankkredit, einen Job oder einen Vertrauensvorschuss, wenn man mit der Polizei zu tun hat.

Im Hinblick auf Gentrifizierung kommt diese kulturelle Macht durch Praktiken zum Tragen, die das Erscheinungsbild, die Nutzung, den Wert und die Bedeutung urbaner Orte zu verändern beginnen. Die Umwandlung von Fabrikgebäuden in Lofts beispielsweise veränderte deren Bedeutung – von gefährlichen und ausbeuterischen Sweatshops über alternative Lebens- und Arbeitsräume für Künstler*innen und gegenkulturelle Bohemiens zu modernen, offen gestalteten Wohnräumen für eine urbane Elite. Öffentliche Parkanlagen, die wohnungslosen Menschen als Treffpunkt dienten, können sich, wenn die Familien aus der Mittelklasse kommen und sich diese Räume ihren Bedürfnissen entsprechend aneignen, in Kinderspielplätze verwandeln.

Die Macht, die Bedeutung eines Ortes zu definieren, ist auch die Macht, symbolische Ein- und Ausschlüsse zu schaffen. Wer fühlt sich willkommen? Wer gehört dazu? Und wer passt nicht mehr zur neuen Ausrichtung eines Ortes?

Diese symbolischen Ausschlüsse verwandeln sich schnell in handfestere Schranken und Hindernisse. Wenn Stadtteile durch Symbole, mediale Diskurse und die physische Anwesenheit einer neuen Gruppe von Bewohner*innen neu ausgerichtet werden, entfalten sie eine gewisse Anziehungskraft. Sie ziehen eine Welt der Kultur, des Konsums, der Freizeit, Arbeit und Politik an, die das sich verändernde Image widerspiegelt und darauf aufbaut. Schlussendlich werden Orte, die den Bedürfnissen der Menschen, die dort schon lange lebten, entsprachen oder sich einfach als ihr Zuhause anfühlten, durch neue, meist teurere Unternehmen ersetzt, die andere Wünsche und Bedürfnisse ansprechen. Wenn die Yogastudios und Bioläden auftauchen, dann verschwinden die Bewohner*innen, die sich die Miete, Lebensmittel und das gesellschaftliche Leben im Viertel nicht mehr leisten können.

Dieses kulturelle Kapital oder die kulturelle Macht hilft, das scheinbar widersinnige Verhalten der frühen Gentrifier zu erklären. Auf der ersten Blick sieht es so aus, als träfen sie Entscheidungen, die ihren Klasseninteressen widersprechen, indem sie sich von den altbewährten Geschmacks- und Distinktionsmerkmalen der (*weißen*) Mittelklasse verabschiedeten und stattdessen einen Lebensstil wählten, der mehr Ecken und Kanten hat und sich womöglich nicht so einfach in Reichtum und Einfluss umsetzen lässt. Indem diese Gentrifier aber Wege fanden, einerseits Klasse durch den Geschmack zu definieren und andererseits Räume durch symbolische Handlungen neu zu gestalten, reproduzierten sie die Klassenverhältnisse auf eine Art und Weise, die über kurz oder lang vielen von ihnen mehr Vermögen oder andere materielle Vorteile bescheren würde.

Selbstverständlich können nicht alle, die Geschmäcker und Orte neu definieren, die Früchte ihrer kulturellen Arbeit ernten. Wir könnten es als ›Paradoxon, seine eigene Verdrängung in die Wege zu leiten‹ bezeichnen, wenn Künstler*innen, Bohemiens, Alleinerziehende, queere Menschen und Student*innen damit beginnen, einen Stadtteil zu verändern. Künstler*innen ziehen beispielsweise in leer stehende Fabrikgebäude und mit einem Schlag gibt es die Möglichkeit, die alten Industriegebiete umzuwidmen und wieder in Wert zu setzen.[14] Alleinerziehende Mütter gründen einen selbstorganisierten Kindergarten und organisieren sonntägliche Aktivitäten im Park und schaffen dadurch eine familienfreundlichere Atmosphäre. Student*innen ziehen Secondhandläden an und werten abgeranzte Cafés auf, indem sie dort den ganzen Tag zum Lernen abhängen.

Diese kleinteiligen Veränderungen führen dazu, dass sich bessergestellte Familien in diesem Stadtteil wiederfinden. Nach und nach werden die Künstler*innen und andere Gruppen, die meist über wenig mehr als nur kulturelles Kapital verfügen, durch immer neue Wellen von Gentrifiern verdrängt, die über mehr Kapital jedweder Art verfügen.

Das Bild von der Welle ist hilfreich, um die verschiedenen Phasen der Raumnahme und Verdrängung zu verstehen, auch wenn es zugleich problematisch ist, weil dabei ausgeklammert wird, was und wer vor den frühen Gentrifiern vorhanden war. Es wird suggeriert, dass es in diesem Stadtteil nichts gab, das von Bedeutung oder Interesse gewesen wäre, bevor die Student*innen, Künstler*innen und andere gekommen sind. Es mag durchaus sein, dass die Gentrifizierung manchmal erst einsetzt, nachdem Künstler*innen Veränderungen angestoßen haben, aber auch diese Künstler*innen malen nicht auf einer leeren Leinwand.

Selbstverständlich waren die migrantischen, rassifizierten und aus der Arbeiter*innenklasse stammenden Communitys, deren Stadtteile umgestaltet werden, ebenfalls bemüht, eine Gemeinschaft zu bilden und die gesellschaftliche Entwicklung voranzubringen. Das fand meist unter schwierigen Bedingungen statt. In diesen Stadtteilen mangelte es in der Regel an Investitionen in die physische und soziale Infrastruktur, es fehlten Straßen, Schulen, Verkehrsmittel und Grünflächen. Viele befinden sich in unmittelbarer Nähe zu umweltschädlichen Industrieanlagen und sind der Gewalt einer überproportionalen Polizeipräsenz ausgesetzt. Und trotz alldem werden hier Kinder großgezogen, Unternehmen am Laufen und Communitys am Leben gehalten. Diese Arbeit erfährt jedoch selten Anerkennung oder Würdigung.

So wichtig die Frage der kulturellen Macht auch ist, es besteht die Gefahr, dass wir uns zu sehr auf diese Geschichte über Gentrifizierung konzentrieren. Wenn wir nur auf die jeweiligen Trends achten und nicht auch auf das Geld, können wir schnell das große Ganze und die finanzielle Macht hinter den Veränderungen aus den Augen verlieren.

Es ist einfach, ausschließlich den Geschmack und die Ästhetik, die mit der Gentrifizierung verbunden werden, in den Blick zu nehmen. Ein alternatives Frühstücks-Café, der akkurat gestutzte Bart oder ein Baby in einem Strampler mit Judith-Butler-Zitat – uns fallen wahrscheinlich sofort eine Menge Outfits, Geräusche oder Lebensmittel ein, die wir eindeutig mit Gentrifizierung verbinden. Wenn das Problem der

Gentrifizierung also in Hipstern, Arbeiter*innen der Kreativindustrie, Freiberufler*innen und allen anderen, die nachmittags in einem Café vor ihrem Mac sitzen, besteht, dann wäre es sicherlich eine Lösung, diese einfach draußen zu halten, oder?

Diese Menschen verfügen zwar über ein großes kulturelles Kapital, aber selbst die Glücklichen unter ihnen, die etwas geerbt haben, sind ziemlich sicher keine milliardenschweren Immobilienentwickler*innen, die dann im Vorstand einflussreicher Planungsbehörden der Stadt sitzen. Prekär Beschäftigte in ihren Zwanzigern und Dreißigern wie freiberufliche Autor*innen oder Yogalehrer*innen laufen selbst Gefahr, aus einer sich verändernden Nachbarschaft vertrieben zu werden, oder sind nur einen zu spät überwiesenen Gehaltsscheck davon entfernt, wieder in den Keller ihrer Eltern ziehen zu müssen. Ihre alternativen Cafés werden nicht durch mächtige transnationale Konzerne finanziert und sie kaufen auch nicht ganze Stadtteile auf, um dort Luxuswohnungen zu errichten.

Was ich damit sagen möchte, ist, dass wir mit einer Kritik der Gentrifizierung nicht weit kommen, wenn wir uns allzu sehr auf den Stil oder den Geschmack einer Gruppe konzentrieren, wo wir doch wissen, dass die Gentrifizierung mittlerweile seit Jahrzehnten von viel stärkeren Kräften als neuen Modeerscheinungen angetrieben wird. Selbstverständlich kann es durchaus so sein, dass diese Gentrifier die Rolle der ahnungslosen (oder weitgehend ahnungslosen) Fußtruppen des neoliberalen Immobilienkapitals übernehmen und Tag für Tag die Arbeit vor Ort erledigen, damit die Stadtteile der Arbeiter*innen und Minderheiten für groß angelegte Sanierungsprojekte vorbereitet werden.

Jedoch ist die Macht dieser Gentrifier angesichts der großen, staatlich unterstützen Sanierungsprogramme von Unternehmen fragwürdig. Zudem wird das, was wir als kulturelle Macht bezeichnet haben, von denen, die über enorme Möglichkeiten zur Umgestaltung von Städten und Stadtteilen verfügen, etwa Bauunternehmer*innen und Stadtpolitiker*innen, strategisch zum Einsatz gebracht. Vielerorts ist das anhand der Umsetzung einer Reihe von Ideen ersichtlich, die man als ›kreative Stadt‹ kennt.

Die Maschine der kreativen Stadt

Im Jahr 2007 lebte ich in einer Art Niemandsland an der Grenze von Junction und Bloordale in Toronto. Ich besaß ein kleines Reihenhaus in einem Neubaugebiet, umgeben von Wohn- und Arbeitsräumen in ehemaligen Fabrikgebäuden, einem Secondhandladen und einer Eisenbahnlinie. Hin und wieder wehte ein süßlicher Schokolade-Geruch aus der Süßwarenfabrik der Firma Nestlé in unsere Richtung. Ein Teil der Straße blieb über Jahre eine Baustelle, während zugleich neue Wohnhäuser errichtet wurden. Es war sicher keine Gegend, in der man ein schillerndes urbanes Spektakel wie die *Nuit Blanche* erwartet hätte, ein von der Stadt und Unternehmen gesponsertes Kunstfestival, das die ganze Nacht über stattfand.

Dennoch spazierte ich mit meiner Tochter an einem Januarabend zur Ecke gleich hinter dem Secondhandladen, um mitanzusehen, wie Will Strug, ein befreundeter Filmemacher von der Universität, ein Eishaus baute, in dem er Videos auf die glitzernden Wände projizierte. Direkt gegenüber öffnete das ›House of Lancaster‹, ein Stripclub, seine Pforten für eine familienfreundliche Capoeira-Show. Vor lauter Kinderwägen kamen wir kaum noch durch den Eingangsbereich. Die Kellner*innen servierten Kindern Limonade und versuchten, nicht sauer auszusehen, angesichts dessen, dass sie an diesem Abend kaum Trinkgeld erhalten würden.

Die feministische Geografin Heather McLean kam ein paar Stunden nach uns im House of Lancaster vorbei, in dem zu diesem Zeitpunkt »hauptsächlich *Weiße* feierten und aufgeregt zum Trommelkreis auf der Bühne klatschten, während Laternen aus Pappmaché die Decke und die Tische beleuchteten. Auffallend war, dass die Stripperinnen, die normalerweise in diesem Club arbeiteten, nirgendwo zu sehen waren.«[15] McLean bezeichnete die Nuit Blanche als einen von der *Bloordale Village Business Improvement Area* beworbenen Satelliten, mit dem dieser Teil der Bloor Street mehr Aufmerksamkeit bekommen und die ›Wiederbelebung‹ in Gang gesetzt werden sollte. Nun war es amtlich: Die Maschine der kreativen Stadt war in meinem Viertel angekommen.

Das Konzept der kreativen Stadt ist eine überaus einflussreiche stadtpolitische Strategie, die auf Ideen zurückgeht, die ursprünglich von dem Stadtforscher Charles Landry in den 1980er Jahren entwickelt wurden. Landry schuf in Zusammenarbeit mit Franco Bianchini einen ›Werkzeugkasten für die kreative Stadt‹, um Städte dazu zu bringen, sich auf die Industrien des 21. Jahrhunderts, die Wissen, Kreativität und Innovation voraussetzen, zu konzentrieren. Das ›alte Paradigma‹, das die Industrie, gebaute Umgebung und einen technisch-rationalen Ansatz der Planung fokussierte, war ihrer Meinung nach an seine Grenzen gekommen. Wer in Zukunft erfolgreich mit anderen Städten konkurrieren wolle, müsse sich nun eine neue Strategie zurechtlegen und sich als Zentrum der Forschung, Kultur und des technologischen Fortschritts positionieren.[16]

Das 2002 erschienene Buch *The Rise of the Creative Class* und der 2008 erschienene Folgeband *Who's Your City?* des Ökonomen Richard Florida verschafften dem Konzept der kreativen Stadt breite Aufmerksamkeit.[17] Florida argumentiert, dass die Strategie der wirtschaftlichen Entwicklung, die sich darauf konzentrierte, große Industrien und Unternehmen in eine Stadt zu bringen, die dann für Arbeitsplätze und Steuereinnahmen sorgen, einfach nicht mehr zeitgemäß sei. Dieses Vorgehen würde bestenfalls dann funktionieren, wenn man davon ausgehe, dass so gut wie jeder diese Jobs in der Fabrik oder im Büro machen könne und Menschen gerne dorthin ziehen würden, wo diese Arbeitsplätze sind. In der heutigen wissensbasierten Wirtschaft jedoch würden hochspezialisierte Arbeiter*innen benötigt und es sei eher unwahrscheinlich, dass sie sich damit zufrieden geben würden, sich in einer Stadt wie Pittsburgh oder Milwaukee niederzulassen.

Florida drehte die ganze Sache daher um und schlug eine neue Methode vor: Gewinnt zuerst die Arbeiter*innen und dann werden die Industrien, die verzweifelt nach diesen qualifizierten Arbeiter*innen suchen, folgen. Um diese sogenannte ›kreative Klasse‹ anzulocken, müsse die Stadt ihr kulturelles Leben, ihre öffentlichen Parks und die gebaute Umwelt den ästhetischen Vorstellungen und dem Lifestyle der gebildeten, kosmopolitischen ›Kreativen‹ anpassen.

Laut Richard Florida sind dieser Gruppe Erfahrungen und Erlebnisse wichtiger als Besitztümer, sie ziehen die Community der Isolation in der Vorstadt vor, schätzen Authentizität mehr als die Vermarktungsstrategien der Konzerne und stellen Diversität über Homogenität. Sollte euch das nun bekannt vorkommen, weil die Vorlieben der kreativen Klasse ganz gut den Vorstellungen der Gentrifier einigen Jahrzehnten zuvor entspricht, dann seid ihr auf der richtigen Spur. Die Idee der kreativen Klasse und die in diesem Zusammenhang formulierten stadtpolitischen Maßnahmen wurden von vielen Wissenschaftler*innen und anderen kritisch gesehen, weil sie darin nichts anderes erkennen konnten, als dass man einer Politik der Gentrifizierung Vorschub leistete.[18]

Das Konzept fand dennoch breiten Anklang. Städte überall auf der Welt, ob groß oder klein, ersannen nun eine ganze Reihe von kulturellen Initiativen – darunter eben auch Festivals wie die Nuit Blanche –, um sich ein Image zu verpassen, das dieser vermeintlich neuen ›Klasse‹ gefällt. Florida selbst wurde zu einem gefragten Redner und Berater. Viele sahen in ihm den Mann, der die Geheimformel gefunden hatte, um eine Stadt in ein Machtzentrum des 21. Jahrhunderts zu verwandeln.

Grundsätzlich ist ja nichts Schlechtes daran, wenn Städte in Kunst, Kulturveranstaltungen, die Gestaltung von Plätzen, Grünflächen und Festivals investieren. Eigentlich fühlte es sich nach einer willkommenen Neuerung gegenüber der herkömmlichen Wirtschaftsförderung an, die meist nur darin bestand, umweltverschmutzenden Industrien Steuererleichterungen zu gewähren, Sportstadien zu errichten und Kongresszentren aus dem Boden zu stampfen. Aber leider trugen die auf die kreative Klasse ausgerichteten Annehmlichkeiten sowie die gestiegene Aufmerksamkeit und zunehmenden Investitionen für eine wohlhabende Gruppe von Stadtbewohner*innen dazu bei, die Lebenshaltungskosten in den Städten in die Höhe zu treiben.

Die staatlichen Zuschüsse für den Bau neuer Wohnungen verstärkten den Zuzug der Kreativen, wodurch die Gentrifizierung befördert wurde und sich die soziale und demografische Zusammensetzung in den Stadtteilen noch schneller veränderte. Die kulturelle Wiederbelebung verlieh den Bemühungen der Städte, neue Einwohner*innen, Tourist*innen, Unternehmen und Investoren anzuziehen, ein buntes, scheinbar unpolitisches Gesicht. Kritiker*innen halten dem aber entgegen, dass diese geschönte Version des urbanen Neoliberalismus denjenigen, die ohnehin schon um ihre Existenz kämpfen müssen, das Leben nur noch schwerer macht.

Die Idee von der kreativen Klasse war in ihrer Definition von Kreativität und der Bewertung bestimmter Formen von Arbeit, ungeachtet der Beteuerungen, dass Diversität wünschenswert sei, auffällig *weiß* und männlich. Die feministische Geografin Brenda Parker stellte fest, dass Städte wie San Francisco und Minneapolis, die in den Kreativitätsratings ganz oben stehen, auch die US-amerikanischen Städte sind, in denen die rassistische Segregation im Hinblick auf Geografie, Einkommen und Beschäftigung am größten ist. Berufsfelder, die als ›kreatives Herzstück‹ gelten, wie Wissenschaft, Ingenieurswesen, Forschung, Architektur und Recht, sind besonders *weiß* und/oder männlich dominierte Bereiche.[19]

Die Gelder, die nun plötzlich für den Kunstbereich zur Verfügung standen, um die Kreativität zu fördern, kamen *weißen* Künstler*innen und Communitys zu Gute. McLean beschreibt, dass in Toronto queere und rassifizierte Künstlerinnen* sowie nicht-binäre und Transkünstler*innen in den Initiativen der kreativen Stadt an den Rand gedrängt wurden und ums Überleben kämpfen mussten, während millionenschwere Festivals wie die *Nuit Blanche* oder das *Luminato* in ihre Stadtteile einfielen.[20]

Parker stellt zudem fest, dass der Fokus auf bestimmte kreative Berufe die genderspezifische Arbeitsteilung im Haushalt und in der Lohnarbeit widerspiegelt. Der ideale Kreativarbeiter bei Florida ist ihr zufolge ein ›Arbeitstier‹, das keine Angst vor langen unregelmäßigen Arbeitszeiten hat, jederzeit bereit ist, woanders hinzuziehen, und nicht durch häusliche Pflichten belastet ist. Für diejenigen, die nach wie vor einen unverhältnismäßig hohen Anteil an Care-Arbeit leisten, vor allem also Frauen, ist es hingegen nicht möglich, bis spät in die Nacht kreativ zu sein, um noch schnell das neuste Update für ein Videospiel zu programmieren. Es zeigte sich, dass viele dieser hochgelobten Berufsfelder der Kreativindustrie eine für Frauen überaus feindselige Arbeitsumgebung darstellen.[21] Zudem traf diese idealisierte Vorstellung der kreativen

Klasse nicht auch auf die Arbeiter*innen im Dienstleistungsbereich – wiederum in erster Linie Frauen – oder gar auf die unbezahlte Arbeit in der Kinderbetreuung und im Haushalt zu.

Nachdem es nun schon zwanzig Jahre sind, dass das Konzept der kreativen Stadt die Stadtpolitik im Sturm eroberte, ist inzwischen mehr als deutlich geworden, dass die Bemühungen der Städte, eine neue Mittelklasse – die kreative Klasse – anzulocken, zwar erfolgreich gewesen sein mögen, dafür aber ein hoher Preis zu zahlen war. Sogar Richard Florida musste im Hinblick auf die von ihm vorgeschlagenen Empfehlungen einräumen, dass die Städte, auch wenn Diversität und kulturelle Unterschiede stets hervorgehoben wurden, nicht gerechter und inklusiver geworden sind.[22]

Beispielsweise ist San Francisco, die ›superkreative Stadt‹ schlechthin, noch tiefer gespalten als zuvor. Unzählige Menschen sind wohnungslos und leben auf der Straße, während über ihnen die Tech-Millionär*innen mit dem Hubschrauber nach Palo Alto fliegen. Lehrer*innen, Krankenpfleger*innen, Feuerwehrleute und sogar die gut bezahlten Arbeiter*innen aus der Tech-Industrie können es sich nicht mehr leisten, dort zu leben.[23]

Die Mieten und Grundstückspreise sind auch in anderen Großstädten und zentralen regionalen Städten in die Höhe geschnellt. Wir erleben eine Entwicklung, die wir als Suburbanisierung der Armut bezeichnen können: Familien werden aus den Zentren der Städte in abgelegene Gegenden verdrängt, von wo aus sie dann pendeln müssen. Dort ist zwar ironischerweise der Wohnraum billiger, aber sonst eben nichts.[24] Künstler*innen gehören noch immer zu den Berufsgruppen mit den geringsten Einkommen und der Charakter der kreativen Arbeit, die meist freiberuflich oder in Form von Werkverträgen geleistet wird, erzeugt ein hohes Maß an Prekarität und finanzieller Unsicherheit für viele, die eigentlich Teil jener ›Klasse‹ sind, die von der Kreativindustrie hätte profitieren sollen.

Wir sollten die Idee von der kreativen Klasse nicht allein für die Gentrifizierung verantwortlich machen. Wir sehen hier aber, wie sehr die Kultur als ein Faktor der Gentrifizierung in einem Maße über Macht und Einfluss verfügt, das weit über den Einzelnen hinausgeht. Wobei es natürlich vorkommen kann, dass Einzelpersonen diese von Unternehmen und dem Staat geschaffenen Vorstellungen von Kreativität verkörpern, und Investoren wie Stadtverwaltungen verfolgen Veränderungen kultureller Vorlieben sehr aufmerksam, damit sie ihre Projekte so vermarkten können, dass sie bei denen, die diesen Veränderungen vorangehen, Anklang finden.

Kulturelle Faktoren dürfen nicht unter den Tisch gekehrt werden, solange sie sich so einfach vom Kapital vereinnahmen lassen. Die modischen Jeans oder die neueste Bartmode sind nicht für die Gentrifizierung verantwortlich. Wenn aber größere Gruppen aufgrund ihres Geschmacks, ihrer Berufswahl und ihrer ästhetischen Vorlieben als eine neue Klasse wahrgenommen werden, wird aus ihnen ein Markt und damit eine Rechtfertigung für Interventionen in der Stadt.

Kulturen des Weißseins

Kulturelle Macht überschneidet sich, wie alle Formen der Macht, mit anderen Machtsystemen. Wir können Kultur nicht einfach aus dem Geflecht von Sexismus, Rassismus, Kolonialismus und Heteronormativität herauslösen. Diese Systeme prägen, mehr oder weniger offensichtlich, wie und ob wir etwas mögen oder wertschätzen und ob wir es für kreativ, kunstvoll, kultiviert und cool halten. Die Filmemacherin Kelly Anderson zeichnet in ihrem 2012 erschienenen Dokumentarfilm *My Brooklyn* am Beispiel von Fulton Mall, eines lebhaften Schwarzen Einkaufsviertels, das wegen des Baus von Luxuswohnungen und Markengeschäften abgerissen werden sollte, nach, wie bedeutsam Weißsein in der Bewertung von Kultur und Kreativität ist.

Anderson nimmt ihre Kamera mit auf einen Wochenmarkt in Brookyln und fragt die Kund*innen, was sie von den Plänen halten, dass Fulton Mall umgestaltet werden soll. Ganz unverblümt geben die netten, *weißen* Liberalen, die sich gerade mit Bio-Lebensmitteln eindecken, zu Protokoll, dass Fulton zwar praktisch sei, wenn man schnell mal eine Hülle für sein Handy brauche, aber man aus »Scheiße nun mal kein Gold machen« könne. Es ist klar, dass niemand von ihnen Fulton vermissen würde, sollte es dem Erdboden gleichgemacht werden.

Die Schwarzen Kund*innen des Wochenmarkts, die Anderson befragt, verbringen auch nicht unbedingt viel Zeit in Fulton Mall, aber sie verlieren kein schlechtes Wort darüber. Obwohl Fulton Mall in der US-amerikanischen Sozial- und Kulturgeschichte, ob nun im Hip Hop, der Mode oder der Literatur, eine wichtige Rolle spielt, erkennt der *weiße* Blick den kulturellen Wert der Gegend nicht. Als der damalige Bürgermeister Michael Bloomberg durch Umwidmungen und Steuererleichterungen seine Vorstellungen von der Sanierung umzusetzen begann, mussten die Geschäfte von Schwarzen und anderen Minderheiten nach und nach schließen, und heute gehören die Gewerbeflächen in der Fulton Street zu den teuersten der Stadt.

Die Unternehmen, die im Zuge von Gentrifizierung entstehen und oft andere Geschäfte verdrängen, können rassistische Ausgrenzung transportieren. Es müssen gar nicht, wie in den Zeiten von Jim Crow, Schilder an die Tür gehängt werden, auf denen steht: »Nur für Weiße«. Heute kann der Ausschluss über subtilere kulturelle Maßnahmen hergestellt werden, die den *weißen* Geschäftsinhaber*innen vielleicht gar nicht bewusst sind.

In ihrer Untersuchung über die Gentrifizierung des Einzelhandels in einem Schwarzen Viertel von Portland, Oregon, stellten Daniel Sullivan und Samuel Shaw fest, dass die alteingesessenen Schwarzen Bewohner*innen sich in den neuen Geschäften mit *weißen* Inhaber*innen aufgrund einer ganzen Reihe von Faktoren fremd fühlten. Die Preise spielten dabei eine Rolle, aber auch weniger Offensichtliches, wie die Art der Produkte, die angeboten wurden, die Einrichtung des Ladens und wie ihnen die Angestellten und andere Kund*innen begegneten. Während viele sich schwertaten, zu benennen, worin das Problem genau bestand, war ihnen aber klar, dass »die neuen Geschäfte für Yuppies reserviert sind. Menschen, ›die sich dort breitmachen, Kaffee trinken und Donuts essen, oder was auch immer die da eigentlich essen.‹«[25] Sullivan und Shaw kommen zu dem Ergebnis, dass die Unternehmen der ›kreativen Klasse‹ und der ›Bohemiens‹ für Schwarze besonders wenig einladend sind.

Andere Untersuchungen zur Gentrifizierung ergaben ebenfalls, dass es häufig unterschiedliche kulturelle Normen sind, die zu Konflikten führen. Ob es darum geht, wie der öffentliche Raum, die Straßen und Parks genutzt werden,[26] welche Speisen in den neuen Geschäften und Restaurants angeboten werden[27] oder welche Geräusche und Gerüche aus den Wohnungen und Geschäften kommen – die neu zugezogenen Gentrifier und die langjährigen Bewohner*innen haben manchmal ganz unterschiedliche Vorstellungen davon, welche kulturellen Ausdrucksformen akzeptabel sind und welche nicht. Mexikanisches Essen? Großartig! Eine wöchentliche Parade von *Lowridern* auf der Hauptstraße? Schon weniger. Aalglatter Hip Hop? Gerne! Schwarze Kids, die an der Straßenecke auf Trommeln aus Plastik spielen? Nein, danke![28]

Weißsein funktioniert auch darüber, dass man sich die Kultur, das Essen, die Musik, die Mode und den Aktivismus von Minderheiten aneignet, während diese Menschen im selben Atemzug verdrängt werden. So nimmt beispielsweise in Pilsen, Chicago, der Anteil der Latinx-Bevölkerung kontinuierlich ab und der Anteil der *Weißen* steigt, trotzdem schmücken die Symbole der Latinx-Kultur weiterhin das Viertel.[29] Als ich mich dort für meine Recherchen einmietete, wohnte ich in einem neuen Wohnkomplex, der nach der aztekischen Göttin Chantico benannt war. Das Gebäude war dunkelrot gestrichen und mit Symbolen der aztekischen Kultur geschmückt. Sogar die Kanaldeckel waren mit aztekischen Motiven verziert. Murales über die Geschichte Mexikos und mit Persönlichkeiten der mexikanischen Kultur schmückten die Hauswände an beiden Seiten der 18. Straße. Aber die Menschen mit einem mexikanischen oder anderen lateinamerikanischen Hintergrund, die tatsächlich hier leben, müssen angesichts der immer weiter voranschreitenden Gentrifizierung darum kämpfen, dass sie in ihren Häusern bleiben können.

In Harlem ragt eine Statue von Harriet Tubman über den teuren Cafés in den Himmel, und Murales, die auf die Kämpfe Schwarzer Menschen Bezug nehmen, stehen Geschäften wie ›American Apparel‹ gegenüber. Kelly Wickham Hurst bringt es in einem Tweet auf den Punkt: »Woher weiß ich, dass Gentrifizierung stattfindet? Wenn Schwarze Menschen durch ›Black Lives Matter‹-Schilder im Vorgarten ausgetauscht werden.«[30]

Ein kleines, fieses Detail der kulturellen Macht des Weißseins besteht darin, dass es unter einem Deckmantel der Unsichtbarkeit und Verleugnung agiert. Da es zugleich das Wasser ist, in dem wir schwimmen, und eine kaum vorgeprägte Leere, in die *Weiße* ganz nach Belieben kulturelle Normen und Vorlieben hineinschütten können, ist es schwierig, Weißsein in Aktion zu erleben. Beziehungsweise für nicht-weiße Menschen ist es nicht schwer, Weißsein als solches zu erkennen, aber für *weiße* Menschen ist es einfach, zu leugnen, dass ihre Vorlieben, Vorstellungen und Handlungen etwas mit Weißsein zu tun hätten.

Bei einer Beschwerde wegen Ruhestörung geht es doch nur um den Lärm, oder? Lärm hat doch nichts mit *Race* zu tun. So oder so ähnlich klingt es, wenn Weißsein in Aktion geleugnet wird. Aber wenn solche Beschwerden auf eine ganz bestimmte Musik, auf ganz bestimmte Lokale und Gruppen von Menschen abzielen – auf andere jedoch, die vielleicht ebenso viel, aber eine andere Art von Lärm machen, nicht –, dann bestimmt Weißsein als kulturelle Macht, was und wer im Stadtteil akzeptiert wird.[31] Der Widerstand gegen das Weißwaschen des urbanen Raums ist sich darüber bewusst, dass kulturelle Aspekte für eine Politik, deren Ziel es ist, dass alle bleiben können, von wesentlicher Bedeutung sind. Als sich die *weißen* Bewohner*innen neuer Wohnanlagen in Washington DC (deren Errichtung zweifellos mit einer jahrelangen Lärmbelästigung einhergegangen war), über den Go-Go-Sound, eine Spielart des Funk, zu beschweren begannen, der in diesem traditionell Schwarzen Viertel aus den Geschäften der Schwarzen Inhaber*innen dröhnte, setzte sich die Community für diese Musik ein, weil sie darin einen Ausdruck lokaler Schwarzer Identität sah, der nicht zum Schweigen gebracht werden sollte.

Diese Bewegung, die laut der Geografin Brandi Thompson Summers von der Schwarzen Community der Stadt getragen wird, ist darum bemüht, »ihre Zugehörigkeit zur Stadt zu behaupten, indem sie das kulturelle Erbe zurückfordert, das durch die Gentrifizierung ›zum Schweigen‹ gebracht wurde.«[32] Summers argumentiert, dass der Lärm der Gentrifizierung – Bauarbeiten, bellende Hunde, Musik aus Biergärten und von Dachterrassen – als Sound des Fortschritts und der Veränderung wahrgenommen wird, während der Lärm, der den Schwarzen Communitys zugeschrieben wird, kriminalisiert wird. Die #DontMuteDC-Bewegung weigerte sich, die kulturelle Geräuschkulisse nach *weißen* Normen zu bewerten, und wehrte sich gegen das *weiße* Selbstverständnis, davon auszugehen, die Stadt nach den eigenen Vorstellungen und Bedürfnissen gestalten zu dürfen.[33]

Wenn wir uns später genauer mit der Verdrängung beschäftigen, werden wir auf die Rolle des Weißseins und konkreter Handlungen *weißer* Menschen, beispielsweise die Polizei zu rufen, zurückkommen. Sich die kulturelle Macht des Weißseins zu vergegenwärtigen, ist entscheidend, um ein Verständnis davon zu entwickeln, wie jene Formen der Klassenunterschiede, die durch den Geschmack und ästhetische Vorstellungen bestimmt sind, stets durch vorherrschende Machtsysteme, etwa – aber nicht ausschließlich – Rassismus, geprägt werden. Unsere Vorlieben und Bedürfnisse sind nie neutral, nie vollkommen individuell und befinden sich nie außerhalb von Machtverhältnissen. Die meisten von uns denken, dass wir einfach das mögen, was wir eben mögen, und dass unser Geschmack Ausdruck unserer einzigartigen Identität sei, ob es sich dabei nun um Schuhe, Essen, Wohnhäuser oder die Nachbarschaft handelt. Diese Entscheidungen sind aber leider aufs Engste mit den kulturellen Normen und Werten unserer bewussten und unbewussten Sozialisierung verbunden, die wiederum von Sexismus, Rassismus und anderen Machtverhältnissen bestimmt wird.

Die kulturelle Erzählung

Es ist einfach, sich auf die Welt des Geschmacks, der Ästhetik und der kulturellen Werte zu konzentrieren. Das kommt wohl daher, dass in diesen Bereichen die individuelle Entscheidung und damit die Möglichkeit, Einfluss zu nehmen, im Vordergrund steht. Das zeigt sich nicht nur in der Art und Weise, wie wir über Gentrifizierung denken. So wird beispielsweise auch der Feminismus gerne auf persönliche Entscheidungen und kulturelle Vorlieben reduziert und Anstrengungen zur ›Rettung der Umwelt‹ konzentrieren sich auf Konsumentscheidungen und eine Änderung des Lifestyles.

Es ist nicht so, dass persönliche Entscheidungen keine Rolle spielen würden. Entscheidungen und Vorlieben spiegeln wirkmächtige kulturelle Normen wider, die Auswirkungen auf die reale Welt haben, und verfestigen diese. In der Regel aber werden individuelle Entscheidungen, auch wenn sie von Tausenden oder Millionen anderen Menschen geteilt werden, keinen wirklichen Unterschied machen, wenn sie nicht mit dem Handeln von deutlich mächtigeren Unternehmen und Regierungen einhergehen, die Lohnunterschiede zwischen Männern und Frauen tolerieren, die Zerstörung der Umwelt zulassen oder, um wieder auf die Stadt zurückzukommen, eine Politik verfolgen, die Profite über Menschen stellt.

Der Geschmack, die Bedürfnisse und Befindlichkeiten der Gentrifier erfahren nach wie vor große Aufmerksamkeit. Einige Wissenschaftler*innen meinen, dass die Gentrifier zu sehr im Fokus stünden, und das auf Kosten der Menschen, die marginalisiert und verdrängt werden.[34] Passenderweise bildet die *weiße* Mittelklasse auch die Protagonistin dieser Geschichte über Gentrifizierung. Andere wiederum meinen, dass die Konzentration auf kulturelle Faktoren uns davon abhält, uns mit den tatsächlichen Ursachen der Gentrifizierung zu beschäftigen – damit, wie der Kapitalismus auf Grundlage des städtischen Grundstücksmarkts funktioniert.

Die ökonomische Erzählung kommt als nächstes an die Reihe, in unserem Unterfangen, uns die vielen Möglichkeiten anzusehen, wie Gentrifizierung verstanden wird. Ich bin stets ein Fan des Leitsatzes »Folge dem Geld«, denn in einer kapitalistischen Gesellschaft bedeutet das üblicherweise, auf der Leiter der Macht eine Sprosse nach oben zu steigen. Trotzdem ist es ratsam, jedem singulären Erklärungsansatz zu widerstehen. Auch die ökonomische Analyse kann aus einer kritischen, intersektionalen Perspektive einiges mitnehmen.

Gentrifizierung ist eine Frage des Geldes

Im April 2020 wurde der gigantische Schornstein des Kohlekraftwerks Crawford abgerissen und das Chicagoer Stadtviertel Little Village wurde inmitten der Pandemie von einer dicken Staubschicht bedeckt.[1] Viele empfanden es als weitere und sicherlich nicht die letzte Zumutung für eine Gegend, die seit mehr als einem Jahrhundert unter der Verschmutzung der Luft, des Bodens und des Wassers litt, wovon ein großer Teil von eben diesem Kraftwerk verursacht worden war.[2]

Im Jahr 2015 machte ich mich auf den Weg nach Chicago, um mehr darüber zu erfahren, wie es im Little Village weitergehen sollte, nachdem der lange Kampf zur Schließung des Kraftwerks endlich erfolgreich beendet worden war. In Pilsen, dem benachbarten Stadtteil, wurde zur selben Zeit das Kraftwerk Fisk geschlossen, weil sich das Unternehmen, das die beiden Kraftwerke betrieben hatte, weigerte, ökologische Maßnahmen durchzuführen.[3] Ich war neugierig, ob es im Zuge der Sanierung dieser ehemaligen Industriestätten zu einem Prozess der Gentrifizierung kommen würde, wenn diese Stadtteile nun als sauberer wahrgenommen wurden. »Oh ja, die Gentrifizierung ist in Pilsen ein großes Problem«, wurde mir von den Leuten erzählt. »Aber im Little Village? Nein. Hier wird es keine Gentrifizierung geben.«

Das Little Village schien oberflächlich betrachtet auch nicht unbedingt ein Kandidat dafür zu sein. Der Stadtteil wurde nicht nur wegen der Luftverschmutzung abgeschrieben, sondern auch wegen Kriminalität, Gangs, Armut und der rassifizierten migrantischen Bevölkerung aus Mexiko. Das riesige Cook County Gefängnis befindet sich im Zentrum von Little Village, direkt neben dem einzigen Park des Stadtteils. Wachtürme und Stacheldraht gehören nicht zur Ästhetik der Gentrifier.

Während die kulturelle Erzählung nicht die Gentrifizierung des Little Village vorhersagen kann, kann es eine andere Erzählung sehr wohl. Die ökonomische Erzählung interessiert weniger, was die *weiße* Mittelklasse an einer Gegend attraktiv findet, sondern, was das Kapital dorthin ziehen könnte. Welche Rahmenbedingungen braucht es, damit Investitionen in ein Viertel wie das Little Village fließen? Die Antwort bringt uns zu einer anderen treibenden Kraft der Gentrifizierung: das Gewinnpotenzial.

In mancherlei Hinsicht ist diese Geschichte einfacher als die kulturelle Erzählung. Während frühe Beispiele der Gentrifizierung so manchen zeitgenössischen Beobachter*innen geradezu widersinnig erschienen, waren andere der Ansicht, dass die Gründe recht offensichtlich seien, wenn man versteht, wodurch das Kapital in Bewegung gesetzt wird. Es handelt sich dabei um eine andere Version des ›Zurück in die Stadt‹-Narrativs, in der nicht die Gentrifier, die nach einer anderen Lebensweise suchen, die Protagonist*innen sind, sondern das Geld, das dabei involviert ist. Der Geograf Neil Smith schrieb in einem Text, der geradezu eine heilige Schrift für alle Vertreter*innen einer ökonomischen Theorie der Gentrifizierung wurde, dass die Gentrifizierung »eine Bewegung zurück in die Stadt darstellt, und zwar des Kapitals und nicht der Menschen.«[4]

Diese Erzählung ist fest in einer urbanen Politischen Ökonomie verankert. Die Politische Ökonomie ist ein Ansatz, um die Beziehungen zwischen politischen Systemen, Institutionen und dem Wirtschaftssystem zu verstehen. Der zeitgenössischen Politischen Ökonomie, insbesondere in ihrer marxistischen Ausprägung, geht es vor allem um die Macht, die Handlungen und das Verhalten von Akteuren wie dem Staat und Unternehmen im Hinblick darauf, wie Entscheidungen getroffen und Ressourcen verteilt werden und wie die Wirtschaft gelenkt wird.[5] Für marxistische Geografen wie Smith ist die Politische Ökonomie auch eine Möglichkeit, die Wertsysteme und Machtverhältnisse zu beschreiben, die sowohl auf der Ebene des Staates wie des Individuums in Erscheinung treten und miteinander in Beziehung stehen. Die Politische Ökonomie konzentriert sich vor allem auf strukturelle Bedingungen und mächtige Institutionen, sie setzt sich aber auch damit auseinander, wie die herrschenden ökonomischen Wertsysteme sich in den Beweggründen und Wünschen von Einzelnen und Haushalten niederschlagen und diese prägen.

Das Kapital in Bewegung

In seinem viel zitierten Beitrag aus dem Jahr 1979 wendet sich Smith gegen die Vorstellung, dass die Gentrifizierung von desillusionierten Bewohner*innen aus der Vorstadt angetrieben werde, die dem ›Gesetz‹ zuwider handeln würden, dass sich die Mittelschicht nach außen hin, an den Stadtrand, bewegt, wie das von der Chicagoer Schule formuliert wurde. Er behauptet stattdessen, dass »die Gentrifizierung kein zufälliges Ereignis und keine unerklärliche Umkehrung eines unvermeidlichen Ausleseprozesses ist. Im Gegenteil, sie ist zu erwarten.«[6] Warum ist das so?

Smith beobachtete, dass der Wertverlust von Häusern und Grundstücken in manchen Gegenden der Stadt, der über einen längeren Zeitraum stattfindet und alle möglichen Ursachen haben kann, ob nun durch das *Redlining* oder weil Gebäude verlassen und dem Verfall preisgegeben werden, einen *Rent Gap*, also eine Mietlücke, erzeugt. Dieser *Rent Gap* entsteht aus der Differenz zwischen dem potenziellen Wert einer Immobilie, wenn sie ›bestmöglich‹ genutzt wird, und ihrem Wert angesichts der gegenwärtigen Nutzung. Stellt euch beispielsweise vor, wie groß die Differenz zwischen einem dreistöckigen Mietshaus für einkommensschwache Menschen und einem zwanzigstöckigen Gebäude mit Eigentumswohnungen auf demselben Grundstück ist. Smith schreibt dazu:

> »Gentrifizierung passiert dann, wenn die Lücke groß genug ist, dass es den Bauträgern möglich ist, die Gebäude günstig zu erwerben, die Kosten für den Bau und die Sanierung zu tragen sowie für Zinsen und Darlehen aufzukommen und dann am Ende noch einen Verkaufspreis zu erzielen, der eine zufriedenstellende Rendite einbringt.«[7]

Smith beschreibt hier einen grundlegenden Wesenszug des Kapitalismus: die Jagd nach immer größeren Profiten. Man könnte meinen, dass es für einen Investor, der ein Luxusgebäude mit zwanzig Stockwerken errichten will, eine kluge Entscheidung ist, ein Grundstück in einer ohnehin schon gefragten Gegend zu kaufen, wo es bereits andere hochpreisige Wohngebäude gibt, tatsächlich wäre hier aber der Profit geringer. Das kommt daher, dass der aktuelle Wert des Grundstücks in einem bereits durchkapitalisierten Stadtteil von seinem zukünftigen Wert nicht so stark abweicht, wie das in ›riskanteren‹ Gegenden der Fall ist.

Schlussendlich geht es darum, günstig zu kaufen und teuer zu verkaufen, und um den Unterschied zwischen diesen beiden Preisen auf ein Höchstmaß zu bringen, sollte der Investor möglichst günstig kaufen. Gentrifier gehen auf einer niedrigeren Stufe ja eine ähnliche Wette ein: Man kauft sich ein günstiges Haus in einem wenig angesagten Stadtteil und hofft darauf, dass sich die Investition durch die Sanierung des Hauses und die Aufwertung des Stadtteils rentieren wird.

Falls das nach einer weiteren naturalisierenden Erklärung der Gentrifizierung klingen sollte, stellt Smith klar, dass der Zufluss von Kapital in eine Gegend, die zu niedrig bewertet wurde, nicht unvermeidbar ist. Es braucht viele verschiedene Akteur*innen, Beteiligte, Werte und gezielte Entscheidungen, um die Bedingungen zu schaffen, dass dies an einem bestimmten Ort passiert. Der Kapitalismus und eine unzureichende Regulierung des Wohnungs- und Bodenmarkts spielen darin eine zentrale Rolle. Flächennutzungspläne und Entscheidungen, wie etwas genutzt werden soll, etwa wo eine Autobahn, eine Fabrik oder ein Park gebaut wird, sind ebenfalls von entscheidender Bedeutung.

Durch diese Analyse der Ursachen der Gentrifizierung können wir erklären, warum sie auch in Stadtteilen wie dem Little Village, das auf den ersten Blick nur wenig von dem bietet, was Gentrifier anlockt, auftritt. Es waren genau die Bedingungen, die es unwahrscheinlich erscheinen ließen, dass das Little Village gentrifiziert wird, die dann, als die richtige Zeit gekommen war, dafür sorgten, dass Kapital in diese Gegend fließt, weil das Ungleichgewicht zwischen der aktuellen und der möglichen Nutzung dieser Flächen einfach zu verlockend wurde. Zu diesen Bedingungen gehörten Industrien, die die Umwelt verschmutzen, fehlende Investitionen in die städtische Infrastruktur und ein Image, das die Immobilienwerte nach unten drückte. Angesichts der zu erwartenden ökologischen Sanierung und der Gentrifizierung des benachbarten Stadtteils Pilsen (und der damit einhergehenden geringeren Kluft zwischen aktuellem und potenziellem Wert) wurde das Little Village zu einer attraktiven Option für das Immobilienkapital.[8]

Bereits 2014, als die Stadtverwaltung den Paseo, einen begrünten Weg für Spaziergänger*innen und Radfahrer*innen entlang der stillgelegten Bahngleise von Little Village nach Pilsen und weiter zum Loop, dem zentralen Geschäftsviertel, beschloss, erschienen in den Medien Artikel über das Thema Gentrifizierung. Das weckte die Befürchtung, dass die Grundstückswerte und Steuern entlang des Weges steigen würden, wie das zuvor bei ähnlichen Projekten wie der Beltline in Atlanta und dem High Lane Park in New York passiert war.[9] Ein Mitglied der Stadtregierung tönte, dass »lokale Unternehmen aufblühen, neue Kunden angezogen und die Häuser im Little Village im Wert steigen werden (...). Das Little Village wird ins Zentrum der blühenden Entwicklung Chicagos gerückt.«[10]

Ein Mitarbeiter der Wohnungshilfe stellte jedoch fest, dass »viele Familien immer stärker unter Druck geraten, weil Investoren von außerhalb zunehmend Immobilien im Little Village kaufen.«[11] Im Sommer 2016 erwarb eine Immobilienfirma ein Wohnhaus und setzte die sieben dort lebenden Familien auf die Straße. Im Frühjahr 2017 veröffentlichten einige Hausbesitzer*innen Briefe in den sozialen Medien, die sie von Investoren erhalten hatten, in denen ihnen Angebote für ihre Häuser gemacht wurden. In den Immobilien-Fachzeitschriften wurde vermehrt über die ›Chancen‹ geschrieben, die sich durch die Umwandlung ehemaliger Industrieflächen im Little Village auftaten.[12] Im Jahr 2020 kaufte ein Bauträger die Discount Mall, ein Einkaufszentrum, in dem mehr als hundert Händler*innen Produkte aus Mexiko verkauften und viele lokale Geschäftsleute ihr Unternehmen gegründet hatten. Besorgte Bewohner*innen machten am mexikanischen Unabhängigkeitstag ihrem Ärger Luft und erklärten: »Wir lassen uns nichts mehr wegnehmen.«[13]

Während sich das Kapital aufmacht, das Vakuum zu füllen, das durch jahrzehntelangen Umweltrassismus[14] und die Vernachlässigung durch die Stadt erzeugt worden ist, bereiten sich die Bewohner*innen darauf vor, etwas dagegen zu unternehmen, dass sie verdrängt werden, eine Erfahrung, die besonders für die mexikanischen Communitys in Chicago nicht neu ist.[15] In vielerlei Hinsicht sind die Bewohner*innen mit mehr oder weniger unsichtbaren Kräften des Marktes konfrontiert, die sich plötzlich in einer Gegend bemerkbar machen, die fast ein Jahrhundert lang davon weitgehend unberührt geblieben ist. Die Bauträger, Stadtplaner*innen und Investor*innen, die dem Sog des steigenden Profitpotenzials, also der Mietlücke, folgen, verkörpern diese Kräfte. Ist diese Sogwirkung aber auch stark genug, um wohlhabendere Hausbesitzer*innen in eine Gegend zu locken, die an ein fast vierzig Hektar großes Gefängnis angrenzt? An einen verschmutzten Kanal und an Flächen, die noch immer industriell genutzt werden? Anders gesagt: Triumphiert die Ökonomie über die Kultur, mit dem Ziel, Orte wie das Little Village zu gentrifizieren?

Wir müssen tiefer in diese ökonomische Geschichte eintauchen, um ein besseres Verständnis für die Vielzahl an Kräften, Tendenzen und Veränderungen zu bekommen, die die Bedingungen schaffen, damit Kapital fließt. Die Rent-Gap-Theorie, so überzeugend sie auch ist, erzählt nicht die ganze Geschichte. Die großen Unterschiede hinsichtlich der Investitionen in den städtischen Raum werden von größeren nationalen und globalen Entwicklungen bestimmt. Hinter all diesen Veränderungen wirken die Grundlagen des Imperialismus, Siedlerkolonialismus und rassistische Segregation.

Globale Kräfte

Nehmt euch irgendein Kleidungsstück aus eurem Schrank und seht es euch genauer an: Wurde es in den Vereinigten Staaten hergestellt? In Westeuropa? Ich wette um den Preis dieses Buches, dass das nicht der Fall ist. Es ist wahrscheinlicher, dass auf dem Etikett Vietnam, Bangladesch oder Indonesien steht. Die Verlagerung der Bekleidungsindustrie in den Globalen Süden führte dazu, dass in Städten wie New York, Toronto und London gerade mal der historische Name der ehemaligen Textilverarbeitungsstätten erhalten blieb, der Jahrzehnte später zur Imagepflege von Stadtteilen wiederbelebt wurde. Die Arbeiter*innen aus der Bekleidungsindustrie waren längst arbeitslos und die mehrstöckigen Fabriken, in denen sie gearbeitet hatten, harrten einer neuen Bestimmung.

Wir wissen ja, dass große Teile der verarbeitenden Industrie, die früher mal die Grundlage der Wirtschaft des Globalen Nordens bildete, ins Ausland, also in der Regel in den Globalen Süden, verlagert wurde. Seit den 1960er Jahren nahm die Zahl der Arbeiter*innen in den ›großen Produktionszonen‹ Kanadas, der Vereinigten Staaten, Großbritanniens und Europas rapide ab. Die Öffnung der Grenzen und die Fortschritte in den Kommunikations- und Transporttechnologien im Zuge der Globalisierung bedeuteten, dass das verarbeitende Gewerbe dorthin verlagert werden konnte, wo die Kosten am niedrigsten sind.

Wir kennen die Geschichten vom Jobverlust und der Not der Arbeiter*innen aus Industrien wie der Automobil- oder Elektronikbranche. Ihre Unternehmen machten währenddessen Rekordprofite. In seiner preisgekrönten Dokumentation *Roger & Me* zeigt Michael Moore diese Entwicklungen in seiner Heimatstadt Flint in Michigan. Die Schließung der General-Motors-Werke in den 1980er Jahren führte Flint in eine Abwärtsspirale, die schlussendlich auch jene Einsparungen zur Folge hatte, die, wie 2014 bekannt wurde, dazu führten, dass das Trinkwasser mit Blei verseucht wurde. Die meisten von uns schenkten der Frage, wie die Deindustrialisierung im Globalen Norden nicht nur die Wirtschaft veränderte, sondern auch die Städte, die ja deren Zentren waren, nur wenig Aufmerksamkeit.

Gigantische Fabriken wurden stillgelegt und verlassen, während die Schadstoffe weiter in den darunterliegenden Böden versickerten. Stadtteile, die über Generationen von Arbeiter*innen bewohnt worden waren, verfielen zusehends, als die Menschen ihre Arbeit verloren, die Armut zunahm und Zwangsräumungen an der Tagesordnung waren. Wer konnte – und das waren meist die *weißen* Bewohner*innen –, zog weg. Dadurch verfestigte sich die Ungleichheit aufgrund von *Race* nur noch weiter. Die ortsansässigen kleineren Industrien und Geschäfte hatten mit einem Rückgang an Kund*innen zu kämpfen, während die Infrastruktur der Stadt, die Straßen, Schulen und öffentlichen Dienstleistungen, unter den rückläufigen Steuereinnahmen litt. An vielen

Orten war die einzige Branche, die Wachstum verzeichnen konnte, der Bau von Gefängnissen.[16]

Der *Rust Belt* der USA, Städte wie Detroit, Cleveland, Buffalo und Pittsburgh, wurden zum Sinnbild für diesen Niedergang. Der Film *Roger & Me*, der Mitte der 1980er Jahre gedreht wurde, zeigt die einst blühende Kleinstadt Flint, die all die Versprechen der amerikanischen Industrie zu verkörpern schien, wie sie nun von Kriminalität, Wohnungslosigkeit und Verzweiflung heimgesucht wird. Die Menschen müssen kämpfen, um über die Runden zu kommen. Sie spenden Blutplasma, züchten Kaninchen, die wahlweise als Haustier oder als Lebensmittel dienen, werben Nachbar*innen für irgendwelche Direktvertriebsunternehmen an oder versuchen, einen Job bei Taco Bell zu bekommen, wo die Manager*innen davon überzeugt sind, dass ehemalige Autoarbeiter*innen nicht in den Dienstleistungsbereich passen würden. Fred Ross, der stellvertretende Sheriff, scheint der meistbeschäftigte Mann der Stadt zu sein, weil er tagein, tagaus die Zwangsräumungen zu überwachen hat.

Flint war, wie das nahegelegene Detroit, dafür berüchtigt, ein Ort des industriellen Niedergangs zu sein. Die auch als »Ruinenporno« bezeichneten Bilder der verfallenden Fabriken, Schulen, Wohnhäuser, Parks und Büchereien, die einmal das Fundament einer lebendigen Industriestadt gebildet hatten, kursierten im ganzen Land.[17] Doch selbst inmitten derartig tiefgreifender ökonomischer Krisen versuchten Städte wie Flint mehr oder weniger erfolgreich, eine post-industrielle Ökonomie und die dafür notwendige städtische Infrastruktur zu schaffen.

Diese neue Ökonomie beruhte auf Dienstleistungen und Berufen, die einen hohen Grad an Wissen voraussetzen, Branchen also, die einen Hochschulabschluss oder eine entsprechende technische Ausbildung notwendig machen. Die Städte versuchten im Zuge dieses Übergangs, Wissensarbeiter*innen anzuziehen und die bauliche Umgebung neu zu gestalten, um sich selbst in diese neue Ära zu befördern. In *Roger & Me* sehen wir auch, wie sich die optimistisch und unternehmerisch denkenden Menschen eine Wiederbelebung Flints vorstellen. Einige versuchen, den Tourismus mit modernen Hotels und familienfreundlichen Angeboten anzukurbeln. Andere zielen auf die kleine, aber einflussreiche

Gruppe wohlhabender Einwohner*innen, indem sie den Jachtklub und den Golfklub der Stadt fördern. Der Bürgermeister holt den Fernsehprediger Robert Schuller in die Stadt, damit er eine motivierende Rede für die Arbeitslosen hält.

Wie man sich vorstellen kann, ist aus Flint bisher keine postindustrielle Erfolgsgeschichte geworden. Anderen Städten hingegen ist es deutlich besser gelungen, neue Bereiche der Akkumulation zu kapitalisieren und sich in postindustrielle Zentren zu verwandeln.

Postindustrielle Träume

In *Trainspotting*, einem Film aus dem Jahr 1996, vegetieren Renton und seine Freunde in den verfallenden Sozialwohnungen von Edinburgh dahin und haben mit Armut, Erwerbslosigkeit und Heroinsucht zu kämpfen. Die trostlose Landschaft aus leer stehenden Gebäuden und ihre triste Zukunft stehen in einem starken Kontrast zu der Szene, in der Renton, der versucht, clean zu werden, nach London zieht, um dort als Immobilienmakler zu arbeiten, in einem Job, der wie kein anderer die postindustrielle Stadt symbolisiert. Eine rasant geschnittene Montage aus belebten Straßen, den Londoner Wahrzeichen, überschwänglichen Tourist*innen und fleißigen Arbeiter*innen vermittelt den Reichtum der Stadt und eine optimistische Sicht auf die Zukunft. Tatsächlich könnte man London als einen Gipfel der postindustriellen globalen Macht betrachten. Das ist ein passender Ort für Renton, der das Geld, das er und seine Freunde in ihrem letzten Drogendeal machten, gestohlen hat, um endlich ›das Leben zu wählen‹.

Jene Städte, die wir heute als globale Städte bezeichnen, sind ausnahmslos postindustrielle Städte. Ihre ökonomische Basis haben diese Städte nicht mehr in der verarbeitenden Industrie und in *blue-collar*-Jobs, sondern sie bauen auf Dienstleistungen und wissensbasierten Berufen und Branchen auf. Die sogenannten FIRE-Industrien (Finanzen, Versicherungen und Immobilien) beherrschen in finanzieller Hinsicht das Feld. Aber auch der Tourismus, Medien, Technologien, Forschung, Bildung, Kunst und Kultur, Unterhaltung und das Rechtswesen sind Schlüsselsektoren. Für diese *white-collar*-Jobs braucht es einen Hochschulabschluss oder eine entsprechende Ausbildung. Anders gesagt: Wissen.

Die Zunahme an hochqualifizierten und meist gut bezahlten Arbeitskräften ging mit einer Zunahme im Dienstleistungsbereich, der diese Unternehmen – häufig unsichtbar – stützt, einher. Wer reinigt die Anzüge? Wer bereitet den Kaffee und das Mittagessen zu? Führt die Designerhunde aus? Putzt nachts das Büro? Der Dienstleistungsbereich und der Einzelhandel bilden das entscheidende Unterstützungsnetzwerk, damit diejenigen, die über das richtige Maß an Bildung, Wissen und in der Regel auch Privilegien verfügen, ihr Arbeitsleben intellektuellen und kreativen Tätigkeiten widmen können. Für die Arbeiter*innen im Einzelhandel sind die sogenannten ›McJobs‹ die Norm, informelle und prekäre Jobs mit Mindestlohn, ohne gewerkschaftliche Vertretung und in Teilzeit. Die postindustrielle Stadt besteht also aus zwei Städten: aus der glitzernden Stadt der Wissensarbeit und, in ihrem Schatten, aus der versteckten Stadt der Dienstleistungen.

Die gebaute Umgebung der postindustriellen Stadt spiegelt diese ökonomischen Prioritäten wider. Bürotürme erheben sich über dem Geschäftsviertel der Innenstadt, die Technologieunternehmen bauen in den nahe gelegenen Vorstädten weitläufige Campusanlagen, touristische Attraktionen werden zu vertrauten Wahrzeichen in der Skyline und eine schwindelerregende Anzahl von Orten des Konsums – Geschäfte, Cafés, Restaurants, Bars und vieles mehr – sind rund um die Uhr geöffnet und an jeder größeren Straße zu finden.

Wenn ihr zu den Millenials gehört oder zur Generation Z und im Globalen Norden lebt, dann habt ihr es ziemlich sicher nicht erlebt, dass in eurer Stadt der Hafen, die Bahngleise oder Hauptverkehrsstraßen mal pulsierende Zentren der Produktion waren. Das trifft selbst auf Menschen wie mich aus der Generation X zu, denn die Industrieviertel wurden schon während unserer Kindheit umgebaut. Was geschah also mit diesen Räumen?

Auch wenn Städte wie London, New York und Toronto schon immer über einen bedeutenden Finanzsektor verfügten, waren sie, besonders entlang ihrer Wasserstraßen, auch Stätten des verarbeitenden Gewerbes und der Industrie, und es sollte erwähnt werden, dass es selbst in diesen postindustriellen Städten noch immer produzierendes Gewerbe gibt.[18] Ein großer Teil dieser gebauten industriellen Welt wird aber nicht mehr genutzt. Die früheren Fabriken, Lagerhallen und Vertriebszentren befinden sich auf sehr wertvollen Grundstücken, welche keinen Gewinn mehr erwirtschaften. Daher beschließen die Städte allerlei Maßnahmen, um diese Industrieflächen umzuwidmen, einer anderen Nutzung zuzuführen und sie so zu gestalten, dass sie eine postindustrielle Ökonomie ermöglichen und diese Flächen wieder lukrativ verwendet werden.

Lofts sind da ein gutes Beispiel. Einige wenige Lofts wurden zwar neu gebaut, aber der überwiegende Teil entstand aus der Umwandlung ehemaliger Industriegebäude. Bereits in den 1970er Jahren, hält die Soziologin Sharon Zukin fest, wurde die Umwandlung der Lofts als »Teil einer umfassenden urbanen Erneuerung« gesehen, da sich diese verlorenen Räume »von Stätten der Produktion zu Objekten der kulturellen Konsumption wandelten.«[19]

Im Liberty Village in Toronto wurde das weitläufige Areal des Traktoren- und Landmaschinenproduzenten Massey Ferguson in den 1990er Jahren umgestaltet, nachdem die Stadt das Areal von einer Industriezone zu einem Gebiet für Wohnen und Gewerbe umgewidmet hatte. Dadurch konnten sich die Investor*innen die unterbewerteten Grundstücke und Gebäude einverleiben, die nur einen Steinwurf vom zentralen Geschäftsviertel und einem revitalisierten Vergnügungsviertel entfernt liegen. Die Bauträger setzten den historischen Wert der Gegend in Wert und verwandelten überall, wo es möglich war, Fabriken in Lofts, Büroräume, Restaurants, Bars und Geschäfte. Diese Entwicklung führte das Liberty Village, jetzt mit einem ganz neuen Image versehen, in die postindustrielle Wirtschaft des 21. Jahrhunderts und, was entscheidend war, ermöglichte es dem Kapital, dank dieses unternutzten Raums zu fließen und zu wachsen.[20]

Auf diese Weise kann sich die postindustrielle Stadt, wie es der Geograf Neil Smith beschrieben hatte, den Rent Gap zunutze machen. Die Deindustrialisierung schuf ein Überangebot an Raum, der über das Potenzial verfügte, der ›hochwertigsten und besten Nutzung‹ zugeführt zu werden. Das Wachstum der postindustriellen Wirtschaft und ihrer Arbeitskraft erzeugt die Nachfrage nach verschiedenen Arten von Räumen für Arbeit, Freizeit, Konsum und Wohnen. Die Städte, die bemüht sind, die Steuern, die sie durch die Schließung der Fabriken, die Suburbanisierung und die Flucht der Besserverdienenden verloren haben, zurückzugewinnen, unterstützen daher nur allzu gern die Umgestaltung des städtischen Raums durch Bauträger, ausländische Investor*innen und Unternehmen. Sie bedienen sich dabei stadtplanerischer Instrumente wie der Flächen(um)widmung, steuerlichen Anreizen für Bauträger und Gesetzen sowie einer Stadtplanung, die bestimmte Räume und Formen der Entwicklung bevorzugt.

Das postindustrielle urbane Zeitalter fördert die passende Mischung aus räumlichen, ökonomischen, beruflichen und kulturellen Veränderungen, die es braucht, um die Gentrifizierung voranzubringen. Die Städte geben sich nicht damit zufrieden, einfach abzuwarten und darauf zu hoffen, dass sich der Prozess in die gewünschte Richtung entwickelt. Die postindustrielle Stadt ist in der Regel eine unternehmerische Stadt, die sich aktiv darum bemüht, Wachstum und Profit zu generieren, anstatt dieses Wachstum nur zu verwalten und die Infrastruktur zur Verfügung zu stellen.[21]

Städte sind, wie alle Unternehmen, gezwungen, sich ein entsprechendes Image zu verpassen und sich selbst zu vermarkten, um sich von der Konkurrenz, also den anderen Städten, abzuheben. Dass sich Städte ein Image zulegen, ist nicht neu und Konkurrenz zwischen Städten gibt es ebenfalls schon lange. Im postindustriellen Zeitalter hat dieser Wettbewerb jedoch eine andere Dringlichkeit bekommen. Da sich die durch ihre Fabriken standortgebundene Wirtschaft in den Globalen Süden verlagert, müssen Städte nun um Investoren, Unternehmen, Tourist*innen und Einwohner*innen, die auf der Suche nach etwas Besonderem sind, konkurrieren. Um in einer postindustriellen Wirtschaft reüssieren zu können, unternehmen Städte alles Mögliche, um sich voneinander zu unterscheiden und sich zu profilieren, von banalen Dingen wie dem Motto einer Stadt bis zu spektakulären Bauten wie dem höchsten Wolkenkratzer der Welt.

Als die spanische Stadt Bilbao, die lange Zeit vom Hafen und der Arbeiter*innenklasse geprägt war, im Jahr 1997 die Chance ergriff und eine Außenstelle des Guggenheim Museums nach einem Entwurf von

Frank Gehry bauen ließ, war das ein kühner Zug auf dem Schachbrett des Wettbewerbs der Städte. Das Gebäude ähnelt durch seinen wellenförmigen Rumpf aus Titan einem Schiff und soll an die Geschichte der Stadt erinnern und zugleich gen Zukunft steuern. Das frühere Hafengebiet mit seinen ehemals zerfallenen Gebäuden beherbergt heute die Grundlagen der postindustriellen Ökonomie: Tourismus, Kultur und urbanes Spektakel. Vor allem aber hat sich die Stadt einen Platz auf der Landkarte gesichert. Beinahe auf Anhieb lockte das Museum Millionen Tourist*innen an und bescherte der lokalen Wirtschaft einen enormen Aufschwung.

Der ›Bilbao-Effekt‹ wurde zu einer gefragten Strategie und andere Städte verfolgen mit einer atemberaubenden Architektur und riesigen Events ebenfalls diesen Traum. Es stellte sich jedoch heraus, dass dieser Effekt schwer zu wiederholen ist und es nur selten vorkommt, dass ein einzelnes Gebäude eine derartige ästhetische und wirtschaftliche Wirkung erzielt. Außerdem bemängelten viele Kritiker*innen, dass diese Art von Projekten die Grundlage für weitere Veränderungen schaffen, wie eben die Gentrifizierung oder andere Formen der Stadterneuerung, die Verdrängung mit sich bringen, und dass sie Orte einem Bild einer globalen Fantasiestadt folgend umgestalten.

Landschaften des Neoliberalismus

Wir können den Aufstieg der unternehmerischen Stadt nicht verstehen, wenn wir nicht noch einer anderen Entwicklung der Weltwirtschaft Aufmerksamkeit schenken: dem Neoliberalismus. Die neoliberale Theorie macht es erforderlich, dass der Staat seine Tätigkeiten zur Regulierung der Wirtschaft, zur Versorgung mit Sozialleistungen und sogar zur Instandhaltung der Infrastruktur zurücknimmt. Zugleich verstärkt der Staat eine Politik, die darauf abzielt, die globalen Märkte zu liberalisieren, Handelsschranken zu reduzieren und die Privatisierung staatlicher Dienstleistungen zu ermöglichen.[22] Von den Bürger*innen wird erwartet, dass sie sich selbst um ihre soziale Absicherung kümmern, ganz nach dem berühmten Satz der britischen Premierministerin Margaret Thatcher aus dem Jahr 1987: »So etwas wie Gesellschaft gibt es nicht.«

Auf der Ebene der Stadt bedeutet Neoliberalismus, dass eure Wasserversorgung und eure Abfallentsorgung an private Anbieter ausgelagert werden, die niedrige Löhne zahlen und gewerkschaftliche Organisierung verhindern. Er bedeutet, dass ihr bei städtischen Freizeiteinrichtungen Eintritt bezahlen müsst. Er bedeutet, dass Sozialwohnungen verkauft oder abgerissen werden. Er bedeutet, dass informelle Siedlungen geräumt und die Bewohner*innen in neue Wohnungen gezwungen werden, die sich in der Hand privater Bauträger befinden. Er bedeutet, dass der öffentliche Raum nun tatsächlich privaten Unternehmen gehört und von privaten Sicherheitsdiensten kontrolliert wird. Er bedeutet, dass die Architektur sich gegen wohnungslose Menschen richtet. Er bedeutet, dass das euch vertraute Straßenbild durch modernistische Großbauten und riesige Warenhäuser verändert wird.

Der marxistische Geograf David Harvey verwendet den Begriff ›Akkumulation durch Enteignung‹, um zu beschreiben, wie der neoliberale Urbanismus vorgeht.[23] Mit dieser Formulierung meint er den Zusammenhang, dass der Reichtum der Bauträger, Finanziers und Spekulant*innen das Ergebnis einer erzwungenen und manchmal gewaltsamen Ausbeutung von Mensch, Natur und Ressourcen sowie der Vertreibung von Menschen aus ihren Häusern und Stadtteilen ist – ein Vorgang, der ihnen ihre Lebensgrundlagen entzieht.

Das können wir sowohl in den Städten des Globalen Nordens als auch im Globalen Süden beobachten, wenngleich die konkreten Methoden der Verdrängung, Ausbeutung und Enteignung unterschiedlich sein mögen – und Harvey wurde nicht zuletzt dafür kritisiert, dass er die Bedeutung des Imperialismus für den Globalen Süden nicht klar genug benennt.[24] Dieser Zugang erlaubt es uns, Gentrifizierung nicht nur als Form von Privilegien für einige Wenige zu verstehen, sondern als einen Akt des Raubs von Raum und von sozialen, ökonomischen und kulturellen Ressourcen.

Der Neoliberalismus hat neue, noch extremer auf den Profit ausgerichtete Formen der Gentrifizierung hervorgebracht. Wissenschaftler*innen fanden dafür Begriffe wie ›Super-Gentrifizierung‹, ›Condoisierung‹,[25] ›Finanzialisierung‹ und ›Neubau-Gentrifizierung‹, um diese weitreichenden Veränderungen, die von den Städten und

Unternehmen vorangetrieben werden, von Formen der langsameren, kleinteiligeren Gentrifizierung zu unterscheiden. Der Begriff ›Super-Gentrifizierung‹ wird beispielsweise für hochprofitable Formen der Gentrifizierung in Gegenden von globalen Städten wie London oder New York, die ohnehin schon einen Prozess der Gentrifizierung durchlaufen haben, verwendet, die »zu Orten massiver Investitionen und eines protzigen Konsums durch eine Generation superreicher ›Finanzifizierer*innen‹ wurden, deren Reichtum sich aus den globalen Finanz- und Dienstleistungsindustrien speist.«[26]

Der Begriff ›Condoisierung‹ beschreibt die komplexe Kombination aus Akteur*innen, Wissen, Infrastruktur, Gesetzen und Verfahren, die hervorgebracht wurden, um die ›Eroberung durch Eigentumswohnungen‹ in Städten wie Toronto, Vancouver oder New York zu ermöglichen.[27] Die von der Gentrifizierung befeuerte Spekulation mit Immobilien führte auch zu einer Zunahme von Immobilien, die bewusst nicht vermietet, sondern von den Investor*innen nur in ihrem Portfolio gehalten werden. Das führte in Städten wie Vancouver zu einer derart großen Wohnungsnot, dass man sich gezwungen sah, zusätzliche Steuern auf Wohnungen zu erheben, die von ihren Eigentümer*innen nicht genutzt oder nicht vermietet werden.[28] Die Zunahme dieser beschleunigten Formen der Gentrifizierung unter der Regie mächtiger Finanzakteure ist Teil eines Pakets neoliberaler urbaner Strategien, welche die Städte für größere Investitionen und höhere Profite öffnen sollen.

Airbnbifizierung

In den späten 2000er Jahren entstand im Silicon Valley eine neue Geschäftsmöglichkeit, für die eine so nette und freundliche Bezeichnung gefunden wurde, das sie aus dem Kindergarten stammen könnte: *Sharing Economy*. Das Prinzip der Sharing Economy ist einfach. Menschen, die über bestimmte Ressourcen wie Autos, Wohnungen, Pools, Fähigkeiten oder Ausrüstung verfügen, können diese mit anderen, die diese Ressourcen nicht haben, ›teilen‹ und sich die temporäre Nutzung vergüten lassen. Erleichtert wird das durch Informationstechnologien. Über Apps können die Beteiligten miteinander in Verbindung treten.

In Wirklichkeit geht es dabei aber weniger darum, zu teilen, sondern darum, einen Weg zu finden, die eigenen Ressourcen schnell und ohne Regulierung von außen zu Geld zu machen. Der alternative Begriff ›Plattformkapitalismus‹ kommt dem eigentlichen, nämlich auf Gewinn ausgerichteten Beweggrund des Teilens schon näher.

In den Städten stellen die Mitfahr-Angebote von Uber und Lyft ein allgegenwärtiges Beispiel für den Einfluss des Plattformkapitalismus dar. Wenn man in seinem Lyft an den neuen Wohnhäusern vorbeifährt und aus dem Fenster blickt, dann sieht man wahrscheinlich ein anderes bekanntes Beispiel für den urbanen Plattformkapitalismus: Airbnb. Diese App ermöglicht es Millionen Menschen, ihre nicht genutzten Schlafzimmer, Sofas oder auch ganze Wohnungen mit anderen zu einem Preis zu teilen, der in der Regel günstiger ist als ein Aufenthalt im Hotel, aber sicherlich über dem liegt, was man bei einer langfristigen Vermietung verlangen könnte. Anfangs wurde befürchtet, dass dieser Trend massive Folgen für die Hotelbranche haben würde, aber mittlerweile wissen wir, dass die kurzfristige Vermietung ganzer Wohnungen vor allem für die ›normalen‹ Mieter*innen negative Folgen hat, weil der Leerstand steigt, Wohnungen schwerer zu bekommen sind und die Gentrifizierung befördert wird.[29]

Die Studien, die in den letzten Jahren durchgeführt wurden, zeigen, dass die kurzfristige Vermietung ganzer Wohnungen und Häuser das Angebot für Langzeitvermietungen, die mehr den Bewohner*innen und weniger den Besucher*innen zugute kommen, verknappt. Einer kanadischen Studie zufolge werden dem Wohnungsmarkt durch Kurzzeitvermietungen jedes Jahr 30.000 Wohneinheiten entzogen.[30] Das ist beachtlich, vor allem wenn man bedenkt, dass viele Städte ohnehin schon mit einem historisch niedrigen Leerstand und unerschwinglichen Mieten zu kämpfen haben. Die Stadt Paris geht davon aus, dass Airbnb »den Bewohner*innen 30.000 Wohnungen vorenthält, die ausschließlich für die kurzfristige Vermietung an Tourist*innen genutzt werden, darunter bis zu 25 Prozent der Wohnungen in den vier zentralen Stadtbezirken.«[31]

Diese hohe Fluktuation an Besucher*innen wirkt sich auch auf das Gemeinschaftsgefüge aus. Zum einen gibt es da die Horrorgeschichten über ›Partyhäuser‹, die sich jedes Wochenende mit betrunkenen, randalierenden Fremden füllen, zum anderen gibt es subtilere Formen der Frustration, weil man seine Nachbar*innen nicht mehr kennt und sich wegen der Sicherheit, Sachbeschädigungen oder auch der Frage, wie in einer Community Entscheidungen getroffen werden, Sorgen macht.[32]

In beliebten Tourismusdestinationen wie New Orleans werden ganze Stadtteile, die sich noch immer nicht von den Zerstörungen und Vertreibungen nach dem Hurrikan Katrina erholen konnten, von den Kurzzeitvermietungen in Besitz genommen.[33] Historische Stadtteile wie Treme, Marigny und Bywater verfügen über die höchste Konzentration an Kurzzeitmieter*innen in der Stadt, und diese verwandeln ganze Häuserblocks in Hotels, die die Hälfte der Woche leer stehen und sich dann an den Wochenenden mit jungen, überwiegend *weißen* Tourist*innen füllen.[34] Das hat zur Folge, dass die Immobilienpreise in diesen Stadtteilen in den letzten Jahren sprunghaft in die Höhe stiegen. Mittlerweile werden sogar Mieter*innen mit langfristigen Verträgen von ihren Hausbesitzer*innen aus den Wohnungen geworfen, um Platz für profitablere Kurzzeitmieter*innen zu schaffen.

Die Aktivistin Breonne DeDecker nennt diese kurzfristigen Vermietungen »Brandbeschleuniger« für die Gentrifizierung und die fehlenden bezahlbaren Wohnungen. Sie meint, dass diese Situation »die Bedürfnisse der Bewohner*innen mit niedrigen oder mittleren Einkommen, die mehrheitlich Schwarz sind, in Konflikt mit den finanziellen Interessen der – meist *weißen* – Investoren bringt.«[35] Bei meinem letzten Besuch in New Orleans im Jahr 2017 gab es überall Aufkleber und Plakate mit dem Slogan »Nachbar*innen statt Airbnb«, weil es viele satt haben, dass die Stadt einfach übernommen wird. Im Jahr 2019 begann die Stadt New Orleans aufgrund dieses Unmuts, die kurzfristigen Vermietungen stark einzuschränken und zu reglementieren.[36]

Es ist wichtig zu wissen, dass zwar viele Hauseigentümer*innen und Unternehmen mit diesen Kurzzeitvermietungen einen schnellen Profit machen, ohne sich groß Gedanken über die Folgen zu machen, dass es aber auch so einige Hausbesitzer*innen gibt, denen diese Vermietungen helfen, mit ihrer eigenen prekären Lage auf dem Arbeits- oder

Wohnungsmarkt zu Rande zu kommen. Die Geografin Kiley Goyette betont, dass es gerade für Frauen, ältere Menschen und Menschen mit geringem Einkommen nicht neu ist, dass sie ein freies Zimmer vermieten, um über die Runden zu kommen.[37] Diese Bevölkerungsgruppen nutzten schon in der Vergangenheit ihre Wohnungen und Häuser, um sich zu ihren niedrigen Löhnen etwas dazuzuverdienen, die Kosten für die Kinderbetreuung zu decken oder ihre Sozialtransferleistungen aufzubessern. Die Untersuchungen des US-amerikanischen *Women's Law Center* zeigten, dass Schwarze Frauen, Latinas und Frauen, die einer anderen Minderheit angehören, viel häufiger mit ihren Kreditraten in Rückstand geraten als ihre *weißen* Pendants und häufiger damit konfrontiert sind, ihren Arbeitsplatz auf Dauer zu verlieren.[38] Das bringt wohl viele Frauen dazu, sich als ›Host‹ bei Airbnb eine zusätzliche Einkommensquelle zu verschaffen.

Damit wir gegen die Airbnbifizierung vorgehen können, braucht es eine viel umfassendere Antwort auf die Wohnungskrise, aus der Airbnb Profit schlägt und die es zugleich anheizt; eine Antwort, die den gefährlich überbewerteten Wohnungsmarkt ebenso ins Visier nimmt wie die Lohnunterschiede aufgrund von Gender oder *Race*, sinkende Einkommen, den Bedarf an Kinderbetreuung, Kürzungen im Sozialbereich und unsichere Arbeitsplätze.

Katastrophenkapitalismus

Als der Hurrikan Katrina am 29. August 2005 die Küste Floridas erreichte, saß ich nach einem Besuch bei meinem Vater im Flughafen der Bermudas und wartete auf den Flug nach Hause. Ein winziger Bildschirm zeigte Anderson Cooper, der von der Golfküste berichtete und sich kaum auf den Beinen halten konnte, während Wind und Regen unerbittlich auf ihn einpeitschten. In den darauffolgenden Tagen konnte ich mich, als die Dämme brachen und Tausende Menschen im Superdome und im Convention Center Zuflucht suchten, wie Millionen andere auch nicht von den Nachrichtensendungen losreißen.

Bis heute kann ich mich gut an einige Szenen dieser Sendungen erinnern: Michael Brown, der Direktor der Katastrophenschutzbehörde, erklärt der erstaunten Reporterin Soledad O'Brien, dass man nichts davon wisse, dass sich Menschen im Convention Center befänden, woraufhin sie entgegnet: »Wir berichten seit drei Tagen darüber!« Oder Kanye West, der direkt in die Kamera starrt, um der Welt mitzuteilen: »George Bush schert sich nicht um Schwarze Menschen!« Und die frühere First Lady Barbara Bush, die einem Reporter in einer Notunterkunft sagt, dass diese erzwungene Vertreibung »für einige dieser Menschen wohl das Beste ist, was ihnen passieren konnte.«

Es gab eine ganze Reihe ähnlich lautender Kommentare, die New Orleans und seine Bewohner*innen so darstellten, als hätten sie auch schon vor dem Hurrikan dringend der Rettung bedurft. Eine gleichsam alttestamentarische Flut hätte die Stadt nun reingewaschen. New Orleans, berüchtigt für Korruption, Kriminalität und rassifizierte Armut, sah sich mit einer scheinbar gottgegebenen Chance konfrontiert. Die damalige Gouverneurin Kathleen Blanco sagte: »Es brauchte den größten Sturm unseres Lebens, um die größte Chance unseres Lebens zu bekommen. Wir müssen diese Chance nutzen!«[39] Die Straßen waren noch nicht einmal getrocknet, da kamen von verschiedenen Kommentator*innen, rechten Think Tanks und Politiker*innen schon Vorschläge, wie New Orleans wiederaufgebaut werden solle, damit die Stadt endlich zum Ziel neuer Investitionen würde. Der konservative Kolumnist David Brooks ließ sich ebenfalls nicht beirren:

> »Wenn wir einfach nur neue Gebäude errichten und den Menschen, die hier lebten, wieder gestatten, in ihre alten Viertel zu ziehen, dann wird New Orleans so verwahrlost und heruntergekommen sein wie zuvor. (...) Entscheidend wird sein, dass wir Familien aus der Mittelschicht in die wiederaufgebaute Stadt locken.«[40]

Für Brooks sind arme und Schwarze Menschen für die Probleme von New Orleans verantwortlich, während er die Mittelklasse als Retterin in Not in Stellung bringt. Gentrifizierung in a Nutshell sozusagen.

Dieser Umgang mit dem Hurrikan wurde von Kritiker*innen bald schon als eine Form des ›Katastrophenkapitalismus‹ bezeichnet. Die Autorin und Klimaaktivistin Naomi Klein beschreibt in ihrem Buch *Die Schock-Strategie*, wie das Kapital in Gestalt der einflussreichen Finanzunternehmen das Chaos, die Instabilität und die Schäden, die von der

Naturkatastrophe verursacht wurden, für sich nutzt, um Maßnahmen durchzusetzen, die der Marktwirtschaft zugute kommen, während die betroffene Bevölkerung kaum in der Lage ist, zu reagieren.[41] Die Katastrophe öffnet der Gentrifizierung Tür und Tor und kaum etwas vermag diesen Prozess zu bremsen.

Der Geograf Jamie Peck beschreibt das als eine ›Erste-Welt-Version‹ der Strukturanpassungsprogramme, wie sie im Globalen Süden durchgesetzt wurden. Die angebliche Notwendigkeit der Privatisierung und Kommerzialisierung des städtischen Raums und der kommunalen Leistungen nach der Katastrophe und ihrer Folgen ergibt sich daraus, dass, wie viele Kommentator*innen meinen, New Orleans auch an einem guten Tag nicht in der Lage gewesen wäre, sich selbst zu retten.[42]

Nach dem Sturm verzeichnete New Orleans nicht nur eine explosionsartige Zunahme von Kurzzeitvermietungen, sondern verlor auch mehr als hunderttausend Schwarze Bewohner*innen, die nicht mehr in die Stadt zurückkehrten. Die Immobilienpreise sind massiv gestiegen, es gibt immer mehr Geschäftsflächen, die auf eine *weiße*, wohlhabende Käufer*innenschicht abzielen, und Tausende günstige Sozialwohnungen wurden durch teure Wohnungen ersetzt.[43]

New Orleans mag zwar das Paradebeispiel einer Stadt sein, die nach einer Katastrophe umfassende Gentrifizierung erfuhr, aber die Stadt ist damit beileibe nicht alleine. Wissenschaftler*innen fanden ähnliche Entwicklungen in Manhattan nach dem Sturm Sandy, in Mexiko Stadt nach den Erdbeben 1985 und 2017 und im Zentrum von Manchester nach den Bombenanschlägen der IRA.[44] Und da auch die Corona-Pandemie dazu führte, dass lokale Geschäfte und Restaurants schließen mussten, Arbeitsplätze verlorengingen und überall auf der Welt Menschen aus ihren Wohnungen vertrieben wurden, fragen sich Stadtforscher*innen, ob der wirtschaftliche ›Wiederaufbau‹ nach der Pandemie nicht ebenfalls die Gentrifizierung vorantreiben wird.

Die ökonomische Geschichte von der Gentrifizierung leistet diesen Befürchtungen Vorschub, da die Gentrifizierung laut diesem Ansatz maßgeblich durch unausgeglichene städtische Grundstückspreise und die Entwertung des städtischen Raums durch zunehmenden Leerstand getrieben wird. Während andere Veränderungen, beispielsweise in der

Arbeitswelt, mit Sicherheit ebenfalls Einfluss darauf haben werden, wie der städtische Aufschwung aussehen wird, liebt das Kapital das hohe Gewinnpotenzial, das sich aus einem plötzlichen Niedergang ergibt.

Globale Gentrifizierung

Dass eine Online-Suche nach ›Gentrifizierung in Nanjing‹ oder ›Gentrifizierung in Moskau‹ Ergebnisse ausspucken wird, zeigt, welch weitreichende Bedeutung Gentrifizierung inzwischen hat.[45] Diese Orte, die zu der Zeit, als Ruth Glass diesen Begriff prägte, noch nicht mal kapitalistisch organisiert waren und es auch heute noch immer nicht zur Gänze sind, erleben ihre eigene Variante der Gentrifizierung, die häufig wenig Ähnlichkeit mit den Prozessen hat, die im Norden Londons in den 1960er Jahren beobachtet wurden. Zu Beginn der 2000er Jahre, so Neil Smith, wurde Gentrifizierung eine ›globale urbane Strategie‹ der kapitalistischen Expansion in neue Märkte.[46] Angesichts dieser globalen Dimension der Gentrifizierung scheint die Geschichte vom Geschmack der *weißen* Mittelschicht weniger denn je zur Erklärung beizutragen. Stattdessen werden nun andere Akteur*innen, vom Staat über große Unternehmen, Banken, die private Finanzwirtschaft, ausländische Investor*innen, Immobilienmakler*innen und Stadtentwickler*innen bis zu den Technologiekonzernen – die Kapitalistenklasse – als jene Klasse begriffen, auf die man sich konzentrieren sollte.[47]

Die Verwandlung der Gentrifizierung in einen globalen, alles verschlingenden Moloch ist nicht naturgegeben, zumindest nicht in dem Sinne, dass dies von selbst passiert oder unvermeidlich gewesen wäre. Doch diese Verwandlung ergibt im Kontext von Globalisierung, weltweiter Urbanisierung und der Ausbreitung des Neoliberalismus durchaus Sinn. Die ökonomische Geschichte, die auf globaler Ebene geschrieben wird, scheint in hohem Maße vorhersagen und erklären zu können, wie die Gentrifizierung den Drang des Kapitals, immer profitabler zu werden und den maximalen Wert aus dem städtischen Raum zu ziehen, erfüllt. Der Fokus auf die Folgen großer globaler Veränderungen wie der Deindustrialisierung und des Neoliberalismus scheint wenig mit den kulturellen Bedürfnissen und Vorstellungen von

Hausbesitzer*innen aus der Mittelklasse oder urbanen Hipstern zu tun zu haben. Trotzdem lässt sich Gentrifizierung als ökonomischer Prozess nie von der Kultur trennen. Selbst in Milieus, in denen die spezifischen Bedürfnisse der westlichen Gentrifier wenig Sinn ergeben, sehen sich Städte und Stadtentwickler*innen gezwungen, auf vor Ort bedeutsame Erzählungen zurückzugreifen oder solche manchmal auch erst zu erfinden, die die Erwartungen, Werte und den Geschmack derjenigen widerspiegeln, die sie gerne anziehen würden. Es ist immer die Frage, *wie* ökonomische mit kulturellen Faktoren zusammenwirken, und nicht, ob das überhaupt der Fall ist.

Nichtsdestotrotz haben die Menschen in der Stadt im Zuge der Weiterentwicklung der Gentrifizierung immer weniger Einfluss. Entscheidungen, die in Rathäusern und Vorstandsetagen der Banken getroffen werden, prägen die Realität der Gentrifizierung vor Ort in einer Art und Weise, die es schwierig macht, den Bösewicht zu benennen, es sei denn, dieser Bösewicht ist der Kapitalismus selbst.

Der Kapitalismus hat, wenn es um die Gentrifizierung geht, so einiges zu verantworten. Doch der Kapitalismus kann, wenn wir die soziale und ökonomische Welt verstehen wollen, allzu schnell zu einem deterministischen Erklärungsansatz werden, der die Existenz und Möglichkeit von Alternativen ausblendet. Meine Kollegin Heather McLean und ich behaupten, dass die politisch-ökonomische Geschichte der Gentrifizierung mit ihrem Fokus auf den neoliberalen Urbanismus zum vorherrschenden Narrativ wurde.[48] Der Neoliberalismus scheint kein ›Außen‹ zu haben.

So einflussreich und wichtig die ökonomische Geschichte war, um urbane Transformationen zu verstehen, ist darin die Tendenz angelegt, dass wir erneut eine Geschichte der Stadt schreiben, deren Ende wir bereits kennen. Wenn die neoliberalen Ergebnisse als bereits ausgemachte Sache erscheinen, dann »suchen abstrakte, distanzierte, koloniale und maskulinistische Formen der Wissensproduktion über die Stadt nach gleichartigen Mustern, die nur das bestätigen werden, was sie ohnehin schon wissen, und damit schließen sie die Möglichkeit, mit radikal anderen Vorstellungen von der Welt zu arbeiten oder diese zu untersuchen, aus.«[49] Damit übernimmt die ökonomische Geschichte von der Gentrifizierung die »totalisierenden Ansprüche des globalen Kapitals.«[50]

Es ist auch eine Geschichte, die die schlechte Angewohnheit hat, andere Kräfte, die um nichts weniger global agieren, zu Nebendarstellern zu degradieren, weil es ja um den Hauptdarsteller geht: den Kapitalismus. Mit diesen anderen Kräften meine ich Kolonialismus, Imperialismus, Rassismus, Heteronormativität und das Patriarchat. Die feministische, queere, post-koloniale und antirassistische Kritik der ökonomischen Erzählung wird zur Seite geschoben. Das hat zur Folge, dass wir uns nicht nur in einer eindimensionalen theoretischen Auseinandersetzung verfangen, sondern zudem nur über begrenzte Möglichkeiten verfügen, uns Alternativen zu gegenwärtigen urbanen Entwicklungen vorzustellen.

Gentrifizierung ist eine Frage der Klasse

Die Aussage, dass »der Prozess der Gentrifizierung auf Klasse beruht«, wurde so oft wiederholt, dass sie bereits einem Dogma gleichkommt. So wichtig die Kategorie Klasse auch ist, erzeugt diese Aussage jedoch auch einen Tunnelblick, wodurch andere wichtige Faktoren zu einem Schattendasein verdammt werden.

Ich selbst kam zum ersten Mal mit der Welt der Gentrifizierung ›in Berührung‹, als ich einige genderspezifische Fragen zu dem Boom an Eigentumswohnungen hatte, der den Immobilienmarkt in Toronto in den 2000er Jahren erschütterte. Diese Form des Wohnungsbaus, mit einer hohen Dichte und zur Eigennutzung gedacht, richtete sich an eine junge, gebildete, häufig weibliche Zielgruppe. Überschwängliche Kolumnist*innen priesen diese Eigentumswohnungen gar als großen Schritt zur Befreiung der Frau.[1] Als eine eher strenge Feministin musste ich da die Augenbrauen hochziehen und mich fragen, was hier eigentlich vor sich ging.

Passenderweise wollte ich gerade mit meiner Dissertation beginnen und anscheinend war mir da ein spannendes Thema vor die Füße gefallen. Also machte ich mich auf den Weg und sprach mit Bauträgern, Planer*innen und vor allem mit Frauen, die sich Eigentumswohnungen gekauft hatten, um herauszufinden, wie sich Vorstellungen über Gender in dieses größere Projekt der Stadterneuerung einschrieben. Auf den ersten Blick schien es bei diesem Boom an Eigentumswohnungen darum zu gehen, die Mittelklasse in der Innenstadt zu verankern. Ganz im Sinne der neoliberalen Stadtpolitik war das ein Weg, dem Kapital zu helfen, wieder im Stadtzentrum zirkulieren zu können.

Mich interessierte aber eine andere Geschichte über den Neoliberalismus, eine, die genderspezifische Normen, Vorstellungen und Rollen als wesentlichen Teil des Neoliberalismus selbst verstand. Gender, so mein Eindruck, ist nicht nur eine Kategorie, um über die *Folgen* der Gentrifizierung unter dem Deckmantel der Revitalisierung nachzudenken, sondern es handelt sich dabei um ein dieser Entwicklung zugrundeliegendes Element.[2]

Ich kam zu dem Ergebnis, dass Gender in allen Bereichen der Errichtung dieser Eigentumswohnungen eine Rolle spielt. Da gab es die traditionellen Vorstellungen vom Bedürfnis der Frauen nach Ruhe und Sicherheit ebenso wie die Befreiung der Frau von der Hausarbeit. Auch feministische Ideen vom Bedürfnis der Frauen nach finanzieller Unabhängigkeit wurden diesem Gemisch beigemengt. Kulturelle Phänomene wie die TV-Serie *Sex and the City* beförderten das Narrativ von der beruflichen, sexuellen und psychologischen Freiheit der Frau in der Stadt. Eine patriarchale Wohnungspolitik hatte Frauen bisher vom Wohneigentum ausgeschlossen oder ihre Bedürfnisse denen des Mannes oder der Familie untergeordnet, sodass Frauen lange benachteiligt worden waren. Eigentumswohnungen schienen Frauen nun einen Weg zu eröffnen, in der Welt des Hausbesitzes gleichzuziehen.

Die Geschichte, die ich über den Boom an Eigentumswohnungen zu erzählen hatte, widersetzte sich den Vereinfachungen des Gemeinplatzes, dass der »Prozess der Gentrifizierung auf Klasse beruht«. Das tut er ganz sicher, aber eben nicht nur. In vielen Fällen ist Klasse nicht der wichtigste Motor, sondern muss zusammen mit Faktoren wie Gender, *Race,* Heteronormativität, Alter und Kolonialismus gedacht werden. Anders gesagt: Es braucht eine intersektionale Analyse.[3]

Wenn Wissenschaftler*innen, die sich mit Gentrifizierung beschäftigen, darauf bestehen, Klasse auf Kosten anderer Machtverhältnisse in den Vordergrund zu rücken, dann entgeht uns nicht einfach nur etwas. Es besteht die Gefahr, dass wir den ganzen Prozess an sich falsch verstehen. Und das, darauf weist die feministische Geografin Winifred Curran hin, wird uns nicht wirklich dabei helfen, dem eigentlichen Ziel dieser Forschung näherzukommen: dem Widerstand gegen die Gentrifizierung.

Durch eine stärker intersektional ausgerichtete Analyse der Gentrifizierung bekommen wir mehr Klarheit darüber, wie und warum bestimmte Gruppen Ziel von Vertreibungen werden, und darüber, welche Diskurse und Praxen eingesetzt werden, um diese Vertreibungen zu erreichen. Wir können dadurch die Verbindungen zwischen verschiedenen Formen von Gewalt und Unterdrückung erkennen, die angewendet werden, um die Kontrolle über die Stadt zu erlangen. Und, was besonders wichtig ist: Dieser Zugang ermöglicht es uns, Formen der Solidarität und der Allianzen zwischen verschiedenen Gruppen von Stadtbewohner*innen zu imaginieren, die auf gemeinsamen Kämpfen basieren, ohne diese Kämpfe auf ein einziges Thema zu reduzieren.

Gentrifizierung und Gender

Als mich Anfang der 2000er Jahre der Bauboom bei Eigentumswohnungen zur feministischen Forschung über Gentrifizierung brachte, war die Forschung über Gender und Gentrifizierung nicht mehr wirklich neu, sondern es war schon einige Jahrzehnte dazu gearbeitet worden. Frühe Untersuchungen gingen davon aus, dass eine höhere Zahl von Frauen auf dem Arbeitsmarkt, eine Zunahme von Familien mit zwei Einkommen und der höhere Bildungsgrad von Frauen für die Gentrifizierung ursächlich seien.[4] Feministinnen betonten, dass das Leben in der Vorstadt einfach nicht für Familien mit zwei berufstätigen Erwachsenen geeignet sei. Das Leben in der Stadt hingegen könne es Frauen erleichtern, die bezahlte Lohnarbeit außerhalb des Hauses mit ihrem noch immer unverhältnismäßig hohen Anteil an Hausarbeit unter einen Hut zu bringen.[5] In den 1980er Jahren legten optimistische Beiträge nahe, dass die Gentrifizierung für Frauen eine emanzipatorische Wirkung haben könnte, weil sie ihnen erlauben würde, aus den Strukturen der patriarchalen Familie, die von der Vorstadt so hervorragend gestützt wurden, auszubrechen.[6]

Damaris Rose und andere betonten, dass gerade für Haushalte von Alleinerziehenden der Zugang zu Dienstleistungen, Schulen, Arbeit und verschiedenen Wohnformen, die nur die Stadt bietet, überlebenswichtig ist. Unglücklicherweise führte, wie Curran feststellt, die Gentrifizierung nicht dazu, dass Genderrollen sich verändert hätten oder Care-Arbeit anders organisiert worden wäre. Eine kleine Gruppe sehr privilegierter Frauen konnte zweifellos von der Gentrifizierung profitieren, für die große Mehrheit der Frauen waren die Folgen aber alles andere als emanzipatorisch.

Trotz der frühen Welle an Forschungsarbeiten über das Verhältnis von Gender und Gentrifizierung wurde Gender schnell zu einer Fußnote, als sich der wissenschaftliche Fokus auf Gentrifizierung und Neoliberalismus verengte. Anscheinend gab es kein besonderes Interesse daran, sich anzusehen, inwiefern Sexismus von Bedeutung sein könnte, um den Neoliberalismus zu verstehen. Feministische Stadtforscherinnen aber wehren sich gegen eine einseitige Betrachtung der Gentrifizierung, indem sie Themen wie Verdrängung, Gewalt, Care-Arbeit, Armut und Aktivismus aus einer genderspezifischen Perspektive untersuchen.

In ihrer Studie über neoliberale Stadtpolitik in Milwaukee macht die feministische Geografin Brenda Parker darauf aufmerksam, dass Männer und maskulinistische Formen, Politik zu machen und Städte zu bauen, in dem Unterfangen der Stadtsanierung in Milwaukee zentral waren.[7] Sie zeigt, dass patriarchale Verhältnisse in den Bereichen Arbeit, Haushalt und Institutionen auf Kosten von Frauen gestärkt wurden, als eine Welle von Gentrifizierung, Privatisierung und kreativen Stadtinitiativen losgetreten wurde. Von diesen Veränderungen waren Schwarze Frauen und Frauen of Color unverhältnismäßig stark betroffen. Männer hingegen konnten ihren Reichtum und ihre Macht vergrößern, da sich neue Möglichkeiten der Kapitalakkumulation auftaten.

Angesichts der seit Langem bestehenden genderspezifischen ungleichen Machtverteilung sowie der deutlichen Überrepräsentation von Männern als Eigentümer und Entscheidungsträger in eben jenen Unternehmen, die heute im Prozess der Gentrifizierung den Ton angeben (Banken, Baufirmen, Versicherungen), kommt den Männern im Zuge der Gentrifizierung noch mehr Macht und Geld zu. Trotzdem findet das patriarchale Hamstern von Ressourcen in der Gentrifizierungsforschung nur selten Erwähnung. Warum ist das so?

Ich vermute, dass das daher kommt, dass Genderungleichheiten, selbst wenn sie wahrgenommen werden, nur als Nebenprodukt von Klassenungleichheiten und nicht als Teil der Wurzeln des Systems verstanden werden, das die Gentrifizierung überhaupt erst möglich macht. Es gibt aber keinen wirklichen Grund, warum Klasse hier über Gender stehen sollte. Immerhin gibt es das Patriarchat schon um einiges länger als den Kapitalismus und die mit diesem verbundenen Formen der Klassenverhältnisse und Vermögensverteilung.

Gender und Klasse sollten jedoch nicht um die Goldmedaille für die wichtigste Analysekategorie streiten müssen. Wir können versuchen, intersektional vorzugehen, auf eine Art und Weise, die Klassen- und Genderdynamiken nicht voneinander getrennt betrachtet. Wir können die klassenbasierte Erzählung der Gentrifizierung erweitern und über Gentrifizierung als Ausdruck eines sexistischen Kapitalismus nachdenken, in dem die verschiedenen Machtsysteme einander verstärken.

Nicht nur Macht und Geld stärken diese Systeme, sondern auch Gewalt gegen Frauen. Die Weltgesundheitsorganisation (WHO) schätzt, dass beinahe ein Drittel aller Frauen physische und/oder sexuelle Gewalt durch ihren Partner erfahren musste und dass rund 38 Prozent der Morde an Frauen durch (ehemalige) Partner verübt werden.[8] Die WHO stellt fest, dass »die Ungleichheit zwischen den Geschlechtern und die hohe Akzeptanz von Gewalt gegenüber Frauen wesentliche Ursachen für diese Gewalt sind.«[9] Es ist entscheidend, dass wir diese Akzeptanz angehen, um häusliche Gewalt zu beenden. Gewalt gegen Frauen ist aber nicht nur ein ideologisches Problem, sondern auch ein strukturelles, das in ganz unterschiedlichen Bereichen durch die Politik verstärkt wird, so auch in der Wohnungspolitik.

Für Frauen, die aus einer Gewaltbeziehung fliehen wollen, ist der Mangel an bezahlbarem, sicherem und langfristig verfügbarem Wohnraum eines der größten Hindernisse. Häusliche Gewalt ist eine der Hauptursachen sowohl vorübergehender als auch dauerhafter Obdachlosigkeit von Frauen. Wenn die Mieten aufgrund von Gentrifizierung steigen, dann haben Frauen, die vor Gewalt fliehen müssen, schlechtere Chancen. Notunterkünfte sind häufig überfüllt und müssen Frauen abweisen. Im besten Fall können sie den Frauen für sechs Wochen eine Unterkunft bieten und sie auf die Wartelisten für Sozialwohnungen setzen.[10] Übergangswohnungen, die zwischen der Notunterkunft und dem regulären Wohnungsmarkt liegen, sind in der Regel Mangelware.

Die Frage, die so vielen Opfern gestellt wird, – »Warum ziehst du nicht einfach aus?« – ist einigermaßen absurd, wenn niemand die Frage beantworten kann, wohin sie denn gehen sollen. Als es während der Corona-Pandemie untersagt worden war, das Haus für längere Zeit zu verlassen, kam es zu einem sprunghaften Anstieg der Anrufe bei den Hotlines für häusliche Gewalt.[11] In den ersten Monaten der Pandemie wurde in allen Ländern von einem massiven Anstieg bei Fällen häuslicher Gewalt berichtet, teils verdoppelten oder verdreifachten sich die Zahlen.[12]

Häusliche Gewalt kann auch dazu führen, dass Frauen von ihren Vermieter*innen aus der Wohnung geworfen werden, weil diese die Gewalt als eine Gefahr für den Wert ihrer Immobilien sehen. Curran berichtet, dass in manchen amerikanischen Städten Vermieter*innen wegen eines Anrufs bei der Polizei aufgrund von Ruhestörungen Geldstrafen bekommen.[13] Es ist angesichts der seit Langem bestehenden Schwierigkeiten, strafrechtlich gegen Partnergewalt vorzugehen, keine Seltenheit, dass Notrufe wegen häuslicher Gewalt von der Polizei als Ruhestörungen eingestuft werden. Vermieter*innen werfen die betroffenen Frauen und ihre Familien dann lieber aus der Wohnung, als sich mit den negativen Folgen dieser Anrufe auseinanderzusetzen. Da es für Frauen, die schon öfters die Wohnung verloren haben, noch schwieriger wird, eine neue zu finden, schrecken sie davor zurück, die Polizei zu rufen, wodurch sie ihren Peinigern erst recht ausgeliefert sind.

Eine prekäre Wohnsituation, teils durch die Gentrifizierung verursacht, setzt Frauen zudem der Gefahr sexueller Belästigung und Gewalt durch ihre Vermieter aus. Vermieter verwenden die Zwangsräumung als Drohung, und im Wissen, dass bezahlbarer Wohnraum knapp ist, belästigen sie Frauen und verlangen sexuelle Dienste als Gegenleistung dafür, dass sie eine Zwangsräumung aufschieben, die Miete reduzieren oder bei ausstehenden Mieten nachsichtig sind. Während der Pandemie, als es aufgrund von Einschränkungen durch die Gesundheitsbehörden, Arbeitsplatzverlust und allgemeiner wirtschaftlicher Unsicherheit noch schwieriger war umzuziehen, stellte die *National Fair Housing Association* in den USA eine Zunahme von Notrufen wegen sexueller Belästigung durch Vermieter fest.[14] Eine Frau erzählte Journalisten, dass ihr Vermieter, nachdem sie ihn gefragt hatte, ob sie die Miete später begleichen könne, weil ihre staatliche Unterstützung noch nicht eingetroffen sei, den Vorschlag machte, dass sie doch die Nacht mit ihm verbringen könne: »Er weiß, dass ich keinen Job habe. Er weiß, dass ich nirgendwo hinkann, er hat es auf mich abgesehen.«[15]

Außerhalb der privaten Wohnungen verstärkt Gentrifizierung die Gewalt gegen Sexarbeiterinnen durch politische Maßnahmen und Praktiken, die zur Folge haben, dass diese Arbeit in gefährlichere Räume abgedrängt wird. ›Rotlichtviertel‹ werden häufig das Ziel von ›Säuberungen‹ und sollen beseitigt werden, um Platz für familienfreundlichere Tourismusattraktionen, Wohnungen für die Mittelschicht oder Konsumangebote aus dem Luxussegment zu schaffen. Eine höhere Polizeipräsenz in gentrifizierten Gebieten hat mehr Schikanen gegenüber Sexarbeiter*innen und ihren Kund*innen zur Folge. Trans Frauen und trans und cis Frauen of Color berichten, dass sie andauernd von der Polizei drangsaliert werden, wenn sie sich im öffentlichen Raum aufhalten, weil diese davon ausgeht, dass sie Sexarbeiter*innen seien.

Sexarbeiter*innen müssen ihrer Arbeit dann an abgelegenen Orten nachgehen, wo die öffentliche Verkehrsanbindung schlechter ist, es keine geheizten Aufenthaltsräume wie Cafés gibt und die Sicherheit geringer ist, weil weniger andere Menschen auf der Straße unterwegs sind. Es kann sein, dass sie gänzlich von der Straße vertrieben werden, wodurch ihre Arbeit nicht unbedingt sicherer wird, je nach dem, wie die Vorschriften dazu lauten, wo Sexarbeit stattfinden darf und wo nicht.[16] Das kann dazu führen, dass die Frauen, wenn sie keine Möglichkeit mehr haben, unabhängig zu arbeiten, in stärkere Abhängigkeit von Bordellen und Zuhältern geraten.

Darüber hinaus bedient sich die Gentrifizierung vieler Methoden, die Frauen direkt und indirekt besonders betreffen. Kinder zu haben erhöht laut einem Artikel aus dem *New Republic* mit dem Titel »Why Landlords Target Mothers for Eviction«[17] das Risiko einer Zwangsräumung mehr als alles andere. Alleinerziehende Mütter haben es unheimlich schwer, genug zu verdienen, um ihre Familie durchzubringen, was sich aufgrund der Lohnunterschiede im Hinblick auf Gender und *Race* noch verstärkt, und sie haben typischerweise eher prekäre Jobs, die kein sicheres, langfristiges Einkommen bieten.

In diesem Zusammenhang kommt es »Vermietern, die nach einem Vorwand suchen, Mieter*innen mit Kindern loszuwerden – weil diese Lärm machen oder einen Sachschaden verursachen könnten oder weil für diese strenge Grenzen für die Bleibelastung im Wasser gelten oder weil es notwendig werden könnte, für sie das Jugendamt einzuschalten –, mehr als gelegen, wenn sie ein Räumungsverfahren einleiten können.«[18] Mit der Aussicht auf höhere Mieten in Folge der Gentrifizierung können viele der Versuchung nicht widerstehen, einen Weg zu suchen, Mieter*innen, die weniger zahlen, loszuwerden. Die Tatsache, dass Mütter ein leichtes Ziel sind, ist nicht einfach ein Zufall, sondern Teil des Geflechts der Machtbeziehungen, die die Gentrifizierung überhaupt erst möglich machen.

Eine weniger direkte, aber um nichts weniger drastische Methode, die sich gegen Frauen richtet, ist die Abschaffung des sozialen Wohnungsbaus. Überall auf der Welt werden aus Sozialwohnungen private Mietwohnungen. Viele Siedlungen wurden einfach abgerissen, um wertvollen innerstädtischen Boden für profitablere Formen der Nutzung freizumachen. Dabei wird gerne darüber geschwiegen, dass von Frauen geführte Haushalte den Großteil der Mieter*innen von Sozialwohnungen ausmachen.

In den Vereinigten Staaten liegt dieser Anteil bei 75 Prozent, in Städten wie Chicago und New York sogar noch darüber.[19] Curran weist darauf hin, dass nur selten berücksichtigt wird, wie sehr die Zerstörung des sozialen Wohnungsbaus Folgen für die Genderverhältnisse hat, obwohl wir wissen, dass Frauen, insbesondere Frauen of Color, und ihre Kinder davon am stärksten betroffen sind.

Auch das kann man nicht einfach als Zufall abtun. Curran bringt es folgendermaßen auf den Punkt: »Strukturelle Ungleichheiten führten zur genderspezifischen Segregation im sozialen Wohnungsbau. Daher spielt in der Gentrifizierung von Sozialwohnungen Gender eine sehr große Rolle, da eine bestimmte Bevölkerungsgruppe, die keine Chance auf erschwinglichen Wohnraum im Stadtzentrum hat, verdrängt werden soll.«[20] In New York entwickelte der *Citizens Housing and Planning Council*, eine gemeinnützige Organisation, die zu Wohnungsfragen arbeitet, im Jahr 2021 einen feministischen Wohnungsplan, um innerhalb der New Yorker Wohnungsbehörde auf dieses Problem aufmerksam zu machen.[21]

Selbst wenn die ehemaligen Mieter*innen von Sozialwohnungen neue Wohnungen bekommen, sind diese häufig fernab von den Dienstleistungen und Einrichtungen der Innenstadt. Besonders für von Frauen geführte Haushalte ist es von entscheidender Bedeutung, dass sie zentral liegen. Bereits die Studien aus den 1970er und 1980er Jahren machten deutlich, dass Frauen städtische Dienstleistungen wie den öffentlichen Verkehr, Parks, soziale Angebote, Gesundheitsversorgung und Weiteres intensiver nutzen und dass diese Angebote, sofern sie gut erreichbar sind, es insbesondere für Frauen mit geringem Einkommen einfacher machen, bezahlte Arbeit und Care-Arbeit unter einen Hut zu bringen.[22] Frauen sind zudem maßgeblich auf die informellen, nur vor Ort vorhandenen und von ihnen selbst geschaffenen Netzwerke angewiesen, um die Kinderbetreuung, die Pflege älterer Menschen, Mobilität und noch vieles mehr stemmen zu können.[23]

Verdrängung ist daher nicht nur eine Frage des Wohnens, sondern auch eine des Zugangs zu diesen Netzwerken und Dienstleistungen. Wenn Frauen ihre Wohnung verlieren, dann verlieren sie auch ihre Babysitter, Mitfahrgelegenheiten und all die anderen Helferlein, die dieses Mosaik der Care-Arbeit bilden, das es an Orten, wo es nur unzureichende soziale Dienstleistungen gibt, zum Überleben braucht. Wir können hier einen Zusammenhang mit dem Neoliberalismus herstellen, der diese öffentlichen Dienstleistungen reduziert und sich darauf verlässt, dass Frauen es schon irgendwie schaffen werden, diese Lücken zu füllen.[24]

Das ist beileibe keine umfassende Darstellung der patriarchalen Wurzeln und Auswirkungen der Gentrifizierung. Angesichts dessen, dass Gentrifizierung Gender-Ungleichheiten sowohl für sich zu nutzen als auch zu vertiefen vermag, handelt es sich hier um einen Prozess, der die untergeordnete Rolle der Frauen und die Heteronormativität verstärkt. Die eingeschränkten Möglichkeiten alleinstehender und alleinerziehender Frauen auf dem Wohnungsmarkt zwingen sie in traditionelle Partnerschaften, trotz der Gewalt und Ausbeutung, die mit diesen Beziehungen einhergehen. Gentrifizierung kann als eine Stütze begriffen werden, für das, was die feministische Wissenschaftlerin und

Dichterin Adrienne Rich ›Zwangsheteronormativität‹ nennt, ein System, das Frauen keine andere Wahl lässt, als sich auf die Kernfamilie zu verlassen.[25]

Dieser Blick auf Gentrifizierung macht die klassenbasierte Erzählung um einiges komplexer, sodass wir verstehen, wie Gentrifizierung über und durch unterschiedliche Machtsysteme funktioniert. Curran meint dazu: »Den geschlechtsspezifischen Charakter der Verdrängung zu vernachlässigen ist nicht einfach nur ein Versehen, sondern es verschleiert, was Gentrifizierung wirklich bedeutet und wozu sie vor Ort tatsächlich führt.«[26]

Gentrifizierung und Queers

Das letzte Mal, als ich an einer Pride-Parade in einer Großstadt teilnahm, schwenkten Tausende Teilnehmer*innen und Zuschauer*innen Regenbogenfahnen, die mit dem Namen eines Handelskonzerns bedruckt waren. Wir trugen Sticker mit den Logos von Banken und hielten regenbogenfarbene Luftballons mit den Slogans von Unternehmen in der Hand und riesige Festwägen, die von den größten Firmen des Landes gesponsert wurden, zogen an uns vorbei. Man muss nicht besonders zynisch sein, um zu bemerken, dass die Pride in einer Stadt wie Toronto ein von Konzernen durchdrungenes Spektakel ist, das eine Menge Geld einbringt. Man könnte sagen, dass die Veranstaltung gentrifiziert wurde, eine Behauptung, die sich auch über das Church Street Gay Village, den Stadtteil, durch den die Parade führt, aufstellen ließe.

Die ersten Beobachtungen über das Verhältnis zwischen schwuler Community und Gentrifizierung gehen auf die 1980er Jahre zurück.[27] Seit damals wird eine Gentrifizierung der ›Gaybourhoods‹, die von *weißen*, schwulen cis Männern dominiert werden, in vielen Städten des Globalen Nordens festgestellt. Wissenschaftler*innen kamen zu dem Ergebnis, dass Teile der queeren Community von der Gentrifizierung profitieren konnten, während viele andere verdrängt wurden oder weiterhin mit Ausgrenzung konfrontiert sind. Seit einigen Jahren werden schwule Communitys von vielen als aktive Befürworterinnen von Gentrifizierung betrachtet, da sich ihre Raumnahme auch auf benachbarte Stadtteile, in denen marginalisierte Gruppen leben, ausdehnt.[28]

Es ist sehr verlockend, eine direkte Linie von der Ghettoisierung zur Akzeptanz und dann zur Gentrifizierung zu ziehen. Diese verkürzte Erzählung täuscht aber über die Grenzen einer Perspektive auf die schwule Gentrifizierung hinweg, welche sich nur auf altbekannte, leicht auszumachende Stadtteile konzentriert.[29] Darüber hinaus wird damit heruntergespielt, welche Bedeutung Gentrifizierung in der Stärkung von Heteronormativität zukommt und in der Marginalisierung geschlechtlicher Ausdrucksformen, die sich schlechter vermarkten lassen.

Auch wenn, wie die queerfeministische Geografin Jen Jack Gieseking meint, es wichtig ist, die Gentrifizierung schwuler Stadtteile zu kritisieren, ist »die dauerhafte Konzentration auf LGBTQ-, lesbische und/ oder queere Viertel mit dem *weißen*, heteropatriarchalen Anspruch auf Territorium und dem Konzept von Eigentum verbunden«[30], ein Konzept, das schon immer auf Ausschluss basierte. Wir sollten uns daher besser darauf konzentrieren, was Gentrifizierung für die schwächsten Mitglieder der queeren Community bedeutet, für jene, die auch in schwulen Stadtteilen die geringste Akzeptanz genießen. Die Geschichte auf diese Weise zu erzählen verdeutlicht, wie sich Gentrifizierung bestehende Spaltungen und Hierarchien aufgrund von Geschlecht und Gender zunutze macht und diese verstärkt.

Die überproportionale polizeiliche Kontrolle bestimmter queerer Körper in gentrifizierten schwulen Stadtteilen und ehemaligen Rotlichtvierteln führt zu einer Zunahme systemischer Gewalt gegen trans Frauen und vor allem trans Frauen of Color, wie auch gegen queere und trans Jugendliche of Color.[31] Verhaftungen von trans Frauen, denen unterstellt wird, der Sexarbeit nachzugehen, nehmen in gentrifizierten Gebieten zu, und viele werden unter für sie sehr gefährlichen Umständen in Männergefängnissen inhaftiert.[32] Queere Jugendliche, die einem höheren Risiko ausgesetzt sind, in Armut zu leben oder wohnungslos zu werden, werden von der Polizei mit Strafzetteln oder Verhaftungen aufgrund von Bettelei oder Ruhestörung schikaniert. Queere Menschen of Color sind im Zuge von Ausweiskontrollen oder ›Stop and Frisk‹-Maßnahmen, bei denen die Polizei Menschen ohne Anlass auf der

Straße anhalten, untersuchen und temporär festhalten darf, mit Racial Profiling konfrontiert und haben daher auch ein höheres Risiko, Opfer von Polizeigewalt zu werden.

All diese Gruppen müssen mit dieser Gewalt umgehen, in dem Wissen, dass sie wenig Unterstützung von der restlichen queeren Community erwarten können, die dieses übermäßige Kontrollieren der unerwünschten, widerspenstigen Queers unter Umständen sogar gutheißt, weil sie in ihnen eine Bedrohung für den Wert ihres Eigentums und ihrer Akzeptanz in der Mehrheitsgesellschaft sieht. Als bei den großen Pride-Paraden begonnen wurde, auch uniformierte Polizist*innen im Festzug zu begrüßen, war die Botschaft, wer unter dem Schirm der Regenbogen-Community ›sicher‹ sein würde, laut und deutlich.

Die Gentrifizierung ist für Lesben und andere queere und trans Frauen besonders hart, weil sie mit einer Mischung aus Sexismus, Homophobie und Transphobie konfrontiert sind. Wer die Geschichte der Orte queerer Frauen in der Stadt untersucht, und in vielen Fällen auch in diesen lebt, muss feststellen, dass queere Frauen nur selten den Raum auf eine Art und Weise für sich in Besitz nehmen und beanspruchen konnten, wie das schwule *weiße* Männer tun. So hatten sie etwa selten ihren ›eigenen‹ Stadtteil.[33]

Stattdessen, so verdeutlicht Gieseking auf Grundlage ihrer Forschung in New York, verlassen sie sich auf eine ›Konstellation‹ von Orten, die zwar räumlich verstreut liegen, aber durch gemeinsame politische Überzeugungen miteinander verbunden sind. Bedauerlicherweise ist bei solchen Orten, wie Buchläden, Bars und Cafés, wahrscheinlich gerade weil sie so isoliert voneinander sind, die Gefahr, durch Gentrifizierung verdrängt zu werden, höher als bei vergleichbaren Orten von schwulen Männern in schwulen Stadtteilen. In vielen Großstädten, inklusive Toronto, San Francisco und Montreal, gibt es mittlerweile keine lesbischen oder queeren Räume mehr, die nur Frauen vorbehalten wären.

Für queere Frauen ist das Risiko der Verdrängung, ebenso wie für alleinerziehende Frauen, hoch. Einkommen, die unter dem Durchschnitt liegen, weniger Vermögen, die Folgen einer Scheidung, die Betreuung von Kindern: in der Regel sind es Frauen, die all das am stärksten zu spüren bekommen, was wiederum Einfluss darauf hat, ob man eine geeignete Wohnung finden und diese auch behalten kann. Die Gentrifizierung von schwulen Stadtteilen führte nicht dazu, dass Frauen ihr Vermögen vergrößern oder ihren räumlichen Einfluss absichern konnten, wie das bei anderen in der queeren Community der Fall war. Frauen wurden vielmehr aus der territorialen Macht der ›Gaybourhoods‹ ausgeschlossen. Gieseking meint, dass die neoliberale Transformation dieser Räume, gepaart mit einer sehr eingeschränkten Vorstellung davon, welche Queerness überhaupt akzeptabel ist, dazu führte, dass sich Räume wie das Greenwich Village in New York für viele nicht mehr ›sicher‹ anfühlen, sondern als eine feindliche Umgebung.

Die Gentrifizierung konnte die seit Langem bestehenden Spaltungen und Ungleichheiten in der queeren Community sowohl für sich nutzen und als auch verstärken. Dabei geht es nicht nur um die Klassenunterschiede zwischen Frauen und Männern, cis und trans Menschen, *weißen* und rassifizierten queeren Menschen, sondern auch um die Grenzen gesellschaftlicher Toleranz für nicht heteronormative Geschlechter und Gender. Anders gesagt: Gentrifizierung ist eng verknüpft mit Homonormativität, also einer Form des queeren Lebens, das im Großen und Ganzen mit den institutionellen, politischen, familiären und sexuellen Normen der Heterosexualität im Einklang steht, also mit der Monogamie, der Ehe, Elternschaft, Immobilienbesitz und Nationalismus.

Queeres Leben, das da nicht reinpasst oder diese Normen sogar bewusst überschreitet, wird manchmal buchstäblich bis zum Tod gentrifiziert. Auf diese Art und Weise unterstützt Gentrifizierung eine liberale Agenda sexueller und geschlechtlicher Toleranz, die einen kleinen Teil der queeren Community auf Kosten anderer akzeptiert und sogar begrüßt. Sie profitiert zudem von dieser sozialen und politischen Dynamik, indem sie aus dem Wunsch einiger nach größerer Akzeptanz Kapital schlägt und Zugang zur Normativität durch Immobilienbesitz, Konsum und Entscheidungen für einen bestimmten Lebensstil anbietet.

Die Wissenschaftlerin und Aktivistin Sarah Schulman schildert ein besonders bösartiges Beispiel einer Gentrifizierung, die aus dem Tod von Queers Kapital schlug. Die Wohnungen im New Yorker East Village, die durch den frühen Tod von AIDS-Kranken in den 1980er und 1990er Jahren frei geworden waren, kamen zu überhöhten Preisen wieder auf den Markt. Sie erinnert sich: »Das Auftreten und die rasche Ausbreitung von AIDS und die damit einhergehende hohe Sterblichkeit verstärkten den Prozess der Gentrifizierung, der bereits im Gange war.«[34] Nachdem die Mieter*innen gestorben waren, konnten ihre Wohnungen, die zuvor noch einer Preisbindung unterlagen, wieder auf den freien Markt kommen.

Schulman erinnert sich, dass sich die Miete für die Wohnung ihres Nachbarn, der an AIDS gestorben war, nach seinem Tod beinahe vervierfachte. Dieser Prozess beschleunigte die Transformation des Viertels von »einer ethnisch diversen Enklave von Immigrant*innen, Künstler*innen und alteingesessenen Bewohner*innen zu einem Ort voller überteuerter Restaurants, in denen sich Geschäftsleute aus Midtown und der Wall Street auf einen Drink treffen.«[35] Während AIDS eine ganze Generation dahinraffte, konnten Immobilienbesitzer*innen und Bauträger aus dem Tod und der Krankheit Kapital schlagen und ihre Profite vergrößern.

Die Ungleichheit in Bezug auf Geschlecht, Sexualität und Genderidentität trägt dazu bei, jene Strukturen zu schaffen, innerhalb derer Gentrifizierung agiert. Gäbe es diese Unterschiede nicht schon, so müsste der urbane Neoliberalismus sie erst erschaffen, um die Privatisierung und Kommerzialisierung des urbanen Raums, die er so unnachgiebig verfolgt, zu erreichen.

Race, Vermögen und Gentrifizierung

Im Jahr 2021 kündigte Evanston, ein Vorort von Chicago, ein Programm an, in dem zehn Millionen US-Dollar an Schwarze Einwohner*innen verteilt werden sollten, wenn »diese nachweisen können, dass sie selbst oder ihre Vorfahren Opfer des *Redlining* oder anderer diskriminierender Praktiken auf dem Wohnungsmarkt geworden sind, welche ihnen den Zugang zu bestimmten Stadtteilen verwehrten.«[36] Dieses Programm in Form von Zuschüssen, um Reparaturen und Hypothekenzahlungen begleichen zu können, ist Teil einer (langsam) zunehmenden Tendenz vieler Städte, die noch lange nicht überwundenen Folgen der Sklaverei und die seit über 150 Jahren bestehende

Diskriminierung auf dem Wohnungsmarkt in Form von Reparationsleistungen anzuerkennen.

Auch wenn es durchaus umstritten ist, ob derartige Maßnahmen tatsächlich dem Anspruch einer Wiedergutmachung gerecht werden können, so wird dadurch dennoch signalisiert, dass finanzielle Leistungen längst überfällig sind, um den durch die rassistische Wohnungspolitik erzeugten Schaden wiedergutzumachen. Wir sollten nicht unterschätzen, welch enorme Rolle das Thema Wohnen nach wie vor für die rassistische Spaltung einer Gesellschaft spielt, ob in den USA oder anderswo.

Ein Eigenheim ist für den Großteil der Bevölkerung das wichtigste Mittel, um einen gewissen Wohlstand zu schaffen. Für die meisten Menschen ist das Eigenheim die größte Anschaffung, die sie im Laufe ihres Lebens tätigen, und der größte Vermögenswert, den sie jemals besitzen werden. Die Mehrheit der Menschen betrachtet Wohneigentum als eine Form des Sparens, wodurch sie sorgenfrei durch den Ruhestand und das Alter kommen sollen. Man geht davon aus, dass die Hypothek dann abbezahlt sein wird, während der Wert im Laufe der Zeit steigt, sodass man am Ende ohne die Last einer Hypothek dasteht und einen soliden Besitz sein Eigen nennen kann, der verkauft oder anderweitig genutzt werden kann, um die Lebenshaltungskosten im Ruhestand zu decken. In Ländern mit einem hohen Anteil an Eigenheimbesitzer*innen geht es diesen im Ruhestand deutlich besser als Menschen, die ein Leben lang zur Miete wohnen.[37] Das gilt vor allem dort, wo die sozialen Sicherheitsnetze wie das Rentensystem dank des Neoliberalismus im Laufe der Zeit abgebaut worden sind.

Die Gentrifizierung beschleunigt diesen Prozess der Vermögensbildung durch Wohneigentum, indem sie den Rent Gap nutzt und eine hohe Rendite auf die ursprüngliche Investition sicherstellt. Wenn man nämlich ein billigeres Haus kauft, wird man eine niedrigere Hypothek abzahlen müssen, und wenn das Viertel dann gentrifiziert wird, steigt der Wert des Hauses schneller als in einer ohnehin schon wohlhabenden Gegend und man hat eine ordentliche Gewinnspanne. Selbst dann, wenn man einfach nur das Haus kauft, das man sich leisten kann (ohne dabei auf einen zukünftigen Gewinn zu spekulieren), wird man noch immer zumindest finanziell von der Gentrifizierung profitieren.

Doch ist es nun mal so, dass wir im Kapitalismus nicht alle zu den Gewinner*innen auf dem Immobilienmarkt gehören können, wie alle, die schon mal eine Runde Monopoly gespielt haben, nur allzu gut wissen. Gentrifizierung verschärft die bereits bestehenden Unterschiede zwischen Arm und Reich und schlägt aus der langen Geschichte rassistischer Diskriminierung am Wohnungsmarkt Kapital. Diese Dynamik ist vor allem in den USA besonders stark ausgeprägt. Um die rassifizierte Ökonomie der Gentrifizierung heute verstehen zu können, ist es notwendig, etwas über die Geschichte des *Redlining* und anderer Formen der rassistischen Wohnungspolitik im 20. Jahrhundert zu wissen. Die geografisch ungleiche Verteilung von Wohneigentum, die rassistische Segregation und die ungleichen Investitionen in die Stadtteile, die von diesen Politiken produziert wurden, haben jene Kapitalflüsse vorgezeichnet, die die Gentrifizierung heute ermöglichen.

Das sogenannte Redlining wurde in den 1930er Jahren durch die *Federal Housing Administration* (FHA), eine Bundesbehörde, die Gelder für den Bau und Erwerb von Häusern zur Verfügung stellt, eingeführt. Sie legte das Kreditrisiko auf Grundlage der Zusammensetzung eines Stadtteils im Hinblick auf *Race* fest. Sie verwendete Karten, auf denen mit Farben ausgewiesen wurde, wo ein hohes und wo ein niedriges Risiko bei einer Kreditvergabe bestünde. Grüne und blaue Zonen galten als risikoarm. Gelb und orange standen für ein erhöhtes Risiko und die roten Zonen waren vom Zugang zu Hypotheken, Krediten und anderen Finanzdienstleistungen ausgeschlossen. Diese roten Zonen waren Stadtteile mit einer sichtbaren Schwarzen Bevölkerung. Ein oder zwei Schwarze Haushalte konnten schon ausreichen, damit eine Gegend von grün oder blau herabgestuft wurde.[38]

Im Laufe der Zeit wurde ganzen Stadtteilen der Zugang zu finanzieller Unterstützung verwehrt. Schwarze Bewohner*innen konnten ihre Häuser nicht verkaufen, nur wenige konnten in neue Häuser einziehen und die Menschen waren in Stadtteilen gefangen, in denen es keinen Zugang zu neuen Investitionen gab. Das Redlining verunmöglichte es, dass die Immobilien Schwarzer Eigentümer*innen im Wert stiegen, tatsächlich konnten ihre Häuser im Laufe der Zeit nur an Wert verlieren. Viele Stadtteile wurden von der Stadtverwaltung vernachlässigt und

Dienstleistungen wie Müllabfuhr, Wasserversorgung und Instandhaltung der Infrastruktur wurden eingeschränkt. Die roten Zonen in den innerstädtischen Gebieten der amerikanischen Städte wurden Symbole für rassifizierte Armut, Gewalt und Verwahrlosung.[39]

Das Redlining war nur eine der rassistischen Praktiken in der Wohnungspolitik. Weitere waren beispielsweise: Vertragsklauseln, die den Verkauf von Häusern an Schwarze Menschen und andere rassifizierte Minderheiten untersagten; Wucherkredite inklusive Strafen bei Nichterfüllung; hochriskante Formen des Mietkaufs, die aber die einzige Möglichkeit für Schwarze Familien waren, in roten Zonen ein Eigenheim zu erwerben; Siedlungen in der Vorstadt, die nur *Weißen* offenstanden; keine Möglichkeit, die G.I. Bill zu nutzen, weil die Banken sich weigerten, Kredite zu vergeben;[40] der *Fair Labor Standards Act* aus dem *New Deal*, der aber von Schwarzen dominierte Berufsfelder wie Hausarbeit, landwirtschaftliche Arbeit und Dienstleistungen nicht beinhaltete;[41] und die Praxis des Blockbusting, bei der Immobilienmakler rassistische Ängste bei *weißen* Hausbesitzer*innen schürten und sie davon überzeugten, ihre Häuser zu einem niedrigen Preis zu verkaufen, um diese dann per Mietkauf oder zu überhöhten Preisen an Schwarze Käufer*innen weiterzuverkaufen.[42]

Schwarze Stadtteile wurden zudem durch städtische Sanierungsprojekte und den Bau von Autobahnen gezielt zerstört. Nachdem diese Gebiete durch das Redlining in die Armut getrieben worden waren, konnte die Stadt sie kurzerhand zu ›Elendsvierteln‹ erklären und damit eine Sanierung rechtfertigen, die dazu führte, dass im Namen der Modernisierung ganze Stadtteile dem Erdboden gleichgemacht wurden. Gleiches gilt für den Bau von Autobahnen, die meist dazu dienen, *weißere*, wohlhabendere Vorstädte mit der Innenstadt zu verbinden. Der 1964 fertiggestellte Cross Bronx Expressway beschleunigte den Niedergang der South Bronx in einem solchen Ausmaß, dass in den 1970er Jahren große Teile des Gebiets verlassen, verfallen oder niedergebrannt waren.

Im kanadischen Vancouver verdrängte das Georgia Viadukt den als ›Hogan's Alley‹ bekannten Schwarzen Stadtteil und in Halifax war das Ansinnen, die MacKay-Brücke zu errichten, eine der Ursachen, die zur Zerstörung von Africville, einem historischen Schwarzen Stadtteil, führten. Es wurden nicht nur Wohnhäuser und Geschäftsgebäude zerstört, um Platz für Autobahnen zu schaffen, auch der Wert der verbliebenen Grundstücke fiel aufgrund der Nähe zu einer der am wenigsten attraktiven Formen der städtischen Flächennutzung ebenfalls in den Keller. Ein weiteres Beispiel also für den Raub Schwarzen Vermögens.

In seinem wegweisenden Buch *The Case for Reparations* stellt Ta-Nehisi Coates zwischen dem Raub von Schwarzem Vermögen in der jüngeren Vergangenheit und dem historischen Raub während der Sklaverei und der Jim-Crow-Gesetze eine Verbindung her.[43] Er argumentiert, dass die Folgen dieses Raubs, der seit Jahrhunderten vonstatten geht, nicht einfach durch ein paar Gleichstellungsgesetze verschwinden werden. Selbst wenn diese Gesetze dafür sorgen würden, dass dieser Raub in Zukunft nicht mehr passiert, würden sie das, was bereits verloren ging, nicht mehr zurückbringen.

Für Coates stellt sich die Frage der Reparationen nicht nur aufgrund der Schrecken der Sklaverei, sondern auch aufgrund der fortwährenden Praxis, Schwarzen Menschen das bevorzugte Mittel zur finanziellen Absicherung und zur Weitergabe von Vermögen an die nächste Generation vorzuenthalten: das Eigenheim. Coates macht sehr deutlich: Wenn jemand beraubt wird, dann wird jemand anderes dadurch reicher. Anders gesagt: Der Raub von Schwarzer Arbeit, Schwarzem Eigentum und Schwarzem Vermögen ist die Grundlage für den Reichtum der *Weißen*. Ich schätze seine Beharrlichkeit in diesem Punkt sehr. Es ist zu einfach, nur den Schrecken der Sklaverei in den Blick zu nehmen und die andere Seite der Medaille, dass dadurch das Vermögen und die Macht der *Weißen* erst möglich wurde und noch immer wird, außen vor zu lassen.

Auch wenn wir uns mit dem Thema Eigenheim beschäftigen, müssen wir uns bewusst machen, dass der Schaden, der durch das Redlining und andere Praktiken verursacht wurde, zur Vermögensbildung *weißer* Hausbesitzer*innen beitrug und noch immer beiträgt. Der *Brookings Institution* zufolge verfügte im Jahr 2016 ein durchschnittlicher *weißer* Haushalt über ein zehn Mal größeres Vermögen als ein Schwarzer Haushalt: »Tatsächlich ist der Unterschied zwischen dem durchschnittlichen Vermögen *weißer* Familien und dem Schwarzer Familien heute größer als zu Beginn des Jahrhunderts.«[44] Für diese Diskrepanz sind zum überwiegenden Teil die Unterschiede hinsichtlich der Größe der Erbschaften verantwortlich, worin das Eigenheim in der Regel den größten Anteil ausmacht.[45]

Es ist wichtig, dass wir die Ungleichheiten im Hinblick auf *Race* nicht als Beiwerk oder Begleiterscheinung der kapitalistischen Dynamiken, die Entwicklungen wie die Gentrifizierung antreiben, betrachten. Der von Cedric Robinson geprägte Begriff des *Racial Capitalism* hebt hervor, dass der Kapitalismus nicht einfach zufällig auch rassistisch ist, vielmehr sind die Differenzierungen aufgrund von *Race* für die Funktionsweise des Kapitalismus, wie wir ihn kennen, wesentlich und sie waren für die Entstehung des Kapitalismus von grundlegender Bedeutung.[46] Der Historiker Robin D. G. Kelley schreibt, dass der Kapitalismus sich in einem Kontext entwickelte, der bereits von Rassismus durchsetzt war: »Kapitalismus und Rassismus brachen nicht mit der alten Ordnung, vielmehr entwickelten sie sich aus ihr, um ein modernes Weltsystem des ›Racial Capitalism‹ zu schaffen, das auf Sklaverei, Gewalt, Imperialismus und Genozid basiert.«[47]

Jodi Melamed, Professorin für Literaturwissenschaften und African Studies, schreibt, dass »Kapital nur Kapital sein kann, wenn es akkumuliert, und es kann nur akkumulieren, wenn es Verhältnisse extremer Ungleichheit zwischen verschiedenen Gruppen von Menschen herstellt, auf deren Basis es sich bewegt.«[48] Mit anderen Worten: Der Kapitalismus ist auf *White Supremacy* angewiesen.

Ich habe weiter oben ausgeführt, dass die ökonomische Geschichte davon ausgeht, dass die Gentrifizierung von der ›Lücke‹ zwischen dem aktuellen und dem potenziellen Wert des städtischen Bodens angetrieben wird. Die Entstehung dieser Lücke basiert aber zu einem großen Teil auf der rassistischen Politik und den rassistischen Methoden, die bestimmte Gegenden in einen dauerhaften Niedergang stürzen. Diese Lücke wird zudem durch die rassistische Stigmatisierung von Stadtteilen mit einem hohen Anteil von Minderheiten vergrößert. Der kulturelle und ökonomische Wert dieser Orte wird durch Narrative, die den Konsum von Drogen, die Kriminalität, Gangs, Gewalt, Armut und allerlei Missstände in den Vordergrund stellen, weiter geschmälert.[49] Mit diesen Voraussetzungen schlagen diejenigen, die von der Gentrifizierung profitieren und sie vorantreiben (heutzutage ist das ja in der Regel eine gemeinsame Anstrengung der Stadt und verschiedener Unternehmen), Kapital aus der White Supremacy.

Es gibt Stimmen, die meinen, dass Schwarze und andere rassifizierte Communitys von der Gentrifizierung durchaus profitieren würden, insbesondere die Hausbesitzer*innen.[50] Verschiedene Studien zeigten jedoch, dass die ökonomischen Vorteile für Schwarze und Latinx-Hausbesitzer*innen sehr begrenzt sind und der größte Teil des Mehrwerts, der durch die Gentrifizierung geschaffen wird, dieser Gruppe nicht zugutekommt.[51] Tatsächlich wird diesen Hausbesitzer*innen vielmehr weiterhin ihr Vermögen durch unzählige Methoden geraubt.

Umweltrassismus – also die Ansiedelung von Unternehmen oder Einrichtungen, die das Land vergiften oder verschmutzen, in der Nähe von Communitys of Color – reduziert im Laufe der Zeit den Wert der Immobilien, während die Menschen mit Krankheiten und einer gesunkenen Lebenserwartung konfrontiert sind.[52] *Weiße* Communitys hingegen profitieren in auffallender Weise von guter Luft und sauberem Wasser, während der Wert ihrer Immobilien steigt. In Flint, Michigan, beispielsweise führte die Nutzung des Wassers, das infolge der städtischen Sparpolitik überhöhte Bleiwerte aufwies, nicht nur dazu, dass Tausende Kinder vergiftet wurden, sondern dies schmälerte zudem den ohnehin schon geringen Wert der Immobilien.[53]

Auch in Medienberichten aus der jüngeren Vergangenheit wurde aufgedeckt, dass es in der Bewertung von Immobilien zu rassistisch motivierten Ungleichbehandlungen kommt. Häuser, bei denen bekannt war oder bei denen man davon ausging, dass sie Schwarzen oder südasiatischen Familien gehörten, wurden gegenüber vergleichbaren Häusern *weißer* Familien schlechter bewertet.[54] Zugleich werden Häuser in Vierteln, die mehrheitlich von einer Schwarzen oder Latinx-Community bewohnt werden, in der Regel schlechter eingestuft als Häuser in *weißen* Vierteln, zum Teil auch, weil sie an den Verkaufspreisen vergleichbarer Häuser in derselben Gegend gemessen werden. Damit wird »die rassistische Bewertung der Eigenheime« aus der Zeit des Redlining und der offen rassistischen Wertermittlungen im Grunde fortgeschrieben.[55]

Das *Rice Kinder Institute for Urban Research* berichtet, dass »die rassistischen Unterschiede in der Schätzung von Eigenheimen heute größer sind als vor vierzig Jahren und Häuser in *weißen* Stadtteilen seit 1980 um 200.000 Dollar mehr im Wert stiegen als vergleichbare Häuser in Communitys of Color.«[56] Angesichts dieser Bedingungen wird selbst die Gentrifizierung nicht dafür sorgen, dass Haushalte of Color den vollen Wert ihrer Investitionen werden realisieren können.

Soziale Bewegungen, die sich für Reparationen im Wohnungswesen einsetzen, betonen, dass der Raub von Vermögen und Möglichkeiten von rassifizierten Communitys den Grundstein dafür legte, dass *Weiße* Vermögen und Möglichkeiten akkumulieren konnten. Diese Bewegungen verlangen nicht nur eine finanzielle Entschädigung für Einzelne, sondern dass ganze Gebiete rassifizierten Communitys übergeben werden, die verdrängt wurden oder auf eine andere Art und Weise durch die urbane Entwicklung Schaden erlitten.

In Vancouver, wo die Schwarze Community, die als ›Hogan's Alley‹ bekannt war, Anfang der 1970er Jahre durch den Bau zweier Viadukte zerstört wurde, wurde der Plan, die Viadukte abzureißen, um das Gebiet zu ›revitalisieren‹, mit der Forderung beantwortet, die Schwarze Community einen *Community Land Trust* gründen zu lassen, damit sie selbst bestimmen kann, wie dieses Gebiet in Zukunft gestaltet werden sollte, und zugleich die frühere Vertreibung wiedergutgemacht werden kann. Lama Mugabo von der *Hogan's Alley Society* meint dazu: »Unsere Forderung ist eine Frage der Gerechtigkeit. Unsere Vertreibung war unrechtmäßig, wir wurden enteignet, wir verloren unseren Lebensmittelpunkt, unser Gefühl der Zugehörigkeit, einen Ort, den wir mal unser Zuhause nannten.«[57] Es gibt die Befürchtung, dass der Abriss der Viadukte es der Stadt Vancouver ermöglichen wird, einen weiteren Teil des ohnehin schon überteuerten Hafenviertels ›zu beleben‹ und zu gentrifizieren.

Es sind aber nicht nur die Zerstörungen von Schwarzen Stadtteilen und die fehlenden Investitionen, die diese Gebiete in der Folge zum Ziel der Gentrifizierung machten, sondern auch der Umstand, dass es vielerorts die Schwarzen Communitys waren, die – trotz der widrigen Umstände – Stadtteile am Leben erhielten und sie davor bewahrten, dass sie völlig aufgegeben wurden.[58]

Die Beiträge Schwarzer Menschen und anderer rassifizierter Gruppen zum Erhalt von Städten wurden allzu oft durch die Narrative der Gefahren und des Chaos überdeckt, die fast alle Debatten über ›Innenstädte‹ begleiten, sowohl die akademischen als auch die medial geführten. Die Geografin Katherine McKittrick meint zudem, dass Schwarze Räume in diesen Stereotypen porträtiert werden, um die Fürsorge, Verbundenheit und Gemeinschaftsarbeit, die ein Schwarzes Gefühl für den Ort ausmachen, zu verleugnen. Das erleichtert die Gentrifizierung, weil damit das Narrativ aufrechterhalten bleibt, dass es in diesen Stadtteilen nichts gebe, das von Wert sei.

Little Jamaica in Toronto bildete über lange Zeit sowohl die erste Anlaufstelle für jamaikanische Migrant*innen als auch das Zentrum der gesamten karibischen Community im Großraum Toronto. Doch der Bau der Schnellbahn entlang der Eglinton Avenue fordert seit mehr als einem Jahrzehnt seinen Tribut in diesem diversen, einkommensschwachen Stadtteil. Der Journalist Karel Peters erinnert sich daran, welche Bedeutung dieses Viertel für seine Familie hatte:

> »An den Wochenenden war Eglington der Ort, wo man einfach sein musste. Die Straßen waren immer voller Leben und voller Menschen aus der karibischen Diaspora, die die verschiedenen von Schwarzen geführten Geschäfte und Restaurants besuchten. Die Gegend war nicht nur voller Menschen, die hier lebten. Auch Leute wie mein Vater, der außerhalb lebte und sich nach einem Gefühl der Zugehörigkeit sehnte, kamen hier her.«[59]

Die Journalistin Amanda Parris hat ähnliche Erinnerungen: »Ich erinnere mich an die Menschenmassen, die zum Kinderkarneval die Straßen von Eglinton West füllten. Ich weiß noch, wie wir nach der Schule vor Randy's Patties abhingen oder ich mich mit meinem Schwarm im Trea-Jah-Isle Plattenladen traf.«[60]

Die Filmemacherin Sharine Taylor untersucht die Folgen dieses Bauprojekts, das angeblich der ganzen Stadt große Vorteile bringen soll: »Der jahrelange Baulärm, die ständigen Straßenabsperrungen und ständig zugeparkte Gehwege führten bei den Geschäften, die früher die Gegend belebten, zu einem massiven Umsatzeinbruch.« Taylor erzählt Parris: »Ich habe Leute getroffen, die sagten: ›Ich gebe auf. Ich versuche nicht mal mehr zu kämpfen. Sie haben mir einfach schon zu viel weggenommen.‹ «[61]

Little Jamaica ist viel mehr als nur ein Ort, wo man typische Lebensmittel kauft, sich die Haare und Nägel machen lässt und die Musik von den Inseln, wo viele ursprünglich lebten, hört. Es ist auch ein Ort, wo Schwarze Menschen, die damals wie heute auf dem Wohnungsmarkt diskriminiert werden, ihre eigenen »Räume der Zuflucht und der Zugehörigkeit schufen, wo Gemeinschaft, Institutionen und Kultur geschaffen wurde.«[62] Während die Unterstützer*innen des Bauvorhabens die Vorteile hervorhoben, die es für die Inhaber*innen von Geschäften bringen werde, legt die Erfahrung nahe, dass die von Migrant*innen betriebenen und auf der karibischen Kultur beruhenden Geschäfte, die Little Jamaica ausmachen, wahrscheinlich nicht so lange überleben werden, dass sie etwas davon haben könnten.

Die Verdrängung oder Schließung der kleinen Geschäfte in Little Jamaica reduziert noch weiter die ohnehin schon kleine Zahl an Orten, welche Schwarze Menschen in Toronto als ihr Zuhause bezeichnen, und weckt Erinnerungen an traumatische Vertreibungen Schwarzer Communitys in Toronto und anderen Städten. Die Schädigung von Little Jamaica ist weder ein bedauerlicher noch ein einzigartiger Vorfall infolge eines Infrastrukturprojekts, sondern vielmehr die Fortsetzung eines lang andauernden Prozesses der Vertreibung Schwarzer Communitys aus ihren Häusern und Geschäften, um Platz zu machen für Projekte, die mit ziemlicher Sicherheit einer anderen, besser situierten Community dienen.

In New York nahm die Investor*innenklasse gezielt Teile von Queens und Brooklyn für ihre Revitalisierung und Gentrifizierung ins Visier. Die Stadtforscherin Tarry Hum schreibt über Flushing, einen Teil von Queens, dass eine lange Geschichte der rassistischen Stadtplanung dafür sorgte, dass Orte, die für Schwarze Communitys historisch, kulturell und ökonomisch bedeutsam waren, immer und immer wieder Gefahr laufen, neu entwickelt zu werden. Die wiederholten Auseinandersetzungen um die Rettung der Macedonia AME Church – eine historisch bedeutsame Begräbnisstätte, die durch eine U-Bahn-Station ersetzt werden soll – veranschaulichen die Abwertung Schwarzer Räume angesichts potenzieller Investitionen und Kommodifizierung: »Flushing, einst ein im Hinblick auf *Race* und Kultur diverses Arbeiter*innenviertel, ist heute ein Zentrum der Errichtung von Luxuswohnungen und teuren Eigentumswohnungen.«[63]

In Brooklyn, schreibt die Stadtforscherin Amanda Boston, symbolisiert das Barclays Center, ein Stadion an der Fulton Street, wo »eine der größten zusammenhängenden Schwarzen Communitys der Vereinigten Staaten« lebt, für viele das neue, revitalisierte, globale Brooklyn. Für andere wiederum »repräsentiert das Stadion das Todesröcheln der Authentizität, die Brooklyn einst ausmachte. Für sie und viele andere steht das Stadion, dessen Errichtung eine Milliarde Dollar verschlang, für den Triumph des globalen Kapitals über die lokalen Communitys und lokale Kulturen.«[64]

Amanda Boston meint, dass man diese Entwicklungen nicht allein über die Klassenverhältnisse erklären kann. Sie stellt die Errichtung des Barclays Centers in den Kontext einer »sukzessiven erzwungenen Vertreibung« Schwarzer Bewohner*innen aus Brooklyn, die seit Jahrzehnten vonstatten gehe. Sie erinnert daran, dass Redlining und Segregation die Bedingungen schufen, die Schwarze Haushalte in besonderem Maße im Zuge der Immobilienkrise des Jahres 2008 dem Risiko einer Zwangsräumung aussetzten (noch mehr Raub an Eigenkapital), indem sie in den mit großen Risiken behafteten Subprime-Markt gedrängt wurden.

Der strukturelle Rassismus schafft also die Bedingungen, die dazu führen, dass Sanierungsmaßnahmen in Schwarzen Stadtteilen als natürlich, notwendig und wünschenswert erscheinen. Die rassifizierte Aufteilung des Raums »schützte Räume, die als *weiß* gelten, und wertete sie auf, während nicht-weiße Räume der Verwahrlosung, Ausbeutung und Zerstörung überlassen wurden.«[65] Aus dieser Asche steigen dann, so Boston, »rassifizierte Hyperinvestitionen« als Rettung empor, die die Probleme des rassistischen Desinvestments beheben sollen.

Investitionen in Luxuswohnungen, Eigentumswohnungen und Sportstätten benachteiligen rassifizierte Communitys nicht zufällig. Vielmehr, so Boston, ist die Vertiefung der rassistischen Ungleichheit »ein bestimmendes Merkmal des neoliberalen Urbanismus«. Der Stadtsoziologe Christopher Mele meint, dass eine »farbenblinde rassistische Ideologie« mit einer neoliberalen Stadtpolitik zusammenwirke und diese verstärke: »Im Hinblick auf die Stadtentwicklung verlagern diese ›farbenblinden rassistischen Diskurse‹ schlussendlich die Verantwortung für strukturelle Ungleichheit von der Gesellschaft auf den Einzelnen und ignorieren das Fortbestehen des strukturellen und systemischen Rassismus.«[66]

Die vom Staat und von Unternehmen vorangetriebene Gentrifizierung wird so präsentiert, als ob sie allen gesellschaftlichen Gruppen Vorteile bringen würde. Boston erwähnt, dass die lautstarke Unterstützung, die das Barclays Center seitens des in Brooklyn aufgewachsenen Shawn Carter erhielt, der unter seinem Künstlernamen Jay-Z Weltruhm erlangte, von der Vorstellung geleitet war, dass Brooklyn von beidem, also Shawn Carters unternehmerischem Erfolg und dem des Stadions, profitieren würde. Sein Status als Prominenter überstrahlte den lokalen Widerstand gegen das Stadion und stärkte das Narrativ, dass die neoliberale Stadterneuerung von den Schwarzen Communitys begrüßt werden würde.

Die ›farbenblinde‹ Ideologie des neoliberalen Urbanismus spiegelt sich auch in jener Literatur über Gentrifizierung wider, die sich auf Klasse fokussiert. Es gibt keinen Grund, warum in vielen Fällen nicht auch *Race* in der Gentrifizierung eine gleichwertige Rolle spielen sollte wie Klasse. Niemand stellt die Bedeutung der Kategorie Klasse in Abrede, aber die ständige Hervorhebung von Klasse führt dazu, dass Rassismus und andere Formen der Unterdrückung nebensächlich oder zweitrangig werden. Das ist nicht sehr hilfreich, wenn wir die spezifischen Dynamiken von Gentrifizierung an verschiedenen Orten verstehen wollen, insbesondere wenn Stadtteile betroffen sind, bei denen das vor vierzig Jahren niemand für möglich gehalten hätte, etwa in Gegenden mit einem hohen Anteil an kommunalem Wohnungsbau oder in Vierteln, die vor allem von Schwarzen Menschen bewohnt werden.

Die Kategorie Klasse mag ausreichend gewesen sein, um die Geschichte der Gentrifizierung in den 1960er und 1970er Jahren zu erzählen, aber heute ist sie als zentraler Erklärungsansatz weniger brauchbar. Aktivist*innen, Community-Organizer*innen und Wissenschaftler*innen weisen schon seit Langem darauf hin, dass *Race* für die Gentrifizierung von grundlegender Bedeutung ist, weil Rassismus grundlegend für die Klassenverhältnisse und den Kapitalismus selbst ist.

Die Logik des kolonialen Eigentums

Ebenso wie die Gentrifizierung den Raub am Vermögen rassifizierter Communitys fortschreibt, setzt sie auch die koloniale Enteignung Indigener Menschen fort. Das geschieht unter anderem durch die mit der Gentrifizierung einhergehende Ausbreitung von Eigentumsverhältnissen beim Wohnraum sowie durch das Regime des Privateigentums in den Städten.

Den städtischen Boden durch ein Raster aus Straßen fein säuberlich in kleine Parzellen aufzuteilen, war eine der historischen Methoden, um die Umwandlung von Boden in Eigentum zu erleichtern.[67] Diese übersichtlichen Parzellen hatten »genau die richtige Größe, um Siedler*innen anzuziehen«, schreibt die Historikerin Nadia Rhook über Melbourne. Diese Parzellierung und der anschließende Verkauf wurde selbstverständlich ohne die Zustimmung der Indigenen Menschen, die vor Ort lebten, vorgenommen. Rhook schreibt, dass »der Verkauf des Landes buchstäblich das parzellierte Fundament legte, auf dem die Siedler*innen ihre Herrschaft errichten und eine massive rassistische Ungleichheit schaffen und aufrechterhalten konnten.«[68] Heute begreifen die meisten von uns sowohl das schachbrettartige Muster vieler Städte als auch das Privateigentum, das geradezu heilig ist, als Selbstverständlichkeit. Selbst Bewegungen gegen die Gentrifizierung hinterfragen nur selten diese Grundlagen der ›Siedlerstädte‹. Dabei basiert Gentrifizierung ohne Zweifel auf der Fortführung der kolonialen Beherrschung des städtischen Raums.

Der Aufstieg des Neoliberalismus mit seinem Fokus auf Privatisierungen vertiefte unsere ökonomische und kulturelle Beziehung mit dem Privateigentum. Der Geograf Nick Blomley hält fest, dass »wir dazu neigen, nicht darüber nachzudenken, inwiefern die Stadt der Ersten Welt ein vom Eigentum beherrschter Raum ist.«[69] Darüber hinaus weigern wir uns – meist hartnäckig –, darüber nachzudenken, welche Zusammenhänge bestehen zwischen dem Eigentum, wie wir es heute verstehen, der Kommodifizierung von Menschen als Eigentum während der Sklaverei und dem Ineinanderwirken von Kräften und Institutionen, die den Grundstein für Vieles legten, was uns heute am städtischen Leben als selbstverständlich erscheint, etwa dass Polizeikräfte bei der Jagd auf Sklav*innen ebenso unterstützten wie bei der Unterdrückung Indigener Menschen.[70] Rinaldo Walcott, Professor für Cultural Studies der Schwarzen Diaspora, betont, dass die Logiken des Eigentums, die während der Sklaverei und dem Kolonialismus entwickelt wurden, unsere Städte bis heute prägen.[71]

Gentrifizierung ist nicht nur aufgrund der Ungleichheiten hinsichtlich der Eigentumsverhältnisse und -bewertungen zu kritisieren, sondern auch schon aufgrund des Privatbesitzes an sich. Dafür ist es notwendig, das Engagement gegen Gentrifizierung mit dem für Dekolonisierung zusammenzubringen und sie nicht als voneinander getrennte Kämpfe zu begreifen. Wie würde es aussehen, wenn wir in der Denaturalisierung des Kapitalismus noch einen Schritt weiter gehen und die kolonialen Grundlagen der Stadt selbst infrage stellen?

Ich habe keine einfachen Antworten auf diese schwierigen Fragen, aber die gegenwärtigen Bewegungen, welche die Rückgabe von Land fordern, drängen alle, die Siedler*innen oder deren Nachkommen sind oder erst kürzlich in einem Land des Siedlerkolonialismus angekommen sind, aktiv etwas zur Unterstützung der Indigenen Souveränität zu unternehmen. Nickita Longman, Emily Riddle, Alex Wilsin und Saima Desai erklären dazu:

> »›Land Back‹ bedeutet, das kolonisierte Land, beispielsweise im sogenannten Kanada, den Indigenen rechtmäßig zurückzugeben. Wenn wir aber sagen, dass wir das Land zurückwollen, dann verlangen wir nicht nach einem Stück Papier, das es uns erlaubt, die Erde zu verschmutzen und zu zerstören. Wir wollen ein System, in dem das Land lebendig ist, damit es sich selbst und uns als einen Teil dieses Landes erhalten kann.«[72]

In der Stadt, die nach dem Eigentumsprinzip funktioniert, ist das zweifelsohne eine große Herausforderung, aber das heißt nicht, dass wir die Dekolonisierung auf die lange Bank schieben können, während wir gegen die Gentrifizierung kämpfen. Eine andere Vorstellung von der Stadt zu entwickeln, erfordert, dass wir beides zusammendenken.

Die Stadt der Jugend und der Gesundheit

Im 2009 gedrehten Dokumentarfilm *Vanishing City* begleiten die Filmemacher*innen ältere Bewohner*innen eines kleinen Mietshauses in Manhattan, in dem einige von ihnen bereits seit fast vierzig Jahren leben und das nun zwangsgeräumt werden soll. Als der Tag der Zwangsräumung näherrückt, wissen einige von ihnen noch immer nicht, wo sie unterkommen sollen. Auch wenn sie dort seit einem so langen Zeitraum wohnen, werden diese vulnerablen Bewohner*innen Opfer von Vermieter*innen, die sich ein Schlupfloch im Mietrecht zunutze machten, durch das Zwangsräumungen erlaubt sind: wenn die Eigentümer*innen plausibel machen können, dass sie das Gebäude in ein Einfamilienhaus verwandeln werden. Die Senior*innen haben wenig Aussicht auf eine andere bezahlbare Wohnung und verfügen über kaum Ressourcen, sich gegen die Räumung zur Wehr zu setzen.

Viele der gezeigten Szenen gehören schon fast zum Standardrepertoire der Filme über Gentrifizierung, trotzdem werden die konkreten Folgen der Gentrifizierung für ältere Menschen nur selten diskutiert. Die Folgen für Menschen mit Behinderungen oder Menschen mit psychischen Problemen sind ebenfalls nur selten ein Thema. Wenn wir uns jedoch genauer ansehen, welche Zusammenhänge es zwischen Alter, physischer und psychischer Gesundheit und Gentrifizierung gibt, dann können wir die Geschichte von der Gentrifizierung um ein weiteres Kapitel ergänzen, in dem wir in Betracht ziehen, wie vulnerable Gruppen bewusst ins Visier genommen werden und unverhältnismäßig stark unter Gentrifizierung leiden.

In Sandy Hill, einem Stadtteil von Ottawa, kämpfen ältere Mieter*innen, die zum Teil gesundheitlich angeschlagen sind und Sozialhilfe beziehen, gegen die Zwangsräumung von Wohnungen, die mittlerweile in einem derart schlechten Zustand sind, dass die Stadt festlegte, dass es zu gefährlich sei, darin zu wohnen.[73] Die Mieter*innen klagen, dass die ›Reparaturarbeiten‹ des neuen Eigentümers zum Teil für die Situation verantwortlich sind, weil wichtige Infrastruktur einfach aus dem Gebäude entfernt wurde. Obwohl einige Mieter*innen ihre Räumungsbefehle erfolgreich aufschieben konnten, ist unklar, wie lange sie das durchhalten und, noch wichtiger, ob es ihnen möglich sein wird, nach den Renovierungsarbeiten wieder in ihre Wohnungen zurückzukehren. William Waever, der hier seit 1978 lebt, erzählt Reporter*innen: »Es wäre sehr schwierig umzuziehen, weil alles, was ich brauche, hier in der Nähe ist. (...) An einem anderen Ort hätte ich das alles nicht.«[74]

Bei Rentner*innen, Menschen mit Behinderungen und Menschen mit psychischen Problemen ist die Wahrscheinlichkeit höher, dass sie von staatlichen Sozialleistungen abhängig und auf günstigen Wohnraum angewiesen sind, der sich in einer Gegend befindet, wo es auch die benötigten Gesundheits- und Sozialdienste gibt. Menschen, die vielleicht schon seit Jahrzehnten in derselben Wohnung leben, sind besonders gefährdet, weil notwendige Modernisierungen an den Gebäuden genutzt werden, um aufwendige Umbauten vorzunehmen oder sie in Eigentumswohnungen oder Einfamilienhäuser zu verwandeln, sodass die Bewohner*innen unter Umständen nicht mehr zurückkehren können.

Unabhängig davon, ob nun eine explizite Absicht dahintersteckt, ist es doch recht offensichtlich, dass die Eigentümer*innen der Immobilien aus den systembedingten Benachteiligungen von älteren Mieter*innen und von Mieter*innen mit Behinderungen ihren Vorteil ziehen. Sowohl die Auswirkungen der Gentrifizierung als auch ihre Methoden unterscheiden sich je nach Alter und etwaiger Behinderung der Betroffenen, was von der klassenbasierten Erzählung der Gentrifizierung nicht erfasst wird.

Während die Bilder von älteren Menschen, die zwangsgeräumt werden, auf eine schockierende Weise an die Brutalität der Gentrifizierung erinnern, geht auch die gewaltvolle schleichende und stille Veränderung eines Stadtteils mit nicht weniger heimtückischen Folgen einher. Selbst wenn es älteren Menschen gelingt, in ihrer Wohnung zu bleiben, kann ihr Leben durch andere Veränderungen massiv beeinträchtigt werden. Die wenigen Untersuchungen, die es über den Zusammenhang von Alter und Gentrifizierung gibt, unterstreichen, wie wichtig die materiellen und sozialen Gegebenheiten eines Orts für ältere Menschen sind, insbesondere wenn diese zusätzlich Rassismus erfahren.

Ivis García und Mérida Rúa betonen in ihrer Forschungsarbeit über ältere Latinx-Bewohner*innen in den gentrifizierten Chicagoer Stadtteilen Logan Square, Humboldt Park und West Town, dass »die Nähe zu Geschäften, Nahverkehr und Dienstleistungen für die Lebensqualität älterer Menschen und ihre Teilhabe an der Community entscheidend ist.«[75] Die befragten Bewohner*innen waren unzufrieden und enttäuscht, weil sie die gemütlichen und erschwinglichen Orte verloren hatten, wo sie zuvor einen Kaffee trinken, ihre Einkäufe erledigen und sich mit Nachbar*innen und Freund*innen treffen konnten.

Über seinen Stadtteil, wo es vor hippen Cafés nur so wimmelt, sagt Anwohner Manolo beispielsweise, dass er gerne einen Ort hätte, wo er einen Kaffee trinken kann. Das verdeutlicht, dass Räume, die gentrifiziert wurden, eben nicht auf alle einen einladenden und ›heimeligen‹ Eindruck machen. Stattdessen nimmt Manolo zwei Busse zu einem McDonald's beim Humboldt Park, wo er stundenlang mit seinen Freund*innen sitzen und plaudern kann. Orte wie Fast-Food-Restaurants, Cafés, kleine Geschäfte und Parks stellen für ältere Menschen und andere, die keiner Lohnarbeit nachgehen, eine essenzielle Infrastruktur dar, weil das die Orte sind, wo sie soziale Kontakte pflegen und die Community stärken können.

In ihrer Forschung über ältere Menschen in einem gentrifizierten Teil von Manhattan fand die Soziologin Stacy Torres heraus, dass »Räume für ältere Menschen immer wichtiger werden und die räumliche Nähe zu Orten des gesellschaftlichen Lebens ebenfalls an Bedeutung gewinnt.«[76] Die Gentrifizierung des Einzelhandels bedeutet, dass seit Längerem bestehende Geschäfte und Cafés verdrängt werden, und viele Senior*innen fühlen sich, auch wenn sie selbst gar nicht vertrieben werden, in ihren Wohnungen eingesperrt, weil es die Orte in ihrem Viertel, die sie aufgesucht hatten, nicht mehr gibt und es wegen der körperlichen Beschwerden immer schwieriger wird, das Viertel einfach zu verlassen.

Die Forschung der Gesundheitswissenschaftlerin Shellae Versey zeigte ebenfalls, dass sich ältere Bewohner*innen nach Räumen sehnen, in denen sie das gesellschaftliche Leben pflegen können, und sich sorgen, weil sich ihre Viertel verändern und immer *weißer* werden: »Die sich verändernde Zusammensetzung der Bewohner*innen und die Entstehung neuer, exklusiver ›dritter‹ sozialer Räume, wie Cafés, Weinbars und Straßencafés, während mehrere Einrichtungen, die für die Nachbarschaft wichtig waren, geschlossen werden, führt dazu, dass die Senior*innen das Gefühl bekommen, ›vergessen‹ zu werden, obwohl sie mitten im Viertel leben.«[77]

Diese Gefühle haben ganz konkrete Folgen für das Wohlbefinden älterer Menschen. Viele von ihnen leben alleine und der regelmäßige soziale Kontakt mit anderen dient als eine Art Routinecheck für ihre physische und psychische Gesundheit. In der Studie von Torres kommt ein Bewohner vor, der ins Krankenhaus musste und daraufhin von anderen Stammgästen seiner Bäckerei unterstützt wurde: »Mindestens zwanzig Leute, die er aus der Bäckerei kannte, besuchten ihn im Krankenhaus, brachten ihm Essen, Zeitungen, kleine Geschenke und Genesungswünsche.«[78] Wenn ältere Menschen ihre Unterstützung vor Ort verlieren und nicht mehr in der Lage sind, weiter weg zu fahren, verlieren sie an Unabhängigkeit und sind zunehmend auf ihre Familie und Sozialdienste angewiesen.[79]

Ältere Bewohner*innen fühlen sich auch ungerecht behandelt, wenn ihr Beitrag zur Nachbarschaft entwertet wird, ihre Nachbar*innen verdrängt werden und sie selbst unter Druck gesetzt werden, wegzuziehen. In ihrem Selbstverständnis sind sie vielleicht diejenigen, die diesen Stadtteil aufgebaut haben, ihn schöner machten und dem Stadtteil und der Community Stabilität gaben. Der Zuzug neuer Bewohner*innen, die die Geschichte eines Viertels und ihre Protagonist*innen nicht respektieren, gibt den Senior*innen das Gefühl, unsichtbar zu sein.

In Harlem gaben Senior*innen Versey Folgendes zu Protokoll:

> »Ich sage es Ihnen. Es ist so, dass die Leute einfach an mir vorbeigehen und auf mich herabschauen. Ich bin aber hier geboren. Ich bin, wo ich hingehöre, aber was machen sie hier? Und die laufen hier herum, so als ob ihnen das alles gehören würde! Wenn man aber in gewisse Geschäfte geht, sieht man die nie!
>
> Ich werde das hier nicht aufgeben, denn das war schon vor uns hier, und ich werde dafür kämpfen, dass das alte Harlem erhalten bleibt und wieder so wird, wie es war. Ich werde alles tun, was notwendig ist, um das zu erreichen.«[80]

Senior*innen fürchten auch um die generationenübergreifenden Beziehungen in der Nachbarschaft, weil es sich jüngere Familienmitglieder häufig nicht mehr leisten können, in der Gegend zu bleiben.[81]

Ältere Bewohner*innen berichten, dass sie von Vermieter*innen, kommunalen Wohnbauträgern, interessierten Käufer*innen, Bauträgern oder Immobilienmakler*innen massiv unter Druck gesetzt werden. Alda Ballard, die in Center City West in Philadelphia wohnt, erzählte Journalist*innen, dass sie sich »von Fremden, die ihr Haus als verwertbares Gut und ihre Anwesenheit als Belästigung sehen, belagert [fühlt]. Sie klopfen ständig an meine Tür und sagen mir, dass sie mein Haus kaufen wollen. Aber ich verkaufe nicht!«[82] Eine Seniorin aus Harlem erzählte:

> »Sie kamen und boten den Bewohner*innen 30.0000 Dollar, damit sie die Wohnung hergeben und sie dann alles renovieren können. Und die Leute nahmen dieses Geld. Sie nahmen das Geld und erst danach realisierten sie, dass sie sich das Leben sonst nirgendwo leisten können, und so landeten sie ebenso wie ich in den Unterkünften für Obdachlose.«[83]

Wenn diese direkten Vorgehensweisen nicht von Erfolg gekrönt sind, dann sind es vielleicht die steigenden Lebenshaltungskosten in den gentrifizierten Gegenden, die diesen Zweck erfüllen. Sogar Hausbesitzer*innen sind betroffen, weil die Steuern in die Höhe schnellen, wenn sich der Wert eines Hauses innerhalb weniger Jahre verdoppelt oder verdreifacht.[84]

Die Verdrängung kann tödlich sein. Das *Center for Disease Control* (CDC) stellte fest, dass Senior*innen einem höheren Risiko ausgesetzt sind, unter den negativen Folgen der Gentrifizierung zu leiden: darunter eine Verkürzung der Lebenserwartung, eine höhere Krebsrate, Diabetes und Herz-Kreislauf-Erkrankungen. Die gesundheitlichen Ungleichheiten nehmen noch zu, wenn marginalisierte Bewohner*innen aus Stadtteilen mit einer besseren Lebensqualität verdrängt werden, in denen sie eher die Bedingungen fanden, die es ihnen erlaubten, sich zu entfalten.[85]

In ihrer Zusammenfassung der Studien über Gentrifizierung und Alter kommt die Sozialwissenschaftlerin Sandra Edmunds Crewe zu dem Ergebnis, dass Wohnungslosigkeit bei älteren Menschen meist die Folge einer Veränderung ihrer Wohnsituation ist, etwa durch den Verkauf ihrer Wohnung oder durch teure Renovierungsarbeiten. Einkommensschwache und rassifizierte ältere Menschen sind in diesem Fall besonders gefährdet.[86]

Die gesundheitlichen Folgen der Gentrifizierung bekommen nicht nur alte Menschen zu spüren. Viele Organisationen betrachten Gentrifizierung allgemein als eine Gefahr für die Gesundheit.[87] Das Resümee des CDC angesichts der verfügbaren Forschungsergebnisse lautet:

> »Gefährdete Bevölkerungsgruppen haben üblicherweise eine kürzere Lebenserwartung, höhere Krebsraten, mehr Geburtsfehler und eine größere Kindersterblichkeit. Es gibt mehr Fälle von Asthma, Diabetes und Herz-Kreislauf-Erkrankungen. Darüber hinaus mehren sich Hinweise, dass diese Bevölkerungsgruppen unverhältnismäßig oft in ihren Wohnungen gefährlichen Substanzen wie bleihaltiger Farbe ausgesetzt sind.«[88]

Eine Untersuchung über gentrifizierte Stadtteile von New York ergab, dass »Bewohner*innen, die verdrängt wurden und in arme, nichtgentrifizierte Viertel zogen, fünf Jahre nach der Verdrängung im Vergleich zu den Menschen, die im Viertel bleiben konnten, signifikant öfter in die Notaufnahme eines Krankenhauses mussten oder zu einem Aufenthalt im Krankenhaus gezwungen waren oder aus psychischen Gründen dort eingeliefert wurden.«[89] Der Verlust sozialer Netzwerke und sozialer Räume, der mit der Verdrängung aus dem Stadtteil oder der Veränderung desselben einhergeht, hat auch Folgen für das psychische Wohlbefinden.

Während manche Bevölkerungsgruppen in Stadtteile gedrängt werden, die negative Folgen für ihre Gesundheit haben, profitieren andere von den Gesundheitseinrichtungen, die in wohlhabenderen oder gentrifizierten Stadtteilen vorhanden sind. Das wurde in Städten wie Toronto anhand des Zugangs zu Covid19-Imppfstellen deutlich: Ironischerweise, aber wohl nicht wirklich überraschend, gab es zumindest zu Beginn in den innerstädtischen, gentrifizierten Vierteln, die die wenigsten Covid-Fälle zu verzeichnen hatten, die größte Zahl an Impfstellen und die höchste Impfrate.[90] Umgekehrt hatten die innerstädtischen Stadtteile, wo die Mehrheit der einkommensschwachen, rassifizierten Menschen lebt, die höchsten Infektionsraten und die wenigsten Impfstellen. Gentrifizierung trägt zu gesundheitlichen Ungleichheiten aufgrund von *Race* und Klasse bei, weil sie sich auf den Zugang zur Gesundheitsversorgung und die Risiken von Krankheit und Leid auswirkt.

Das ist eine ziemliche Ironie angesichts dessen, dass Gentrifizierung gerne so präsentiert wird, als ob sie zur Gesundheit und Lebensqualität einer Community etwas beitragen würde. Yogastudios und Bioläden sind ja tatsächlich sehr oft die ersten Anzeichen für Gentrifizierung. Industrieviertel und Stadtteile, in denen überwiegend Arbeiter*innen und Migrant*innen leben, werden gerne durch eine Imageaufbesserung ›aufgewertet‹, die auf Gesundheit, nachhaltige Produkte und Dienstleistungen sowie die Wellness-Industrie fokussiert.

Die Politikwissenschaftlerin Jessica Parish zeichnet die Transformation einer Gegend im Westen von Toronto durch die Ansiedlung von Wellness-Dienstleistungen, insbesondere solcher mit einem alternativen und ganzheitlichen Anspruch, wie Akupunktur, Osteopathie und Massage, nach.[91] Die, wie sie es nennt, ›Healthification‹ von Parkdale war von entscheidender Bedeutung, um dem Stadtteil ein neues Image zu verpassen. Parkdale wurde über viele Jahre mit psychischen Problemen, Armut und Menschen mit Behinderungen in Verbindung gebracht, weil es in dieser Gegend eine große Zahl von Psychiatriepatient*innen gab, die in Wohnheimen rund um das Center for Addiction and Mental Health lebten, dem ältesten und größten psychiatrischen Krankenhaus der Stadt. Gentrifizierung und ›Healthification‹ gingen Hand in Hand. Diese Wohnheime wurden in Einfamilienhäuser umgewandelt und Parkdale wurde auf eine neue Art mit Gesundheit verknüpft, die auch die gesundheitsbewusste Mittelschicht ansprach.

Die Gentrifizierung sogenannter Psychiatrie- oder Sozialghettos wie Parkdale können wir an vielen Orten beobachten, wo die Deinstitutionalisierung in der Unterbringung von Menschen mit psychischen Problemen oder kognitiven oder körperlichen Beeinträchtigungen Stadtviertel schuf, in denen viele Menschen leben, die vor Ort auf ein System der sozialen, medizinischen und ökonomischen Unterstützung angewiesen sind. Auch Menschen mit Suchtproblemen, Sexarbeiter*innen, verarmte Rentner*innen und ehemalige Gefängnisinsass*innen finden sich in solchen Gegenden überproportional wieder. Die Geograf*innen Michael Dear und Jennifer Wolch halten in diesem Zusammenhang fest, dass die Deinstitutionalisierung nur selten mit einer adäquaten Unterstützung für die Herausbildung nachbarschaftlicher Beziehungen einhergeht, vielmehr werden die Menschen in Armut, prekäre Wohnverhältnisse, Abhängigkeitsbeziehungen und Obdachlosigkeit getrieben.[92]

Auch wenn solche Stadtviertel, wie Downtown Eastside in Vancouver oder der Tenderloin District in San Francisco, und die dort lebenden Menschen stigmatisiert werden, konnten die Immobilien an Wert zulegen, da die ganze Stadt unter Gentrifizierungsdruck steht. Diese Gegenden, die früher als ›Sammelbecken‹ für soziale Probleme fungierten, derer die Städte sich nicht annehmen wollten oder konnten, werden heute rigoros ›gesäubert‹.[93] London Breed, die Bürgermeisterin von San Francisco, ging sogar so weit, dass sie einige Bewohner*innen von Tenderloin unter staatliche Vormundschaft stellte, um sie dauerhaft von der Straße zu entfernen. Breed ist bekannt dafür, dass sie »unangekündigte Kontrollen durchführt und dabei manchmal mit einem Besen in der Hand auftaucht.«[94]

Diese sehr heterogene Gruppe von Menschen, die darauf angewiesen ist, dass sich wichtige Dienstleistungen in der Nähe zu bezahlbarem Wohnraum befinden, ist in einem hohen Maße durch Verdrängung gefährdet. Die Höhe von Sozialleistungen hat mit den Kosten für Miete und Lebensmittel in keiner Weise Schritt gehalten. Für die Vermieter*innen ist es ein Leichtes, Menschen zwangsräumen zu lassen, wenn diese über kein nennenswertes soziales Netz verfügen oder zu wenig Möglichkeiten haben, sich juristisch zur Wehr zu setzen. Zudem bieten die oftmals rechtswidrigen Mietverhältnisse kaum Schutz. Diese Stadtteile sind darüber hinaus ein Tummelplatz für kriminelle Vermieter*innen, die ihre Häuser dem Verfall überlassen, weil sie nur allzu gut wissen, dass ihre armen, alten und vulnerablen Mieter*innen ohnehin keine anderen Optionen haben.

Unter diesen Bedingungen fällt es den Vermieter*innen nicht schwer, Mieter*innen wegen notwendiger Renovierungsarbeiten aus der Wohnung zu bekommen, was dann, wenn die Mieten steigen, häufig zu einer dauerhaften Vertreibung führt. Viele der Gentrifier, die dann einziehen, zeigen sich gegenüber Nachbar*innen, die Anzeichen von psychischen Erkrankungen oder andere ›störende‹ Verhaltensweisen zeigen, nicht besonders tolerant. Als Leute aus der Junction in Toronto darüber diskutierten, dass eine Filiale von Starbucks eröffnet werden sollte, waren die Kommentare in den Online-Foren sehr eindeutig:

> »Starbucks in der Junction? Her damit! Ich habe sie wirklich satt, die ganzen Penner, Nichtsnutze, Prostituierten und diese Freakshow von psychisch Kranken, die die Straßen unsicher machen und sich vor den Kindern entblößen. Starbucks können sie sich nicht leisten.«[95]

Es ist nicht schwer, Gentrifizierung hier als einen Prozess zu verstehen, der darauf abzielt, Menschen loszuwerden, die als ungesund, schwach, alt und krank gelten. Als die Stadt Toronto 1999 ankündigte, die Wohnheime in Parkdale, die vor allem von Menschen mit psychischen Problemen bewohnt wurden, zu schließen, verurteilten Aktivist*innen dieses Vorgehen als ›soziale Säuberung‹.[96] Der Impuls, alles, was wir als schmutzig, unrein und schädlich für die ›Gesundheit‹ der Community ansehen, als das ›Andere‹ zu begreifen, das ausgestoßen werden muss, sitzt sehr tief, auch wenn das nur die wenigsten zugeben würden, weil wir selbstverständlich mit den grausamen Geschichten von sozialen Säuberungen und Genoziden nichts zu tun haben wollen.[97]

Wie abscheulich wir Ideen von ›sozialer Säuberung‹ auch finden mögen, sie sind in ihren Argumentationsmustern den Diskursen der Gentrifier erstaunlich nahe. Zudem ist es offensichtlich, dass die Gentrifizierung und die Gentrifier aus der Stigmatisierung und Verletzbarkeit von Menschen, die alt sind oder mit Behinderungen leben und ohnehin schon zu kämpfen haben, Kapital schlagen. Es ist in vielerlei Hinsicht angenehmer, über Gentrifizierung als klassenbasierten Prozess zu sprechen und sie auf dieser Basis zu kritisieren, als sich einzugestehen, dass sich Gentrifizierung auch am Skript der sozialen Säuberung bedient.

Die Feststellung, dass »der Prozess der Gentrifizierung auf Klasse beruht«, ist ungenügend, um zu verstehen, dass sich Gentrifizierung verschiedene Ebenen der Macht zunutze macht. Die Kategorie Klasse ist immer relevant, aber sie ist nicht immer die Brille, mit der wir am besten und klarsten sehen können, was wirklich los ist. Verschiedene Brillen zu verwenden oder noch besser, eine intersektionale Brille, verschafft uns ein besseres Bild davon, warum und wie Gentrifizierung passiert. Wenn wir sowohl die unterschiedlichen Auswirkungen von Gentrifizierung im Hinblick auf Faktoren wie Gender, *Race*, Sexualität, Alter und Gesundheit in Betracht ziehen, wie auch die verschiedenen Prozesse, Praktiken und Diskurse, derer sich Gentrifizierung bedient, können wir die Grenzen der klassenbasierten Erzählung der Gentrifizierung überschreiten.

Gentrifizierung ist eine Frage der physischen Verdrängung

Ruth Glass war sicherlich überaus weitsichtig, als sie in ihrer Definition der Gentrifizierung im Jahr 1964 die vollständige soziale Transformation ganzer Stadtteile vorhersagte. Die Verdrängung, meinte sie, sei der Kern der Gentrifizierung. Seit damals ist der Begriff Verdrängung zentral, wenngleich er zum Teil für Verwirrung sorgt, weil es viele verschiedene Definitionen, Ursachen und Methoden der Messung von Verdrängung gibt. Wie sieht Verdrängung wirklich aus und wie fühlt sie sich an? Wie sehen die Erfahrungen im Alltag aus, die dazu führen, dass man das Gefühl für einen Ort oder das Gefühl der Zugehörigkeit verliert? Für Forscher*innen wie mich, die mit qualitativen Methoden arbeiten, sind die persönlichen Berichte der Menschen wichtige Informationsquellen. Wissenschaftler*innen, die mit quantitativen Methoden arbeiten, greifen da lieber auf Erhebungen etwa über die Veränderungen bei Haushaltszusammensetzungen, dem Einkommen und den Wohnverhältnissen zurück und betrachten die Verdrängungsrate auf der Grundlage von Volkszählungen. Unabhängig davon, welchen Zugang man schlussendlich wählt, muss sich jegliche Forschung über Gentrifizierung mit der Verdrängung in all ihren Formen sowie mit den tiefgreifenden und bleibenden Folgen für das Leben vieler Menschen auseinandersetzen.

Üblicherweise findet in der Geschichte über Gentrifizierung vor allem eine Form der Verdrängung Berücksichtigung: die Abwanderung von Menschen der Arbeiter*innenklasse und/oder rassifizierter Gruppen aus Gegenden, die gentrifiziert werden. Es wird ein Bild gezeichnet, in dem sich ein Stadtteil im Hinblick auf Klasse und Identität der Bewohner*innen, Unternehmen und Dienstleistungen in einem bestimmten Zeitraum fundamental verändert und nur wenige der ›ursprünglichen‹ Bewohner*innen bleiben. Gentrifizierung hat hier also ein eindeutiges Vorher und Nachher. Diese Geschichte bringt uns dazu, quantitative Belege für den Wegzug gewisser Menschen aus der Nachbarschaft zu suchen. Wenn man für diese bestimmte Form der Verdrängung keine Beweise vorlegen kann, dann gehen nicht wenige davon aus, dass überhaupt keine Gentrifizierung stattfand.

Bedauerlicherweise erscheint Gentrifizierung allen, die hübsche Diagramme und einfache Narrative vorziehen, oft als zu chaotisch, zu verworren und ohne klaren Abschluss. Der Wunsch, eine klare, lineare Geschichte zu erzählen, kann dazu führen, dass Forscher*innen und Autor*innen eher über Orte schreiben, an denen es zu einer ›spektakulären‹ Verdrängung kam, anstatt über die ›normalen‹ Stadtteile, in denen die Verdrängung und Gentrifizierung langsam und oft im Verborgenen stattfindet und die Menschen auf einer emotionalen Ebene tangiert. Wir müssen uns wohl von der Vorstellung, dass es ein messbares Vorher und Nachher gibt, verabschieden, um Verdrängung als einen vielschichtigen, sich zeitlich überlappenden, relationalen Prozess zu verstehen, der nicht so einfach auf den Punkt gebracht werden kann.

Wir sollten die Geschichte von der Verdrängung von Grund auf neu aufrollen. Wenn wir die Verdrängung verstehen wollen, ist es sinnvoller, nicht nur mit einer Erklärung, sondern mit vielen zu arbeiten. Dann können wir die Verdrängung aus verschiedenen Perspektiven betrachten und der Fragen nachgehen, wie sie passiert, welche Folgen sie hat und welche Machtverhältnisse ihr zugrunde liegen. Noch wichtiger ist aber, dass sich dadurch unser Herz und unser Verstand für den Schmerz und die Gewalt der Verdrängung öffnen, die sich in all den banalen und spektakulären, räumlichen und zeitlichen, alten und neuen Formen zeigen.

Verdrängung ist nicht neu

Verdrängung findet jeden Augenblick, überall auf der Welt statt. Die Zahl der Menschen, die vor Kriegen, Konflikten und Naturkatastrophen flüchten, geht jedes Jahr in die Millionen und ist seit den 1990er Jahren stetig gestiegen.[1] Der Klimawandel sorgt dafür, dass Menschen aufgrund von Überschwemmungen, Dürren, Seuchen und Unwettern von ihrem Land und aus ihren Häusern vertrieben werden. Kleinbäuer*innen und Menschen aus ländlichen Gebieten werden, indem die Landwirtschaft in einen globalen industriellen Komplex verwandelt wurde, auf der Suche nach einem Auskommen in die Städte getrieben. Eine Politik der Apartheid (Systeme der rassifizierten Diskriminierung und/oder der Segregation) und die fortwährende Kolonialisierung zwingt Menschen in Reservate und Lager. Das System der Strafjustiz reißt Menschen aus ihrer Community und sperrt sie für Jahrzehnte fernab ihres Zuhauses ein.

Verdrängung ist also nichts Neues und auch nicht besonders ungewöhnlich. Selbst die Geschichte der Verdrängung innerhalb von Städten ist eine lange und unrühmliche. Städte schreckten zu keinem Zeitpunkt davor zurück, Tausende Menschen einfach zu vertreiben, von der gewaltsamen Vertreibung Indigener Menschen von Land, auf dem dann die Zentren für Verwaltung, Militär und Handel der europäischen Imperien entstanden, bis zu Stadterneuerungsprojekten und Räumungen von Elendsvierteln im 19. und 20. Jahrhundert.

Diese Vertreibungen werden ganz unterschiedlich gerechtfertigt: Stadien für Olympische Spiele, Straßenverbindungen für Pendler*innen aus den Vorstädten, städtische Grünflächen wie der Central Park, U-Bahn-Tunnel, Brücken und vieles mehr.[2] Die Verdrängung läuft auch ganz unterschiedlich ab. Mal im Kleinen und ganz langsam – hier ein Haus und dort eines – oder massiv und schnell – Tausende Menschen werden aus informellen Siedlungen vertrieben, wenn die Bulldozer beginnen, alles plattzumachen. Es kommt auch vor, dass dieselben Communitys mehrmals vertrieben werden, was die Stadtforscherin Mindy Fullilove als ›serielle Verdrängung‹ bezeichnet.[3]

Angesichts dieser langen Geschichte ist es wichtig, nicht zu vergessen, dass sich physische Verdrängung weder in der Vergangenheit noch in Zukunft auf Gentrifizierung beschränken lässt. Nichtsdestotrotz ist Gentrifizierung einer der Prozesse, der heute hinter der Verdrängung, ob physisch oder in anderen Formen, steht.

Verdrängung als unfreiwillige Mobilität

Die Geschichte der gewaltsamen Verdrängung von Menschen aus ihren Häusern und Stadtteilen oder gar ganz aus der Stadt bringt uns zu einer ersten Definition der Verdrängung als einer physischen Bewegung durch den Raum. Dieses Verständnis finden wir in den Narrativen, dass die Gentrifizierung Menschen, ob nun alteingesessene Bewohner*innen oder prekäre Neuankömmlinge wie Künstler*innen, aus einem Stadtteil verdrängt und andere dorthin ziehen.

Es gibt verschiedene Formen der physischen Verdrängung, wovon einige direkter und unmittelbarer sind als andere.[4] Direkte Formen wären Zwangsräumungen, der Abriss von Häusern und Wohnungen oder der Verkauf des eigenen Hauses und der Umzug in eine andere Gegend. Indirekte Verdrängung, auch als Verdrängungsdruck bezeichnet, ist ein langsamerer Prozess, bei dem allmähliche Veränderungen im Stadtteil dazu führen, dass dieser für die Bewohner*innen nicht mehr bezahlbar ist, er ihnen weniger vertraut erscheint oder er weniger ihren Bedürfnissen entspricht. Die Forschung über Verdrängung im Zuge von Gentrifizierung befasst sich vor allem mit der direkten physischen Verdrängung und eher am Rande mit dem Verdrängungsdruck.

Diese Forschung ist auch nicht ganz einfach, denn ein gewisses Maß an Mobilität innerhalb und zwischen den Städten ist normal und zu erwarten. Warum sich Menschen entscheiden, woanders hinzuziehen, hängt mit ihren jeweiligen verschiedenen Lebensumständen zusammen, die dann auch noch mit ihren psychologischen, emotionalen und finanziellen Situationen verwoben sind. Wie können wir also Verdrängung infolge der Gentrifizierung von anderen Formen der Mobilität unterscheiden? Und wenn wir diese Form der Verdrängung tatsächlich finden, ist das dann unbedingt ›schlecht‹, sind zum Beispiel die, die weggezogen sind, deswegen schlechter dran?[5]

Diese Fragen führten dazu, dass eine ganze Reihe von Forschungsmethoden entwickelt wurden, es Debatten über Begrifflichkeiten gab und einige recht heftige Konflikte ausgefochten wurden, da sich die Forscher*innen weder darauf einigen konnten, wonach wir suchen, noch darauf, wie uns der empirische Nachweis für das, was da passiert, gelingen könnte. Zu allererst: Wie findet man die Menschen, die einen Stadtteil verlassen mussten, überhaupt? Der Stadtgeograf Rowland Atkinson stellte schon vor mehr als zwanzig Jahren fest, dass die Feldforschung in der Regel am Wohnsitz durchgeführt wird, also dort, von wo die Menschen, die wir suchen, bereits vertrieben wurden.[6]

Und wenn es gelingt, Belege für die Abwanderung zu finden, wie können wir dann herausfinden, wodurch sie motiviert war? Außerdem stellt sich die Frage, wie wir angesichts der vielen Probleme, die es in jeder Stadt gibt, angefangen von der Arbeitsmarktsituation über die Luftqualität und den öffentlichen Verkehr bis zur Qualität der Schulen, gerade Gentrifizierung als Ursache der Abwanderung bestimmen können?

Das klingt jetzt so, als würde ich in meinem eigenen Buch den Advocatus Diaboli spielen. Jenseits dieser methodologischen Herausforderungen gibt es hinreichend viele Hinweise auf unfreiwillige Mobilität ausgelöst von dem Druck, den die Gentrifizierung erzeugt.[7] Das Problem ist, dass wir bei all den Querelen über die physische Verdrängung andere mögliche Ansätze, die Verdrängung zu verstehen und zu messen, übersehen haben. Nicht wenige kritisierten, dass der Fokus auf die unmittelbare physische Verdrängung, was dann ja die zentrale Kritik an der Gentrifizierung ist, in die Irre führt und von anderen Aspekten ablenkt.[8] Müssen Menschen wirklich erst aus der Wohnung geworfen werden, bevor wir sagen können, dass die Gentrifizierung negative Auswirkungen auf ihr Leben beziehungsweise ihre Community hat?

Die Betonung der physischen Verdrängung basiert auf einem eingeschränkten Verständnis davon, wie Orte eine Bedeutung für Menschen erlangen. Der Stadtgeograf Mark Davidson betont, dass der Fokus auf den Verlust des physischen Raums vollkommen ignoriert, dass die Verbindung der Bewohner*innen zu ihrem Stadtteil nicht allein auf die physische Anwesenheit beschränkt ist.[9] Beziehungen, Erinnerungen, gemeinsame Geschichten, Emotionen, Ereignisse und vieles mehr schaffen ein *Gefühl für einen Ort*, das weit über die konkrete Örtlichkeit hinausreicht.[10] Diese Verbindung kann auch dann zerstört werden, wenn Menschen gar nicht wegziehen. Daher muss die Forschung über Verdrängung viel stärker den Ort und weniger den physischen Raum in den Blick nehmen.

Wenn wir uns nur mit der physischen Verdrängung beschäftigen, übersehen wir, dass die Gentrifizierung Folgen haben kann, die weit über den Moment des tatsächlichen Ortswechsels hinausgehen. Die konkrete Erfahrung, dass sich das Gefühl für einen Ort verändert, folgt unter Umständen einer anderen Zeitlichkeit. Diese Veränderung kann langsam und schrittweise vonstatten gehen, sich beschleunigen und wieder verlangsamen. Zeit erfahren wir sehr subjektiv. Darüber hinaus wird die Erfahrung von Verdrängung von Generation zu Generation weitergegeben, insbesondere bei Communitys, die eine ›serielle Verdrängung‹ erleben mussten.[11] Daher kann die Verdrängung der Vergangenheit in der Gegenwart und in der Zukunft auf eine Art und Weise erfahren werden, die nicht mit den Räumen auf einer Karte oder den Eintragungen auf einem Kalender übereinstimmt.

Die physische Verdrängung und die quantitativen Methoden, diese zu messen, sind wichtig und werden in der Forschung über die Gentrifizierung immer eine Rolle spielen. Mittlerweile verfolgen Forscher*innen aber daneben auch einen Ansatz, der die affektiven, alltäglichen, vermeintlich unbedeutenden und zwischenmenschlichen Erfahrungen, die sich über Tage, Monate und Jahre ansammeln, berücksichtigt. Auch wenn diese Erfahrungen weniger Aufmerksamkeit erregen als die direkte Vertreibung und Enteignung, sind sie von Bedeutung und schaffen zudem eine enorme Menge an Wissen über Verdrängung und Gentrifizierung. Darüber hinaus bilden sie einen potenziellen Ort für politisches Engagement und Widerstand.[12]

Verdrängung als Verlust des Zuhauses

Diese neuen Ansätze zur Forschung über Verdrängung sehen sich zuallererst an, wie sich Verdrängung anfühlt und wie sie erlebt wird, was diese Erfahrung mit dem Herzen und dem Körper macht, was dadurch geschaffen und was dadurch genommen wird. Entscheidend ist, welche Folgen Gentrifizierung für die Menschen hat, unabhängig davon, ob sie tatsächlich oder nur metaphorisch aus ihrem Viertel ausgeschlossen werden.

Mittlerweile wird eine ganze Reihe von Begriffen verwendet, um diese breitere Bedeutung von Verdrängung zu fassen: symbolische Verdrängung, kulturelle Verdrängung, Entwurzelung, Bruch, Trennung, Ortslosigkeit, schleichende Gewalt, Schockzustand, urbane Wunden, Topozid, Urbizid, und Domizid.[13] Die Worte, die Menschen verwenden, um ihre Erfahrungen zu beschreiben, sind gleichfalls sehr aufschlussreich: nicht für uns, Ausbeutung, unbequem, hohl, sterbend, verschwindend, gestohlen, Verlust, Abkoppelung, Einsamkeit. Ein älterer Bewohner aus Harlem sagte beispielsweise: »Dieses neue Gebäude drüben in der 125. Straße ist nicht für uns. Sie bringen da neue Leute rein, und für die ist das. Das ist der Grund, warum sie versuchen, uns loszuwerden.«[14]

Dieses Wissen über die Verdrängung kommt von unten. Es ist nicht auf vom Staat zur Verfügung gestellte Daten angewiesen, wie wir sie bei Volkszählungen, in Unterlagen über Räumungen oder Bebauungsplänen finden. Es entsteht aus der konkreten Erfahrung und wird über qualitative Methoden erfasst, teils von Forscher*innen, aber auch von Journalist*innen, Schriftsteller*innen und Autor*innen von Memoiren, von Filmemacher*innen, in Posts in sozialen Medien, durch Oral History und in Geschichten, Musik und sogar fiktiven Werken.

Die Daten aus diesen Erzählungen und Geschichten sind zwar zutiefst subjektiv, unabhängig davon, ob sie in einem wissenschaftlichen Text oder einem Rap Battle auftauchen, sie bieten aber dennoch stichhaltige Belege für ein Reihe von Erfahrungen der Verdrängung, die von vielen geteilt werden. Das reicht von ganz alltäglichen Erfahrungen bis zu solchen, die das Leben radikal verändern, aber alle deuten darauf hin, dass Störungen unseres Gefühls für einen Ort, insbesondere dann, wenn diese von äußeren Kräften verursacht werden, Menschen zutiefst beunruhigen.

Wir müssen auf interdisziplinäre Ansätze zurückgreifen, um die emotionalen, psychologischen, körperlichen, materiellen und zwischenmenschlichen Ebenen der Verdrängung, die zum Teil über Generationen hinweg wirken, zu verstehen. Durch derartige Ansätze erkennen wir an, dass Verdrängung ein vielschichtiger Prozess ist, bei dem mehrere Aspekte zusammenwirken und einander verstärken. Mehrere Erfahrungen kommen zusammen und verdichten sich über Zeit und Raum hinweg zu dem Gefühl, nicht mehr ›zu Hause‹ zu sein (im weitesten Sinne). Die Folgen für den Körper und die Psyche machen sich unter Umständen nur langsam bemerkbar. Die Anhäufung von Stress, Angst, Unsicherheit und Trauer schlägt sich über Jahre nieder. Die Stadtgeografin Rachel

Pain bezeichnet diesen Verlust des Zuhauses in ihrer Arbeit über eine ehemalige Bergbaustadt im Norden Englands als »chronisches urbanes Trauma«:

> »Das Trauma, das durch die schleichende Gewalt hervorgerufen wird, verändert sich nicht nur im Laufe der Zeit, sondern verstärkt sich dort, wo die Quelle der Gewalt weiterbesteht und sich ausbreitet; das Trauma sorgt dann seinerseits dafür, dass die Folgen der Gewalt aufrechterhalten bleiben. (…) Chronische urbane Traumata nehmen eine konkrete Gestalt an, die auch dann noch bestehen bleibt, wenn die Menschen, die leidvolle Erfahrungen machen mussten, schon längst weggezogen sind.«[15]

Diese umfassendere Geschichte von der Verdrängung berücksichtigt, dass Orte und das Zuhause im Leben der Menschen von wesentlicher Bedeutung sind. Selbst wenn Menschen nach ihrer Vertreibung in einer besseren Unterkunft leben, berichten sie häufig von negativen Folgen für ihre Gesundheit und ihr Wohlbefinden.[16]

Daran wird deutlich, dass unser Wohnort viel mehr ist als nur ein Ort, sondern ein Geflecht aus Netzwerken und Beziehungen, Familie und Freundschaft, Identität und Zugehörigkeit, Unterstützung und Sicherheit. Für marginalisierte Communitys bedeutet dieser Ort allein aufgrund der zahlenmäßigen Präsenz Stärke und politische Perspektive. Der Wohnort ist Verbindung mit der Vergangenheit und Hoffnung auf eine Zukunft. Wenn man uns unser Zuhause nimmt, dann erleben wir, wie es die Geograf*innen Adam Elliott-Cooper, Phil Hubbard und Loretta Lees ausdrücken, »eine Form von Gewalt, die uns das Gefühl der Zugehörigkeit zu einer bestimmten Community oder zu einem bestimmten Raum nimmt.«[17]

Auch wenn ich behauptet habe, dass der Schmerz über den Verlust eines Ortes eine beinahe universelle Erfahrung ist, müssen wir uns bewusst machen, dass sehr ungleich verteilt ist, wer sein Zuhause verliert. Wir sind nicht alle demselben Risiko ausgesetzt, verdrängt zu werden, und einige Gruppen erleben seit Jahrhunderten verschiedene Formen der Zwangsvertreibung. Für viele ist Gentrifizierung nur der neueste Angriff auf ihr Bemühen, eine Community aufzubauen und aufrechtzuerhalten.

Verdrängung wirkt sich abhängig vom Alter, etwaigen Behinderungen, Gender, *Race* und Klasse ganz unterschiedlich aus. Für eine berufstätige, alleinerziehende Mutter, die auf ein Netzwerk von Freund*innen und Verwandten in ihrer unmittelbaren Umgebung angewiesen ist, damit ihre Kinder in die Schule gebracht werden oder sich jemand um diese kümmert, bis sie nach Hause kommt, birgt jeder Umzug die Gefahr, das ohnehin schon dünne Gewebe ihres Lebens einzureißen. Für ältere Menschen verstärken Veränderungen der sozialen Räume und Dienstleistungen in der Nachbarschaft die Isolation und die Unsicherheiten, die das Alter mit sich bringt, da es für Senior*innen schwieriger ist, neue Räume in Anspruch zu nehmen.[18]

»Wir bleiben alle!« ist ein beliebter Slogan als Antwort auf die Gefahr der Verdrängung. In Anlehnung an den umfassenderen Anspruch des ›Rechts auf Stadt‹ betont das ›Recht zu bleiben‹, dass Communitys das Recht haben, an dem Ort zu bleiben, zu dem sie ihren Beitrag leisten. »Das Recht zu bleiben geht aber darüber hinaus, es geht nicht nur darum, ein Zuhause in einer bestimmten Gegend zu haben, sondern es betont zudem das Recht, weiterhin kommerzielle, gemeinschaftliche und öffentliche Räume und Einrichtungen zu nutzen und diese Rechte zu verteidigen.«[19]

Wichtig in diesem Zusammenhang ist, dass es vor allem um Handlungsfähigkeit und Selbstbestimmung geht. Menschen sollen weder gezwungen werden umzuziehen, noch sollen sie gezwungen werden, an einem Ort zu bleiben. Vielmehr legen Menschen wert auf die Entscheidungsfreiheit, die Möglichkeit, sich an Entscheidungen, die ihre Community betreffen, zu beteiligen, und das Recht, sich zu wehren, wenn es nötig ist. Daher ist es auch wichtig, diejenigen, die Verdrängung erfahren oder sich dagegen wehren, nicht als passive Opfer wahrzunehmen, nicht zuletzt angesichts der langen Geschichte des Widerstands gegen Vertreibungen.

Unsere Verbundenheit zu einem Ort ist nicht nur sentimental oder nostalgisch. Sie spiegelt wider, wie wichtig ein Zuhause, die Nachbarschaft und die Stadt für uns sind, damit wir wachsen können, Beziehungen aufbauen, finanzielle und psychische Sicherheit erlangen und an Orten und in Situationen überleben, die uns zunehmend auf ein Leben verweisen, in dem wir mit möglichst wenig Unterstützung durch den Staat auskommen müssen. Durch eine differenzierte Betrachtung der Verdrängung können wir erkennen, wie verschiedene Machtsysteme die Erfahrungen von Verlust auf unterschiedliche Weise prägen. Wir können uns dazu eine breite Palette von Prozessen, Praktiken und Zeiträumen ansehen, die strukturelle und institutionelle Aspekte ebenso umfassen wie alltägliche und sich auf der Mikroebene vollziehende. Auf diese Weise gelingt es zu erfassen, dass diese Prozesse sich durch den Verlust eines Ortes gegenseitig verstärken.

Verdrängung im Alltag

Das Alltagsleben umfasst alle gewohnheitsmäßigen, alltäglichen Aktivitäten und Interaktionen, die die Routinen bilden, die uns durch den Tag und die Nacht bringen. Für die meisten von uns ist das Alltagsleben stark ortsgebunden. Das heißt, dass unsere Gewohnheiten und Routinen in bestimmten räumlichen Kontexten wie unserem Zuhause, der Nachbarschaft, dem Arbeitsplatz und der Stadt verankert sind. Lange Zeit war das Alltagsleben für Sozialwissenschaftler*innen, einschließlich der Geograf*innen, nicht wirklich von Interesse. Der Alltag wurde als Außerhalb oder bloßer Hintergrund der vermeintlich viel wichtigeren Fragen wie Macht, Produktion, Kapitalismus, Technologie, Migration und Globalisierung gesehen.

Feministinnen trugen maßgeblich dazu bei, die Bedeutung und Geschichte des Alltagslebens wiederzuentdecken, zum Teil deshalb, weil es gerade das Leben, die Interessen und die Tätigkeiten von Frauen waren, die in den Bereich des Alltäglichen verbannt wurden. Der marxistische Philosoph Henri Lefebvre machte sich in seinem Buch *Kritik des Alltagslebens* ebenfalls dafür stark, diesem mehr Aufmerksamkeit zu schenken, da der Kapitalismus den Alltag auf eine Art und Weise kolonisiere, die den Möglichkeiten der Freiheit und Selbstentfaltung Grenzen setzen würde.[20] Vor dem Hintergrund der Gentrifizierung verändert sich das Alltagsleben in vielerlei Hinsicht, im Großen wie im Kleinen, und das hat erhebliche Auswirkungen darauf, wie Menschen ihren Platz in ihrem Stadtteil begreifen.

Alltägliche Interaktionen bilden einen wichtigen Schauplatz, auf dem selbst durch subtile Veränderungen gesellschaftlicher Normen unmissverständliche Botschaften über Zugehörigkeit und Ausgrenzung kommuniziert werden können. In Harlem erzählten ältere Schwarze Bewohner*innen der Wissenschaftlerin Shellae Versey von Erfahrungen wie diesen: »Wenn ich aus dem Gebäude hier rausgehe, verstehen Sie, dann gehen die Leute an mir vorbei und sehen mich so an, als ob ich am falschen Platz sei.«[21]

Diese alltäglichen, kleinen Verletzungen mindern das Gefühl von Vertrauen und Gegenseitigkeit. Ältere Menschen erinnerten sich an eine Zeit, als sie das Gefühl hatten, dass man in der Community aufeinander Acht gab: »Und wenn man bemerkte, dass etwas falsch lief, haben sich die Älteren aus der Community darum gekümmert, sogar die, die sich auf der Straße durchschlugen.« Ein anderer Interviewpartner erzählte: »Ich arbeitete früher in der 125. Straße. Ich ging zu Fuß zur Arbeit und jeder redete mit jedem. Das war einfach schön. Die Leute sagten ›Guten Morgen‹, blieben stehen, tratschen ein wenig und es lag Musik in der Luft.«[22] Insgesamt hatten diese Menschen, die schon lange in Harlem wohnten, das Gefühl, dass eine einzigartige Besonderheit des Lebens in Harlem verlorengegangen war, sodass sie sich nun in ihrem eigenen Viertel fehl am Platz fühlten.

In der spanischen Stadt Cáceres, wo der Tourismus die Gentrifizierung beförderte und sich der Charakter einiger Stadtteile zusehends verändert, beobachtete die Soziologin Lidia Dominguez-Parraga, dass die alteingesessenen Bewohner*innen sich zunehmend einsam und isoliert fühlen, da die Wohnungen nun Tourist*innen ein ›Zuhause‹ bieten und nur temporär vermietet werden und die Geschäfte zunehmend auf den Tourismus ausgerichtet sind: »Nein, ich habe keine Nachbarn und Nachbarinnen. Ich muss Ihnen sagen, dass es Zeiten gibt, in denen ich sie vermisse, die Menschen, die einem mal unter die Arme greifen. Ich sage Ihnen, ich bin da ganz allein.«[23]

Auch in Chorlton, einem Stadtteil von Manchester, stellten die Soziolog*innen Tine Buffel und Chris Phillipson fest, dass ältere Bewohner*innen einen Verlust an sozialem Zusammenhalt verspüren: »Ich sehe viele Veränderungen. Als ich hierherkam, gab es eine Menge an guten Geschäften und man hatte das Gefühl, dass man dort zufällig jemanden treffen könnte. Das ist nun vorbei. Es scheint keinen Zusammenhalt mehr zu geben.«[24]

Diese Veränderungen in den Gepflogenheiten der alltäglichen sozialen Interaktion gehen mit Brüchen in den sozialen Netzwerken einher. Soziale Netzwerke sind mehr als Freund*innen und Bekannte, mit denen man mal plaudern kann, sie sind die Kontakte und die Kontakte von Kontakten, die uns dabei helfen, Babysitter*innen, Ärzt*innen, soziale Dienstleistungen, Mitfahrgelegenheiten, Wohnungen und noch vieles mehr zu finden.[25] Soziolog*innen bezeichnen das als ›soziales Kapital‹, weil es einen materiellen Wert für unser Leben hat. Soziale Netzwerke sind, vor allem im Internet-Zeitalter, nicht ausschließlich ortsgebunden, aber Nähe und Vertrautheit sind wichtig, wenn es darum geht, jemanden für die Kinderbetreuung, eine Ärzt*in oder eine Schule zu finden.

Auch wenn einige Forschungsarbeiten zur Gentrifizierung, insbesondere die Arbeit von Lance Freeman über Harlem,[26] nahelegen, dass Gentrifizierung das soziale Kapital der alteingesessenen Bewohner*innen erhöht, kommen andere Forscher*innen, wie beispielsweise Versey, zum gegenteiligen Ergebnis: Die Bewohner*innen verfügten über größeres soziales Kapital, *bevor* ihre sozialen Netzwerke durch die physische Verdrängung, Veränderungen der öffentlichen Räume im Stadtteil und den fehlenden Willen der neuen Nachbar*innen, Nachbarschaft zu leben, zerstört wurden. Die Autorin Princess McDowell schreibt über die Veränderungen in Vickery Meadows, dem Stadtteil in Dallas, in dem sie wohnt: »Wir wollten kein Upgrade, keinen Starbucks oder eine verdammte Filiale von REI.[27] Wir brauchten das alles nicht. Wir brauchten nur uns, eine Buskarte und eine Straße, die uns vertraut war. Wir hatten immer alles, was wir brauchten, in Fußnähe.«[28]

Veränderungen im sozialen Umfeld führen zu Entfremdung, denn es sind unsere alltäglichen Tätigkeiten, die uns am stärksten an einen Ort binden: die Nachbar*innen, denen wir zuwinken, das Lokal, in dem wir sonntags essen, die Plauderei vor der Schule, wenn wir das Kind dort hinbringen. Das mögen ganz banale Dinge sein, aber wenn sie verschwinden oder sich grundlegend verändern, dann verändert sich auch unser Leben in grundlegender Weise.

Verdrängung auf der Ebene der Sinne

Wir erfahren unsere Nachbarschaft in all ihren greifbaren und nicht greifbaren Eigenschaften mit all unseren Sinnen: Sichtbares, Geräusche, Gerüche, Geschmäcke und Gefühle. Sie machen den Charakter, die Kultur, das Erbe, die Geschichte und die Identität einer Gegend aus. Es liegt nahe, an dieser Stelle vom ›Charakter eines Stadtteils‹ zu sprechen, aber dieser Begriff ist recht heikel, weil er meist von konservativen oder wohlhabenden Communitys verwendet wird, um ihren NIMBY-Agenden (Not In My BackYard)[29] Gewicht zu verleihen.[30]

Diese mit allen Sinnen wahrgenommene Umgebung ist jedenfalls Teil dessen, was eine Nachbarschaft für die Menschen, die dort leben, besonders macht. Auf dieser Ebene lassen sich meist die ersten Anzeichen von Gentrifizierung ausmachen. Ein altes Wandgemälde wird übermalt. Die Musik, die aus den Innenhöfen und Bars ertönt, verändert sich, die Gerüche des Essens sind anders oder verschwinden ganz. Ein Einwohner von Harlem meinte dazu:

> »Diese neuen Leute, die nach Harlem ziehen, sie wussten, was Harlem früher mal war. Sie kannten die Kultur von Harlem. Sie wussten, dass wir auf den Treppen der Hauseingänge sitzen. Sie wussten, dass wir Musik machen. Im Marcus Garvey Park, wo schon immer getrommelt wurde, verhinderten sie, dass die Jugendlichen dort weiterhin spielen können.«[31]

Diese Veränderungen erlebten viele als eine Zäsur in ihrem Gefühl der Zugehörigkeit: eine empfundene Verdrängung, wenn man so will, oder anders gesagt vollzieht sich diese Verdrängung auf der Ebene unserer sinnlichen Wahrnehmung. Bedauerlicherweise wird aber die Geräuschs- und Geruchswelt Schwarzer und migrantischer Menschen und von Arbeiter*innen selten als eine von Wert begriffen, die es zu erhalten gälte, weshalb Aufrufe, die Gentrifizierung für den Erhalt des Charakters eines Stadtteils zumindest zu verlangsamen, wenig Wirkung zeigen.

Sarah Schulman schreibt in ihrer Arbeit über die Gentrifizierung queerer Räume in New York, dass es neben den Zwangsräumungen, steigenden Mieten und der physischen Verdrängung vieler queerer

Menschen, Künstler*innen und Migrant*innen aus dem East Village auch eine Verdrängung der Phantasie aus dem städtischen Raum gibt und sich eine Homogenität durchsetzte, die jedwede Kreativität, Vielfalt des Denkens und fortschrittliche Bewegungen erstickt.[32] Die Mischung aus sozialen Klassen, Lebensstilen, Geschichten, Berufen, Wünschen und Identitäten im städtischen Raum wirkt anregend und unterstützt uns dabei, Kunst zu schaffen, neue Ideen zu entwickeln und gesellschaftliche Veränderungen herbeizuführen. Wenn diese Mischung verlorengeht, dann wird damit auch der Kontext, in dem Kreativität entsteht, zerstört.

Die Homogenisierung der Städte erfolgt in vielen Fällen durch das ›Weißen‹ einer Nachbarschaft. Wie ich weiter oben schon erwähnt habe, bestimmt die Macht des Weißseins den Geschmack und die Ästhetik der Gentrifizierung. Es ist wichtig, dass wir uns das im Kontext der Verdrängung bewusstmachen, wenn wir verstehen wollen, wie das Eindringen *weißer* Gentrifier dazu führt, dass sich rassifizierte Gruppen nicht mehr zu Hause fühlen. »Sie gentrifizieren meine Nachbarschaft still und heimlich«, schreibt Princess McDowell,

> »Einkaufszentren werden eingezäunt, um sie ›vor der Kriminalität zu schützen‹. Soll heißen: Kleinere Gewerbeimmobilien werden abgerissen, weil sie Angst haben vor den Schwarzen Menschen, die am helllichten Tag davor herumsitzen, als ob das alles ihnen gehören würde und sie freiwillig dort im Schatten säßen.«[33]

Diese ›stille Gentrifizierung‹ schleicht sich über die Normen des Weißseins ein: Wo man sitzen darf, welche Art von Geschäften es gibt, wie die Gebäude aussehen sollten.

In seiner Untersuchung über die Gentrifizierung der Eastside von Los Angeles bezeichnet der Kommunikationswissenschaftler Jaime Guzmán Gentrifizierung als ein »Projekt des Weißseins«.[34] In seiner Studie über den Kampf von Boyle Heights gegen die Gentrifizierung zeigt Guzmán, dass die Projekte zur Verschönerung des Stadtteils nicht den Communitys der Latinx-Arbeiter*innen zugute kommen, weil sie gar nicht das Ziel davon sind; vielmehr sollen diese Projekte dazu dienen, People of Color loszuwerden. Einige kulturelle Elemente wie Essen oder Musik werden zwar übernommen, aber insgesamt geht es darum, den urbanen Raum für die *weißen*, wohlhabenden Bewohner*innen aufzubereiten.

Guzmán legt das Augenmerk vor allem auf das, was Bewohner*innen von Boyle Heights als ›Artwashing‹ bezeichneten, also eine von Künstler*innen mit Unterstützung der Stadt betriebene Form der Gentrifizierung, bei der die gewaltsame Verdrängung einen kreativen und farbenfrohen Anstrich bekommt. Die Community empfand es als eine zerstörerische Gewalt, dass ein Teil des Viertels als ›Kunstmeile‹ ausgewiesen wurde und neue, teure Galerien und *weiße* Künstler*innen auftauchten. Ein Bewohner brachte es folgendermaßen auf den Punkt: »Diese Galerien kommen hierher und versuchen die Kunst, die es hier in Boyle Heights schon gibt, zu verdrängen. Sie wollen die Menschen aus der Community gar nicht ansprechen.«[35]

Es ist nicht einfach, gegen Kunst und Projekte zur Verschönerung zu argumentieren. Dadurch ist es schwierig, auf die ungleiche Verteilung von Macht und die gefährlichen Praktiken hinzuweisen, die von den hübschen Wandgemälden, Skulpturen und der frischen Farbe an den Hauswänden überdeckt werden. In Boyle Heights erkannten die Aktivist*innen, dass diese scheinbar harmlosen Veränderungen ihrer ästhetischen Umgebung den Akteur*innen von außen signalisierte, dass ihr Stadtteil für Investitionen bereit sei.

Verdrängung findet so gut wie immer auf vielen Ebenen gleichzeitig statt. Steigende Mieten und der Umbau und die Umnutzung von Gebäuden vertreiben manche Menschen ganz unmittelbar und diejenigen, die, wie lange dann auch immer, bleiben, erleben eine kulturelle Verdrängung, wenn sich das Erscheinungsbild, das Lebensgefühl, die Geräusche und die Gerüche eines Viertels verändern und nicht mehr vertraut sind. Einige versuchen vielleicht, sich und andere damit zu trösten, dass Gentrifizierung auf der Ebene der Sinne eine sanftere und weniger gewalttätige Form der Verdrängung sei. Bedauerlicherweise ist das aber weit von der Realität entfernt, denn diese ›harmlosen‹ Veränderungen werden häufig mittels offen gewaltsamer Praktiken erzwungen.

Einsatz von Staatsgewalt

Die Gentrifier sind in der Lage, die Veränderungen, die sie in ›ihrem‹ Stadtteil gerne sehen würden, mit Waffengewalt durchzusetzen, indem sie die Polizei rufen, um gegen Lärm, Herumlungern und vieles andere, das sie als unangebracht oder störend empfinden, vorzugehen. Eine wohnungslose Person aus Parkdale in Toronto erzählte den Forscher*innen:

> »Als die beiden Hotels, das Gladstone und das Drake, fertig waren, wurde alles schlechter. Wenn ich da jetzt zwischen neun am Morgen und neun am Abend herumspaziere, dann kann ich dir versprechen, nein ich kann es dir garantieren, dass ich zumindest fünf Mal angehalten werde. Mir werden Handschellen angelegt, ich werde durchsucht und am Polizeiauto fixiert. Manchmal tun sie sogar so, als ob sie mich verhaften wollten, nur damit sie mich auf den Rücksitz des Polizeiautos werfen können.«[36]

Diese dauernden Schikanen stellen eine stille Übereinkunft zwischen der Polizei und den Gentrifiern dar: Indem sich die Polizei unnötigerweise in die Belange von wohnungslosen Menschen einmischt, erfüllt sie ihre Rolle als Beschützerin der *weißen* Mittelklasse.

Studien zeigen, dass mit der Gentrifizierung eines Stadtteils, vor allem mit dem Auftauchen von *Weißen*, Anrufe bei 311 (einer Hotline der Stadt, die nicht für Notrufe gedacht ist) wegen Problemen wie Lärmbelästigung und Ähnlichem erheblich zunehmen. Für die Betreiber*innen kleiner Bars und Restaurants ist das mehr als nur ärgerlich: Häufig kommt es zu Geldstrafen, Stammgäste werden belästigt oder es wird damit gedroht, dass sie ihre Zulassung verlieren. Das MARCH-Projekt[37] der New Yorker Polizei sehen viele als Instrument, um gegen unerwünschte Geschäfte und Aktivitäten in Stadtteilen, die gentrifiziert werden, vorzugehen.[38]

Menschen, die schon lange in einem Stadtteil leben, werden plötzlich wegen allem Möglichem von der Polizei angehalten, weil sie auf der Straße ein Brettspiel spielen oder Musik aus ihrem Autoradio hören. Ramon Hernandez, ein Bewohner von Harlem, erzählte einem Buzzfeed-Reporter, dass die Polizei ihn beobachtet, wenn er auf dem Bürgersteig mit seinen Nachbar*innen Domino spielt: »Das fühlt sich nicht gut an. Ich lebe hier immerhin seit mehr als vierzig Jahren.«[39] Communitys, die schon immer unter übermäßiger Polizeipräsenz zu leiden hatten, wissen schon lange, was die Wissenschaft erst zögerlich erkennt: dass die Polizei als ›Stoßtrupp‹ der Gentrifizierung und Verdrängung agiert und die Entwicklungsstrategien, die von den Städten und Unternehmen forciert werden, durch Methoden durchsetzt, die die Menschen aus der Arbeiter*innenklasse und rassifizierte Bewohner*innen vertreiben.[40]

In ihrem Buch *People's History of Detroit* schreiben Mark Jay und Philip Conklin, dass der Plan zur ›Rekapitalisierung‹ der Stadt Detroit eine eindeutige Law-and-Order-Agenda verfolge, an der sich sowohl private als auch staatliche Sicherheitsdienste beteiligen, um potenziellen Arbeitgebern zu signalisieren, dass die Stadt sicher ist.[41] Quicken Loans, das größte Hypothekenunternehmen, spielt bei dieser Strategie eine Vorreiterrolle und arbeitet mit der Polizei und privaten Sicherheitsunternehmen zusammen, um eine dauerhafte Überwachung der Stadt sicherzustellen. Das sorgt für eine weitere Kriminalisierung armer Menschen und People of Color. Die massenhafte Inhaftierung von Menschen ist ein Weg, um die innerstädtischen Viertel weiter erodieren zu lassen und sie für die Gentrifizierung aufzubereiten.

Wie wir leider wissen, kann ein Anruf bei der Polizei vor allem für People of Color, Menschen mit psychischen Erkrankungen oder Behinderungen, wohnungslose Menschen, queere Menschen und trans Menschen tödliche Folgen haben. Der Mord an Alejandro (Alex) Nieto im März 2014 durch die Polizei von San Francisco, die gekommen war, als er einen Burrito in einem Park aß, weil sie von *Weißen*, die gerade erst in dieses Latinx-Viertel gezogen waren, gerufen worden war, ist nur eine der vielen herzzerreißenden Geschichten über die tödliche Gewalt der Gentrifizierung. Rebecca Solnit, die sich mit dieser Geschichte beschäftigte, schreibt, dass die jungen, *weißen* Tech-Arbeiter*innen, die Nieto für verdächtig hielten, seine Jacke mit dem Logo der 49ers, dem Football-Team der Stadt, fälschlicherweise für die Farben einer Gang gehalten hatten.[42] Als der Hund der Person, die dann den Notruf wählte, sich auf den Burrito von Nieto stürzte, griff er nach seinem Taser, den er von seiner Arbeit dabeihatte. Obwohl er das Opfer der Aggression durch den Hund war, wurde Nieto keine fünf Minuten später von der Polizei getötet.

Solnit beschreibt die Stimmung in der Community, die Nietos Familie unterstützte, als die Beamten schließlich vor Gericht standen: »Nieto stand für die Opfer von Polizeibrutalität und für eine Latinx-Community, die sich von der Gentrifizierung, der Räumungswelle und den Menschen, die sie als Bedrohung und Eindringlinge in ihrem eigenen Viertel betrachten, bedroht fühlte.«[43]

Im März 2020 wurde Breonna Taylor, während sie in ihrem Haus in Louisville, Kentucky, schlief, von der Polizei im Zuge einer Hausdurchsuchung ermordet. Nach diesem entsetzlichen Todesfall betonten die Anwält*innen ihrer Familie, dass die Razzia im Rahmen einer »Operation durch die Polizei von Louisville zur Räumung eines Wohnblock im Westen von Louiseville stattfand, welche Teil einer größeren Gentrifizierung ist.«[44] In ihrer Eingabe vor Gericht schrieben sie, dass die Stadt versuchen würde, einige ›widerspenstige‹ Bewohner*innen loszuwerden, darunter auch einen früheren Partner von Taylor: »Der eigentliche Grund für die polizeiliche Durchsuchung bei Taylor war die politische Absicht, die Straße für ein großes Immobilienprojekt zu räumen.«[45]

Der Stadtforscher Henry-Louis Taylor bezeichnet derartige Morde als Ausdruck »eines bestimmten Typs rassistisch motivierter Aggressionen, dauernder Belästigung und Gewalt durch die Polizei«, die in den letzten zwei Jahrzehnten in Gegenden entstanden ist, die Ziel der Gentrifizierung wurden.[46] Er schreibt dazu:

> »Viele der aufsehenerregenden Morde an Schwarzen Männern in den USA haben zwei Dinge gemeinsam. Rayshard Brooks, George Floyd, Freddie Gray, Elijah McClain und Alton Sterling wurden alle für geringfügige Vergehen – Schlafen im Auto, ein gefälschter 20-Dollar-Schein, der Verkauf von CDs, weil sie sich auffällig bewegten oder vor der Polizei davonliefen – in Gegenden getötet, die unter starkem Gentrifizierungsdruck standen.«[47]

Seine Schlussfolgerung lautet, dass wir hier sehr klar sehen können, dass *weißes* Eigentum mehr zählt als Schwarze Leben.

Auch in den Städten des Globalen Südens dringen die Polizei und das Militär in arme Stadtteile oder informelle Siedlungen ein. Diese Razzien stehen häufig damit in Zusammenhang, dass eine Stadt im

Vorfeld von Großereignissen wie Olympischen Spielen, der Fußballweltmeisterschaft oder einer Weltausstellung ›aufzuräumen‹ versucht. Die Militäraktionen in Brasilien im Vorfeld der Olympischen Spiele und der Fußballweltmeisterschaft wurden umfassend dokumentiert.[48] Wenngleich die Behörden nicht müde wurden zu behaupten, dass sie gegen kriminelle Umtriebe vorgehen würden, gefährden diese Aktionen das Leben, die Häuser und die Lebensgrundlagen der Bewohner*innen und sind häufig Vorboten für große Räumungsaktionen.

Manche bezeichnen dieses Vorgehen als ›massenhafte Zwangsräumung‹ oder als ›Mega-Vertreibung‹, um städtischen Raum zu gewinnen, der nicht den Armen dient, sondern der Stadterneuerung oder irgendwelchen Megaprojekten.[49] Diese Zwangsräumungen sind ein enormes Problem, auch weil es wenig Möglichkeiten gibt, sich woanders in der Stadt anzusiedeln, und es außerhalb der Stadt an der notwendigen Infrastruktur fehlt.

Kolonisierung und die Fortsetzung der Vertreibung

Diese Formen staatlicher Gewalt haben eine lange Geschichte, die wir bis zu der gewaltsamen Vertreibung Indigener und kolonisierter Menschen im Zuge der über Jahrhunderte andauernden europäischen Kolonisierung zurückverfolgen können. Auch wenn es verlockend wäre, diese Formen der Vertreibung unabhängig voneinander zu betrachten, erleben Indigene, kolonisierte oder ehemals kolonisierte Menschen[50] die koloniale Eroberung und die Gentrifizierung nicht als voneinander getrennte Ereignisse.[51] Wie ich bereits weiter oben erwähnte, wehren sich Indigene Menschen gegen die Vorstellung, dass Gentrifizierung eine ›neue‹ Form der Kolonisierung und der Begriff ›Kolonisierung‹ eine gute Metapher für Gentrifizierung sei, angesichts dessen, dass so viele unter den ›alten‹ Formen des Kolonialismus, die nie verschwunden sind, zu leiden haben.

In Downtown Eastside in Vancouver, wo viele Indigene Menschen leben und mit Wohnungslosigkeit, Armut, Drogenabhängigkeit, psychischen Problemen und dem Trauma des Kolonialismus zu kämpfen haben, sehen Indigene Frauen Gentrifizierung als Gefahr für das Mindestmaß an Sicherheit, das ihnen der an Infrastruktur reiche Stadtteil bietet. In *Red Women Rising*, einem Text, der kollektiv verfasst wurde, berichten Indigene Frauen aus dem Downtown Eastside Women's Center von der Herausforderung, eine gute und bezahlbare Wohnung zu finden, wenn »die Reichen kommen und wir verdrängt werden.«[52] Zudem ist die Diskriminierung Indigener Frauen weit verbreitet:

> »Indigene Frauen werden bei der Wohnungssuche andauernd diskriminiert. Ich werde gefragt, ob ich vorbestraft bin oder trinke. Hier wird überall gebaut, aber das sind ausschließlich Eigentumswohnungen. Was ist mit den Sozialwohnungen für uns? Es wird kalt draußen und die Leute werden krank und sterben auf der Straße.«[53]

Angesichts dessen, dass es der Kolonialismus, der noch immer fortbesteht, war, der diese Gewaltverhältnisse, unter denen Indigene Frauen zu leiden haben, schuf und der sie in Stadtteile wie Downtown Eastside drängte und dort einsperrte, liegt es nahe, gentrifizierungsbedingte Verdrängung als die nächste Erscheinungsform kolonialer Eroberung zu begreifen. Für viele Indigene Frauen geht die Gewalt der Verdrängung in jedem Fall über den Verlust des Zuhauses hinaus. Tatsächlich ist der Siedlerkolonialismus viel mehr als ein Prozess der Verdrängung; er ist auch ein Prozess, der darauf abzielt, Indigene Menschen zu zerstören – physisch, kulturell, spirituell und politisch.[54]

Die Nationale Untersuchungskommission Kanadas, die es zur Aufgabe hat, die Fälle von vermissten und ermordeten Indigenen Frauen und Mädchen zu recherchieren, spricht angesichts der hohen Zahl an Toten und Verschwundenen von einem Genozid.[55] Gentrifizierung ist einer der Wege, über den die staatliche Gewalt vorgeht. Die Gentrifizierung gibt der Polizei in Downtwon Eastside, das ohnehin schon in einem hohen Maße polizeilich überwacht wird, noch umfangreichere Möglichkeiten, Straßenkontrollen durchzuführen, Bußgelder zu erheben, Leute zu verhaften und Gewalt anzuwenden: »Ich mag die Cops nicht. Ich wurde von ihnen ohne irgendeinen Grund verprügelt. Sie sollen ihren Job machen und sich nicht wie korrupte Arschlöcher verhalten.«[56]

Indigene Frauen werden durch dieses polizeiliche Vorgehen in ein Strafrechtssystem getrieben, das sich in einem skandalösen Maße gegen sie richtet und nur noch eine zusätzliche Quelle für Gewalt und Traumata bedeutet. Dementsprechend ist es wichtig, die Verdrängung mit der Beseitigung von Indigener Präsenz, Macht und Souveränität in den kolonialen Siedlerstaaten in Beziehung zu setzen, weil sich hier die Zerstörung Indigener Communitys fortsetzt.

Im australischen Sydney steht Redfern, eine geschichtsträchtige Community der Aboriginals, die als ›The Block‹ bekannt ist, für den Widerstand gegen Kolonisierung und für nach wie vor geführte Kämpfe um Raum und für Selbstbestimmung.[57] Im Zuge des Voranschreitens der Gentrifizierung angrenzender Nachbarschaften, so die Geografin Wendy Shaw, wurde das rassistische ›Othering‹ von The Block durch den medialen Diskurs verstärkt und die ganze Nachbarschaft und ihre Bewohner*innen wurden als kriminell und krank, als gescheiterte Existenzen und dem Untergang geweiht dargestellt. Dieses Narrativ konnte sich auf eine jahrhundertealte rassistische koloniale Darstellung der Aboriginals stützen, um ihre Verdrängung zu vereinfachen, sodass sich die Gentrifizierung ausdehnen konnte.

Diskurse der Verdrängung liegen auf einem viel tiefergehenden, strukturellen Fundament von Privateigentum und Kapitalismus auf, das die Siedler-Herrschaft und die Kontrolle über den städtischen Raum fortschreibt. Die Stadtforscherin Liza Kim Jackson meint, dass Gentrifizierung in kolonialen Siedlerstädten wie Toronto eine Erweiterung der kolonialen Logik ist. Sie machte die Beobachtung, dass es unter den Gentrifiern ein »individualisiertes Gefühl des räumlichen und moralischen Besitzanspruchs« gibt, das über die Grenzen der eigenen Grundstücke hinausgeht und die Straßen, Parks und andere städtische Räume umfasst. Dieses Anspruchsdenken gibt den Gentrifiern, und weiter gedacht auch der Stadt, den Impuls, sich durch »eine blockwartmäßige Haltung, die Verunglimpfung und Verletzung einkommensschwacher öffentlicher und privater Räume sowie die Forderung nach Überwachung und starker Polizeipräsenz, die eine Bedrohung und weitere Marginalisierung armer, rassifizierter, Indigener und behinderter Bewohner*innen der Stadt bedeuten, abzusichern.«[58]

Die Anhäufung von Vermögen und Besitz durch Gentrifizierung wird in den kapitalistischen Gesellschaften des Westens als Normalität begriffen und durchaus positiv gesehen. Auch wenn viele Wissenschaftler*innen dies aus einer marxistischen Perspektive kritisiert haben, ist es notwendig, diese Kritik auch aus einer postkolonialen Perspektive zu üben, die Gentrifizierung und Dekolonisierung als nicht miteinander vereinbar begreift.

Eigentum herrscht

Während Verdrängung durch koloniale Vorstellungen von Eigentum, die auf bestehende Praktiken des Besitzes und das Regime des Privateigentums zurückgreifen, erleichtert und ausgeweitet wird, gibt es darüber hinaus eine große Palette von ›Methoden des Eigentums‹, die eingesetzt werden, um Verdrängung durchzusetzen. Ein Teil dieser Methoden ist überhaupt nicht neu, während sich andere erst mit den digitalen Technologien und Plattformen entwickeln konnten. Und einige der Methoden sind lediglich eine moderne Erscheinungsform des Raubs, der schon lange an marginalisierten Communitys verübt wird. Diese Methoden sind zum einen dadurch miteinander verbunden, dass sie alle auf den kapitalistischen, kolonialen Vorstellungen von Eigentum beruhen, zum anderen haben sie denselben Effekt: Sie alle führen für die Menschen, die verdrängt werden, zu einem traumatischen Verlust ihres Zuhauses.

Wissenschaftler*innen, die sich mit Zwangsräumungen beschäftigen, forschen zu diesen komplexen Methoden und zu den Folgen, die diese für die betroffenen Menschen, den Stadtteil und die Stadt haben. Der Geograf Alexander Baker behauptet, dass »der Moment der physischen Vertreibung nur einer von vielen in dem Prozess ist, der eine Zwangsräumung ausmacht.«[59] Zudem gehen die Folgen der Zwangsvertreibung weit über diesen einen Moment hinaus. Der Prozess der Zwangsräumung ist auch viel komplizierter, als dass er nur die Beziehung zwischen Mieter*in und Vermieter*in beträfe, weil eine große Zahl an globalen und lokalen Akteur*innen, von Individuen bis zu staatlichen Kräften, Regierungen und Unternehmen beteiligt sind und Einfluss nehmen.

Zwangsräumungen werden selbstverständlich dadurch ermöglicht, dass Mieter*in und Vermieter*in unterschiedliche Rechte haben. Dieses Ungleichgewicht verschob sich in der Zeit des Neoliberalismus nur noch weiter zugunsten der Eigentümer*innen. Diese Macht wird dadurch gefestigt, dass diejenigen, die Kontrolle über das Eigentum haben, für die Durchsetzung von Zwangsräumungen auf eine Reihe von Methoden zurückgreifen können, die ständig weiterentwickelt werden.

Im Alltag verstehen wir Zwangsräumung als letztes Mittel, das Vermieter*innen einsetzen können, um schwierige Mieter*innen loszuwerden, wenn sie beispielsweise die Miete nicht zahlen wollen oder können, Eigentum zerstören oder dieses für illegale Aktivitäten nutzen. Die Profite, die durch die Gentrifizierung möglich gemacht werden, schaffen aber eine ganze Reihe von anderen Motiven für Zwangsräumungen, die nichts mit den Mieter*innen selbst zu tun haben, sondern einzig und allein damit, dass man aus einem überhitzten Immobilienmarkt Profit schlagen möchte, indem man die Mieten erhöht oder das Gebäude mit Gewinn verkauft.

Wenn die Mieter*innen selbst keinen Grund für eine Zwangsräumung bieten, greifen die Eigentümer*innen der Immobilien auf allerlei Schlupflöcher im Mietrecht zurück. Hier finden wir in der Rechtsprechung ganz unterschiedliche Beispiele, aber vor allem Räumungen wegen Renovierungsarbeiten, die Umwandlung der Immobilie in ein Einfamilienhaus oder die Vermietung an ein Familienmitglied finden regelmäßig Anwendung.

Die Eigentümer*innen ziehen auch aus subjektiven und sich verändernden Vorstellungen über Probleme mit Mieter*innen ihren Nutzen, wie zum Beispiel den Gesetzen zu Ruhestörung, um so kreative Argumente zu finden, um eine Räumung in die Wege zu leiten. Das ist besonders erfolgversprechend, wenn es sich um Familien mit kleinen Kindern handelt, die eben Lärm machen und mit denen es immer wieder zu Beschädigungen und Störungen kommt, beispielsweise indem sie den Feueralarm auslösen.[60]

Weiter oben habe ich schon erwähnt, dass es vorkommt, dass Frauen, die den Notruf wegen häuslicher Gewalt anrufen, als Belästigung klassifiziert werden. Hausbesitzer*innen beziehen sich auch gerne auf Vorschriften zur Flächennutzung, um Menschen zu vertreiben, beispielsweise können sie behaupten, dass Mieter*innen illegal einer Geschäftstätigkeit nachgehen würden, weil sie in ihrer Küche Freund*innen und Familienmitgliedern die Haare oder die Nägel machen. In einigen besonders extremen Fällen gingen Hausbesitzer*innen sogar so weit, dass sie die Einwanderungsbehörden riefen, wenn sie den Verdacht hatten, dass ihre Mieter*innen keine Aufenthaltspapiere haben.[61]

Eine Zwangsräumung führt bei den Betroffenen oft zu wiederholter Wohnungslosigkeit, eine Spirale, die nur schwer zu durchbrechen ist, weil eine Zwangsräumung es zunehmend erschwert, erneut eine Wohnung zu finden. Wohnungslosigkeit ist nur eine der Folgen, Hoffnungslosigkeit, Depression und Traumata sind weitere.[62] Tyler Marks, der mit seiner gesamten Familie in North Carolina zwangsgeräumt wurde, erinnert sich an die Verzweiflung angesichts des Verlusts ihres Zuhauses: »Wir mussten vier Jahre voller Erinnerungen zurücklassen. (...) Es ist so, als ob jemand seine Hand auf dein Leben legt (...) und es innerhalb einer Sekunde zerstören kann.«[63]

Selbstverständlich sind gewisse Bevölkerungsgruppen einem viel höheren Risiko einer Zwangsräumung ausgesetzt als andere: Frauen mehr als Männer, insbesondere Schwarze Frauen und Latinx-Frauen, People of Color mehr als *weiße* Menschen.[64] Für viele Betroffene ist sie nur ein weiteres Glied in einer langen Kette von Vertreibung und Enteignung, die ihre Familien und Communitys schon seit Jahrzehnten angreift.

Vermieter*innen sind nicht die einzigen Gauner, die da draußen ihr Unwesen treiben. Der Diebstahl von Besitzurkunden kommt immer häufiger vor: Betrüger*innen bringen die Besitzer*innen dazu, dass sie »Formulare unterschreiben, die ihnen das Eigentum an der Immobilie übertragen. Den Hausbesitzer*innen wird vorgegaukelt, dass sie durch die Formulare irgendwelche finanziellen Unterstützungen bekommen könnten, aber in Wirklichkeit handelt es sich um eine Besitzurkunde.«[65] Diese Betrüger*innen haben es häufig auf Schwarze und/oder ältere Hausbesitzer*innen abgesehen, die in Gegenden leben, die von einer rasanten Gentrifizierung erfasst wurden, wie einem Bericht der *New York Times* zu entnehmen ist, in dem auch erwähnt wird, dass 45 Prozent dieser Verbrechen in New York in Brooklyn stattfinden. Christie Peele, die Geschäftsführerin des Center for New York Neighborhoods, sagt dazu: »Bis die Hausbesitzer*innen bemerken, was da passiert ist, ist das Haus vielleicht schon mehrmals verkauft oder mit einer Hypothek belastet worden.«[66]

Diese Betrüger*innen suchen sich gezielt Hausbesitzer*innen, die zwar durchaus über Eigenkapital verfügen, aber aufgrund der steigenden Steuern und Instandhaltungskosten knapp bei Kasse sind. Sie suchen sich auch Stadtteile aus, wo die Häuser schnell und mit einem hohen Gewinn verkauft werden können. Sobald die Hausbesitzer*innen feststellen, was passiert ist, ist es schwer zu beweisen, dass sie betrogen wurden. Das kann jahrelange Rechtsstreitigkeiten nach sich ziehen.

Eine Betroffene, die mehr als fünf Jahre darauf warten musste, dass sie ihr Eigentum zurückbekam, erzählte der *Times*: »Wir lebten den amerikanischen Traum. (…) Unsere Vorfahren hatten für dieses Haus geschuftet. Sie waren von ganz unten gekommen.«[67] Man geht ja gerne davon aus, dass Eigentum Sicherheit bietet, aber man bekommt hier den Eindruck, dass selbst diese Sicherheit nicht davor schützt, verdrängt zu werden.

Grüne Verdrängung

Bei meiner Forschung über das Little Village in Chiacgo beschäftigte ich mich wie bereits erwähnt mit den Kämpfen gegen Umweltrassismus, die im Laufe der Jahrzehnte einige Erfolge verbuchen konnten. Den Umweltaktivist*innen gelang es, einen neuen Park auf einem Gelände von Superfund, einem amerikanischen Programm zur Altlastensanierung verschmutzter Böden, durchzusetzen und Gemeinschaftsgärten auf einer Brachfläche, wo zuvor illegal Müll gelagert worden war, zu installieren sowie für die Schließung des Kohlekraftwerks Crawford zu sorgen.

Das Little Village grüner zu machen, könnte, so dachte ich, auch ein Vorbote der Gentrifizierung und Verdrängung der einkommensschwachen Latinx-Community sein. Mich interessierte, ob sich die Community Sorgen machte, dass sie eine sogenannte ›grüne Gentrifizierung‹ erleben könnte: eine Gentrifizierung von Gegenden, die stark von der Industrie geprägt sind, stark verschmutzt wurden und in denen es an Grünflächen mangelt, die dann durch verschiedene Initiativen sauber und grüner werden.[68] Die Forschung darüber, was passiert, wenn beispielsweise ein Kraftwerk geschlossen wird, zeigt, dass die betroffenen Communitys von der darauffolgenden ›grünen Welle‹ nur selten profitieren können, trotz ihres Einsatzes gegen die Umweltverschmutzung, die vor allem rassifizierte Gruppen betroffen hatte, und ihrer Bemühungen, die ökologischen Bedingungen ihrer Stadtteile zu verbessern.

Die ökologische Sanierung kann bedauerlicherweise dazu führen, dass der bezahlbare Wohnraum in den angrenzenden Vierteln zurückgeht.[69] Im Umfeld des viel gerühmten High Line Parks in New York – Ergebnis einer ökologischen Sanierung einer stillgelegten Bahntrasse – sind die Preise der Immobilien beispielsweise um mehr als hundert Prozent in die Höhe gestiegen und zugleich wurden neue Grundstücke erschlossen.[70] Communitys sollten nicht zwischen Umweltverschmutzung, Armut und fehlenden Investitionen auf der einen und der Öffnung für das Kapital, Sanierungen und Gentrifizierung auf der anderen Seite wählen müssen.[71]

Wenn wir das Risiko einer grünen Gentrifizierung und Vertreibung nicht berücksichtigen, dann werden die dringend notwendigen ökologischen Sanierungen am Ende den Herzen, Lungen und Bankkonten der Gentrifier und Investor*innen zugute kommen. Diejenigen aber, die unter Autoabgasen, verschmutztem Wasser und fehlenden Grünflächen zu leiden hatten, werden unter Umständen auf der Suche nach bezahlbarem Wohnraum in ähnlich oder noch stärker verschmutzte Gegenden verdrängt. Selbst dann, wenn die Bewohner*innen nicht physisch verdrängt werden, bleibt die Frage, wer zu welchem Zweck in den Genuss dieser neuen Grünanlagen kommt.

Wenn die neuen *weißen* Nachbar*innen das Barbecue einer Schwarzen Familie bei der Nachbarschafts-App Nextdoor melden oder die Polizei rufen, weil mexikanische Jugendliche im Park Fußball spielen, wird diesen rassifizierten Bewohner*innen der Eindruck vermittelt, dass sie auf diesen Grünflächen nichts verloren hätten. Allerdings ist es nicht so einfach, sich gegen die grüne Gentrifizierung zu wehren. Während es für alle nachvollziehbar erscheint, gegen einen neuen Luxus-Wohnungsbau zu protestieren, kämpft niemand gegen ökologische Sanierungen. Die Folgewirkungen sind jedoch mit Sorgfalt in Betracht zu ziehen.

Im Zeitalter des sich beschleunigenden Klimawandels werden die Auswirkungen auf die natürliche Umwelt immer größeren Einfluss auf die Flächennutzung und Entwicklungen in der Stadt haben. Eine Umfrage des Immobilienunternehmens Redfin in den USA im Jahr 2021 kam zu dem Ergebnis, dass eine Mehrheit derjenigen, die einen Umzug in Erwägung zogen, potenzielle Risiken durch Klimaveränderungen in ihre Entscheidungen einfließen ließen, insbesondere Menschen, die in der Nähe der Küste lebten.[72] Das deutet darauf hin, dass die Immobilienpreise in Gegenden, die weniger stark vom Klimawand betroffen sind, wohl durch die Decke gehen werden, was zu einer klimabedingten Gentrifizierung führen wird.

In Miami erleben wir beispielsweise eine Gentrifizierung in den einkommensschwachen Stadtteilen, die weiter im Landesinneren liegen, weil viele Menschen aufgrund des steigenden Meeresspiegels von der Küste wegziehen wollen. Die Einwohner*innen, die sich keine Immobilie oder die Miete in weniger gefährdeten Gegenden leisten können, sind mit Verdrängung konfrontiert, da ihre Stadtteile, die früher wenig attraktiv waren, weil es dort keinen Meerblick und keinen Zugang zum Strand gab, nun heiß begehrt sind. Sie werden sich zwischen Bezahlbarkeit und relativer Klimasicherheit entscheiden müssen, zumindest bis zu dem Zeitpunkt, zu dem die Kosten für die Versicherung aufgrund der steigenden Risiken von Überschwemmungen, Bränden und Stürmen dermaßen gestiegen sind, dass auch ein günstiges Haus nicht mehr erschwinglich ist.

Die Gentrifizierung verdrängt aber auch Teile der Natur und größere Ökosysteme, sowohl Flora als auch Fauna. Das zu berücksichtigen, soll nicht von den Auswirkungen der Gentrifizierung auf den Menschen ablenken und ein niedliches Eichhörnchen zum neuen Gesicht der Verdrängung machen. Vielmehr soll damit deutlich gemacht werden, dass menschliche und nicht-menschliche Wesen und Orte in Beziehung zueinander stehen und auf miteinander verbundene Weisen von Entwicklungen wie der Gentrifizierung betroffen sind.

Die Geografen Phill Hubbard und Andrew Brooks beschäftigen sich damit, »wie die Urbanisierung sich auf nicht-menschliche Tiere auswirkt, wie Stadtbewohner*innen auf Tiere in ihrer Umgebung reagieren und wie Tiere in der Stadtplanung versachlicht werden.«[73] Sie kommen zu dem Ergebnis, dass bestimmte Tier- und Vogelarten wie Ratten, Hasen, Waschbären, Tauben, Krähen, Möwen und streunende Hunde und Katzen in Gentrifizierungsgebieten vermehrt als Schädlinge gesehen und bekämpft werden. Die Gentrifier und Stadtverwaltungen bestücken den städtischen Raum dann mit architektonischen Elementen zur Schädlingsbekämpfung, etwa mit den spitzen Drähten, die verhindern sollen, dass sich Vögel niederlassen. In Bristol wurden diese 2017 sogar in Bäumen angebracht. Es gibt zunehmend Anstrengungen, ›Schädlinge‹ zu fangen oder zu töten, weil sie »einer sauberen und grünen Gentrifizierung entgegenstehen würden.«[74]

Im Gegensatz dazu werden andere Tiere im Sinne einer symbolischen Aufwertung, abhängig von aktuellen Trends und Ereignissen, gezüchtet und gepflegt. Beispielsweise werden Honigbienen »zunehmend als schützenswerte Mikrofauna« gesehen, die zudem zu einer Kultur der Produktion von biologischen Lebensmitteln und Produkten für die Körperpflege aus Honig beitragen.[75] Der Autor Fahim Amir erwähnt, dass trendige Kunstinstitutionen durch Bienenstöcke auf dem Hausdach ihre Attraktivität steigern können, zugleich produzieren die Bienen neue Produkte für den Souvenirladen dieser Institutionen.[76] Die Art und Weise, wie wir Tier- und Pflanzenarten unterschiedlich bewerten, bestimmt, welche Formen der Verdrängung von nicht-menschlichen Lebewesen wir tolerieren oder sogar befürworten.

Aber zurück zum Little Village. Die Bemühungen der Community, das ehemalige Kraftwerksgelände so zu entwickeln, dass es weder zur Gentrifizierung noch zur Umweltverschmutzung beiträgt, waren bisher nicht von Erfolg gekrönt. Hilco Redevelopment Partners, ein privates Unternehmen, das schon den Abriss des Schornsteins vermasselte und den ganzen Stadtteil unter einer Staubschicht begrub, entwickelt das Gelände als riesiges Logistikzentrum für Unternehmen wie Target, eines der größten Einzelhandelsunternehmen der USA.[77] Auch wenn die Jobs in den Lagerhallen ein Einkommen über dem Mindestlohn versprechen, befürchten Umweltschützer*innen, dass das Logistikzentrum noch mehr Verkehr anziehen wird, sodass erneut die Luft verschmutzt werden wird.

Grüne Gentrifizierung ist vielleicht keine unmittelbare Bedrohung für das Little Village. Umweltverschmutzung selbst kann aber als Mittel der Vertreibung gesehen werden. Manche Bewohner*innen sind unter Umständen aus gesundheitlichen Gründen gezwungen, woanders hinzuziehen. Andere wiederum bleiben und müssen sich damit auseinandersetzen, dass ihre Nachbarschaft weniger lebenswert wird, weil sie unverhältnismäßig großen Risiken und einem frühzeitigen Tod ausgesetzt sind.

Verdrängung durch eine Krise: Covid 19

Die systematischen Ungleichheiten, die wir im Hinblick auf Schädigungen durch Umwelteinflüsse gesehen haben, spiegeln sich auch in den systematischen Ungleichheiten im Hinblick auf die gesundheitlichen und wirtschaftlichen Risiken wider, die während der Pandemie so drastische Folgen hatten. Geograf*innen und andere Wissenschaftler*innen betonen, dass der Ort, an dem eine Person lebt und arbeitet, gleich mehrere Ungleichheiten ziemlich gut vorhersagt: ob man zu den sogenannten systemrelevanten Arbeiter*innen zählt, die jeden Tag zur Arbeit müssen, ob man gezwungen ist, in überfüllten öffentlichen Verkehrsmitteln zu fahren, ob man in überbelegten Wohnungen lebt, ob man Zugang zu Teststellen und Impfungen hat, um nur einige zu nennen. Gentrifizierung trägt maßgeblich zur Ungleichheit in Städten bei. Darüber hinaus konnte sich die Gentrifizierung die Verunsicherung, die von der Pandemie geschaffen wurde, zunutze machen, um bestimmte Formen der Verdrängung noch zu beschleunigen.

Der ›Covid-Kapitalismus‹, wie ihn manche nennen, befördert eine ganze Reihe von Sachzwängen und Entwicklungen, die zwar nicht völlig neu sind, aber zeigen, wo in der Post-Covid-Stadt die Prioritäten liegen könnten.[78] Der Stadtforscher David Madden hebt die Sicherheit der Eigentümer*innen auf Kosten der Mieter*innen und Arbeiter*innen hervor. Anfangs gab es Versuche, die Mieten einzufrieren und Zwangsräumungen auszusetzen, um denjenigen zu helfen, die ihren Arbeitsplatz verloren hatten oder sich in einer schwierigen Wohnsituation befanden. Aber diese Programme waren nur von kurzer

Dauer und völlig unzureichend. Die Abgeordnete Cori Bush aus Missouri musste gemeinsam mit Aktivist*innen mehrere Tage lang auf den Stufen des Kapitols campieren, um die Regierung Biden zu zwingen, das Moratorium für Zwangsräumungen bis August 2021 zu verlängern.[79] Währenddessen wurden die Verlängerungen der Programme zur Unterstützung von Immobilienbesitzer*innen durchgewunken.

Auch die Grundsätze des Katastrophenkapitalismus zeigen ihre Wirkung, wenn »Investmentfirmen versuchen, sich an Vermögenswerten, die vorübergehende Verluste verzeichnen, und an verschuldeten Immobilien zu bereichern.«[80] Hinsichtlich Orten, an denen eine große Zahl an Todesopfern zu beklagen war, stellt sich die Frage, ob hier nicht jene Entwicklung passieren könnte, die von der Wissenschaftlerin und Aktivistin Sarah Schulman im Hinblick auf die Toten im Zuge der AIDS-Krise beschrieben wurde, als Vermieter*innen den frühzeitigen Tod von Mieter*innen nutzten, um daraufhin die Miete zu erhöhen oder die Immobilie zu verkaufen.[81]

Bei der Verteilung der Unterstützungsleistungen während der Pandemie gab es derart erschreckende Unterschiede aufgrund von *Race*, dass von einem ›modernen Redlining‹ die Sprache war.[82] Das milliardenschwere Paycheck Protection Program (PPP) in Los Angeles, das dazu gedacht war, kleinen Unternehmen zu helfen, vergab beispielsweise in mehrheitlich *weißen* Gegenden doppelt so viele Kredite wie in Latinx-Gegenden, eineinhalb mal so viele wie in mehrheitlich Schwarzen Gegenden und mehr als doppelt so viele wie in asiatischen Gegenden.

Die Investigativjournalist*innen von *Reveal*, einem landesweit ausgestrahlten Radioprogramm, fanden heraus, dass es auch in New York, Dallas, San Francisco, San Diego, Las Vegas und Phoenix bei der Kreditvergabe zu Unterschieden aufgrund von *Race* kam.[83] Unternehmer*innen, die einer Minderheit angehören, hatten, obwohl sie Anträge stellten, weniger Erfolg dabei, an einen Kredit zu kommen. Für andere wiederum waren das umständliche Antragsverfahren und die Bedingung, über ein Bankkonto bei ausgewählten Banken zu verfügen, eine nicht zu überwindende Hürde. So wie früher den Menschen aus Schwarzen und rassifizierten Stadtteilen der Zugang zu Krediten durch das Redlining verweigert wurde, reproduziert das PPP die Ungerechtigkeit bei der Kreditvergabe, wodurch viele Unternehmen verdrängt werden, während Unternehmen in *weißem* Besitz einen Aufschwung erleben.

Der Einsatz von digitalen Kommunikationsmitteln bei den Anhörungen im Falle einer Zwangsräumung wirkt sich ebenfalls zum Nachteil der Mieter*innen aus. In den USA wie auch in Kanada sind Anwält*innen, die Mieter*innen vertreten, zu dem Schluss gekommen, dass Anhörungen, die nicht vor Ort stattfinden, Mieter*innen strukturell benachteiligen, die ohnehin schon einen ungleichen Kampf mit den Eigentümer*innen austragen müssen, da diese in diesen Situationen über mehr Macht verfügen. Richter*innen schalten Mieter*innen stumm, Anhörungen dauern zum Teil nur dreißig Sekunden, Mieter*innen, die sich in schwierigen ökonomischen Verhältnissen befinden, fehlt es an einer stabilen Internetverbindung, an Laptops und Webcams, nur Anwält*innen können Dokumente online einreichen und verschiedene Mieter*innen können in derselben Anhörung sein, was Verwirrung stiftet.

Beratungsstellen aus Kanada berichten, dass die Anhörungen in aller Eile durchgezogen werden und den Anwält*innen der Mieter*innen nur wenig Zeit bleibt, sich vorzubereiten. Darüber hinaus werden mehrere Anhörungen zur selben Zeit angesetzt, was bedeutet, dass die Anwält*innen nicht bei allen Anhörungen ihrer Mandant*innen anwesend sein können. Es entbehrt nicht einer gewissen Ironie, meinen die Anwält*innen, dass die gesundheitlichen Bedenken, die dafür herhalten müssen, dass die Anhörungen nicht vor Ort stattfinden, nicht auch als hinreichend gesehen werden, um auch auf die Zwangsräumungen zu verzichten.

In Krisen wie der Covid-Pandemie kann die Verdrängung beschleunigt oder durch neue Methoden durchgesetzt werden, oder es wird zugelassen, dass sie einfach deshalb passiert, weil Arbeitsplatzverlust, Tod oder ein prekäres Einkommen ihren Tribut fordern. Angesichts dessen, wie zügig der Katastrophenkapitalismus Vorteile aus Zeiten der Unruhe zieht, um Privatisierung und Kommodifizierung voranzutreiben, wäre es naiv zu denken, dass die Gentrifizierung – zumindest an einigen Orten – nicht zügig und effizient voranschreiten wird. Die Pandemie könnte auch dazu führen, dass es weniger Ressourcen und Möglichkeiten des Widerstands gibt, was die Gentrifizierung ohne Zweifel zu ihrem Vorteil zu nutzen wissen wird. Während ich dieses Buch schreibe, sind die Folgen der Pandemie noch schwer abzuschätzen, aber es ist gut möglich, dass wir derzeit eine massenhafte Verdrängung erleben.

Warum dürfen wir keine schönen Dinge haben?

Die Verdrängung und ihre Folgen sind sicherlich eine komplizierte Angelegenheit, insbesondere, wenn wir die Erzählung der Verdrängung über die physische Verdrängung hinaus um andere Formen des Verlusts des Zuhauses erweitern. Zudem sind verschiedene Formen der Verdrängung sowohl zeitlich als auch räumlich miteinander verflochten. Trotz der Herausforderungen, die diese Komplexität mit sich bringt, ist es notwendig, diese Perspektive einzunehmen, um besser zu verstehen, wie sich Gentrifizierung auf die Menschen auswirkt.

Die Rentnerin aus Harlem, die zwar ihre Wohnung behalten kann, aber auf der Straße nicht mehr von freundlichen Menschen gegrüßt wird und die weiß, dass ihre Kinder und Enkelkinder es sich nicht werden leisten können, in der Nähe zu wohnen, erlebt eine tagtägliche soziale Verdrängung und eine sich über Generationen hinweg auswirkende Verdrängung. Die Folgen dessen können wir nur dann wirklich verstehen, wenn wir den Menschen zuhören und ihre Erfahrungen des Verlusts ernst nehmen.

Die alltäglichen, auf der Ebene der Sinne stattfindenden und sozialen Formen der Verdrängung kommen schleichend. Das ist ein wichtiger Grund, vor den ›schönen‹ Dingen, mit denen uns die Gentrifizierung lockt, auf der Hut zu sein: ein nettes Café, eine Brauerei für Craft-Bier, ein Spazierweg am Fluss. Wer hat schon etwas gegen Craft-Bier und schöne Spazierwege? Die Befürworter*innen der Gentrifizierung argumentieren, dass die Arbeiter*innenklasse und die rassifizierten Communitys gleichfalls ein Recht auf schöne Orte zum Einkaufen, Essen, Ausruhen und Flanieren haben, insbesondere, wenn ihnen diese Annehmlichkeiten aufgrund fehlender Investitionen oder der Praxis des Redlining lange verwehrt wurden.

Niemand würde das bestreiten. Wir müssen uns aber darüber im Klaren sein, dass keine dieser Veränderungen im luftleeren Raum passiert und sie immer von Vorstellungen über *Race*, Klasse, Gender, Alter und Sexualität geprägt sind. Etwas so Einfaches wie das Design der Sitzmöglichkeiten in einem Café oder auch die Dekoration, die Speisekarte und natürlich die Preise können eine starke Botschaft aussenden und klar kommunizieren, wer hier willkommen ist und wer nicht.[84] Ein älterer Mann aus Manchester erzählte den Forscher*innen: »Diese ganzen kleinen Lokale in Chorlton sind ehrlich gesagt ziemlich teuer. Und vielleicht will ich gar kein Panini. Ich weiß ja nicht mal, wie man das ausspricht.«[85]

Nicht jede Veränderung in einem Stadtteil befördert zwangsläufig Verdrängung. Die meisten Menschen erwarten nicht, dass ihre Community oder ihre Stadt immer dieselben bleiben würden. Aber, um Michel Foucault, den Philosophen der Macht, zu bemühen, kann man sagen, dass nicht alles böse ist, sondern dass alles gefährlich ist. Daher müssen wir mit diesen ›netten Dingen‹ hart ins Gericht gehen.

Wer hat die Entscheidungen getroffen? Auf welche Besucher*innen und Kund*innen wird abgezielt? Was wird konkret unternommen, um sicherzustellen, dass die Menschen, die schon lange vor Ort leben, willkommen sind? Die Craft-Bier-Brauerei könnte beispielsweise mehrsprachige Schilder anbringen und mehrsprachiges Personal einstellen, Angebote zu verschiedenen Preisen machen, barrierefrei sein und ihre Räumlichkeiten günstig oder kostenlos für monatliche oder wöchentliche Community-Treffen zur Verfügung stellen. Auch wenn all das, und erst recht nicht ein einzelnes Unternehmen allein, die Gentrifizierung nicht aufhalten können wird, könnte man so doch einige der subtileren Formen der Verdrängung abschwächen, die selbst den Menschen, die bleiben, das Gefühl nehmen dazuzugehören.

Gentrifizierung ist eine Metapher

Bevor Beyoncé 2018 durch ihren Auftritt am Coachella Festival auf die ganz großen Bühnen zurückkehrte, kündigte sie an, dass sie sich vegan ernähren würde, um sich auf die Auftritte der ›Homecoming‹-Tour vorzubereiten.[1] Auch wenn sie nur vorübergehend vegan lebte, um nach der Geburt ihrer Zwillinge im Jahr 2017 wieder in Form zu kommen, gehört sie damit zu einer ganzen Reihe von Prominenten, die sich öffentlich für rein pflanzliche Ernährung aussprachen. Darunter finden sich unter anderen Benedict Cumberbatch, Bill Clinton, Natalie Portman, Madonna, Ariana Grande, Venus Williams und James Cameron.[2] Anscheinend ist es dem Veganismus gelungen, die klischeehafte Vorstellung, dass sich nur blasse College-Student*innen so ernähren würden, hinter sich zu lassen.

Das veränderte Image des Veganismus ist ein gutes Beispiel dafür, wie etwas – eine Aktivität, ein Stil, ein kulturelles Artefakt –, das als obskur und vielleicht sogar lächerlich galt, Teil des Mainstreams werden und damit als erstrebenswert gelten kann. Der Veganismus wurde, wie einige sagen würden, gentrifiziert. Der Begriff Gentrifizierung wird mittlerweile als Metapher für Entwicklungen verwendet, wenn etwas zum Mainstream oder kommodifiziert wird, wenn ein Prozess der Aneignung oder des Upscaling stattfindet, also für Entwicklungen, die nicht unbedingt oder nicht direkt mit Städten zu tun haben. In dieser Geschichte über Gentrifizierung steht der Begriff für jede Art von Veränderung, die eine Sache oder eine Tätigkeit aus ihrem ursprünglichen Kontext löst und ihr Ansehen, ihren Preis und die Möglichkeit, Gewinn daraus zu ziehen, erhöht.

Auch wenn es in diesem Buch in erster Linie um die Veränderungen im städtischen Raum geht, die wir als Gentrifizierung bezeichnen, ist es wichtig, sich diese umfassendere Verwendung des Begriffs anzusehen. Denn die Geschichten über Gentrifizierung konnten in Zusammenhängen, die weit über die ursprüngliche Definition hinausgehen, genutzt werden. Das Konzept der Gentrifizierung liefert einen kritischen Ansatz, um soziale und kulturelle Entwicklungen, die von vielen als harmlose oder natürliche Hybridisierungen abgetan werden, zu verstehen.

Das Konzept der Gentrifizierung enthält ein Verständnis von Macht, das die Vorstellung in Abrede stellt, dass alle kulturellen Metamorphosen, wie die Kommodifizierung oder der Prozess, dass etwas zum Mainstream wird, unvermeidlich und von Vorteil seien. Es gibt zudem, wie wir an den Beispielen noch sehen werden, gute Gründe, diese Veränderungen im kulturellen Bereich tatsächlich mit der eigentlichen Gentrifizierung vor Ort in Beziehung zu setzen. Wie wir weiter oben gesehen haben, ist die soziale und kulturelle Welt mit den ökonomischen Kräften, die Gentrifizierung und Verdrängung vorantreiben, eng verwoben.

Mainstreaming: Populär machen

Als ich mir 1994 mein erstes Tattoo stechen ließ, war ich sehr darauf bedacht, es vor meinen Eltern versteckt zu halten. Anfang der 2000er Jahre trug meine Mutter dann selbst eine frisch gestochene Amsel auf ihrem Rücken. Heute wirft kaum noch jemand einen zweiten Blick auf die zahlreichen, zum Teil sehr auffälligen Tattoos, die ich und unzählige andere Menschen mit Stolz tragen, es sei denn, jemand möchte mehr über den*die Tattoo-Künstler*in wissen.

Der Ausdruck ›Gentrifizierung der Tattoos‹ beschreibt den Weg von Tattoos aus der Gegenkultur in den Mainstream. Während Tattoos in vielen Kulturen eine lange und traditionsreiche Geschichte haben, brachte die moderne westliche Kultur Tattoos über Jahrzehnte mit Biker-Gangs, Häftlingen, Zirkuskünstler*innen und Punks in Verbindung. Die Soziologinnen Karen Halnon und Saundra Cohen schreiben, dass Tätowierungen ab den frühen 1990er Jahren zunehmend zu einer kunstvollen Zierde wurden, statt als rebellisches Statement zu gelten.[3] In den 2000er Jahren brachten Tätowier-Reality-Shows wie

L. A. Ink und diverse Folgeformate prominente Tätowierer*innen wie Kat Von D hervor, die ein global agierendes Kosmetik-Unternehmen gründete und auch in der Musikbranche Karriere machte. Prominente, Politiker*innen, Sportler*innen und Menschen aus allen Berufsgruppen tragen heutzutage gut sichtbar Tattoos.

Mit diesem kulturellen Wandel ging eine Professionalisierung dieser Industrie einher, sodass die Tattoo-Studios in der Stadt salonfähig werden konnten.[4] Ausbildung, Hygiene, Sicherheit, Komfort und ein professioneller Anspruch dieser einst verpönten Branche wurden im Prozess der Gentrifizierung in den Vordergrund gestellt. Heute finden wir in jedem angesagten Stadtteil schicke Tattoo-Studios.

Wenn wir sagen, dass das Tätowieren ›gentrifiziert‹ wurde, wird deutlich, was damit gemeint ist, wenn der Begriff außerhalb des Kontexts der Stadtentwicklung verwendet wird. Gentrifizierung im kulturellen Bereich beinhaltet oft, etwas, das mit einer marginalisierten Gruppe verbunden wird, neu zu verpacken und damit dessen Bedeutung neu zu bestimmen. Halnon und Cohen beschreiben diesen Vorgang als »Invasion der Mittelklasse« in ein kulturelles Feld, das ihr einst verboten war.[5] Tätowierungen, die früher in den meisten Bereichen des ›normalen‹ Lebens in der westlichen Kultur, etwa bei der Jobsuche, dem kulturellen Kapital eher abträglich waren, verwandelten sich in eine positiv aufgeladene Form kulturellen Kapitals, das eingesetzt werden kann, um eine Vielzahl an ästhetischen, politischen und zwischenmenschlichen Bekenntnissen zum Ausdruck zu bringen.

Das Populär-Werden, also das Mainstreaming subversiver Symbole und Praxen finden wir überall. Nachdem ich auf der Suche nach etwas Zerstreuung während der Pandemie in mehrere Staffeln von *RuPaul's Drag Race* abgetaucht bin, verstehe ich, warum viele meinen, dass Drag gentrifiziert worden sei.[6] Der weltweite Erfolg der Show führte zu einer Reihe an Folgeformaten, Liveshows, der Drag-Convention, unzähligen Merchandising-Artikeln und einer rekordverdächtigen Zahl an Emmy-Auszeichnungen und rückte Drag näher an den Mainstream heran. Die Kleidung, Perücken und das Make-up der Dragqueens sind im Laufe der zehn Jahre seit Bestehen der Show immer kostspieliger geworden. Mittlerweile ist es üblich, dass die Dragqueens

Sonderanfertigungen tragen, die von bekannten Modedesigner*innen entworfen wurden.

So wie Gentrifizierung das Leben in den Innenstädten für die *weiße* Mittelschicht wieder zum Mainstream machte, meint Gentrifizierung im kulturellen Bereich in der Regel, dass das Subversive, Ungewöhnliche und der Underground Eingang in die Populärkultur finden. Die Verbindung zwischen diesen beiden Phänomenen geht jedoch über die metaphorische Ebene hinaus. Die kulturellen Symbole und Praxen, die gentrifiziert werden, können die städtische Gentrifizierung befördern und unterstützen.

Indem zum Beispiel Tattoos und Drag näher an den Mainstream rückten, wurden sie professionalisiert, aufgewertet und brachten eine Menge an damit in Verbindung stehenden Räumen und Industrien hervor, die sich in den Städten ansiedeln. Sowohl für Tattoos als auch für Drag gibt es heute mehrtägige Kongresse in Großstädten. Die Beliebtheit von Drag-Performances und der Promistatus der Teilnehmerinnen der Drag-Race-Show ist Teil der Gentrifizierung queerer Räume in den Städten. Drag-Shows bringen den Schwulenbars, die früher der einkommensschwachen, queeren Community vorbehalten waren, heute ein größeres, finanzstärkeres und heterosexuelles Publikum. Tattoo-Studios liegen nicht mehr in den ›schlechten‹ Teilen der Stadt versteckt, sondern befinden sich an exponierten Orten inmitten der gentrifizierten Einkaufsstraßen.

Eine bestimmte Art von Geschäften, ästhetischen Merkmalen und sogar Menschen dienen als Indizien für Gentrifizierung. Diese Indizien machen manchen Menschen deutlich, dass sie weniger willkommen sind. Anderen (und dem Kapital) teilen sie mit, dass dieser Raum nun für sie bereit ist. Tattoos und Drag können selbstverständlich nicht für die Gentrifizierung verantwortlich gemacht werden. Es ist aber auf alle Fälle hilfreich, sich anzusehen, wie sich das Mainstreaming gewisser Aspekte der Kultur im sich gentrifizierenden urbanen Raum widerspiegelt. Gentrifizierung als Metapher für diesen Prozess des Mainstreamings zu verwenden, lenkt unsere Aufmerksamkeit also sinnvollerweise auf diese Zusammenhänge.

Kommodifizierung: Zu Geld machen

Was braucht es, um Yoga zu praktizieren? Gemäß dem Yogasutra, einem der Ursprungstexte des Yoga, nichts weiter als einen Flecken Erde, auf dem man sitzen kann. Heute aber ist die Liste der Räume, der Ausrüstungsgegenstände, der Kleidung und der Lehrmaterialien, die man ›braucht‹, nicht nur umfangreich, sondern auch teuer. Für mein Training zu Hause benötige ich im Moment Folgendes: eine Yogamatte, eine Yogamatte für unterwegs, zwei Yogablöcke, einen Yogagurt, Leggings (ja, genau diese Leggings), Sport-BHs und ein Monatsabo für eine Fitnessapp, die alles bietet, von Kursen auf Spanisch bis zum Justin-Bieber-Yoga-Flow. Ich habe im Laufe der Jahre ohne Weiteres ein paar tausend Dollar ausgegeben, um mich durch Stellungen zu kämpfen, die in den ursprünglichen Texten nicht mal Erwähnung finden.

Yoga kann als gentrifiziert bezeichnet werden, weil es im Zuge seiner Verwestlichung in einem hohen Maße kommodifiziert wurde, also in eine Reihe von Waren und Dienstleistungen verwandelt wurde, die man kaufen und verkaufen kann. Die Allgegenwart von Yoga und der damit verbundenen Produkte und Räume ist relativ neu. Kulturhistoriker*innen meinen, dass das Interesse an Yoga in Europa und Nordamerika erst im späten 20. Jahrhundert aufkam, als Yoga noch wenig mit den Praktiken und Formen zu tun hatte, die wir heute kennen. Ursprünglich handelte es sich um eine meditative Praxis ohne Bewegung, die Entwicklung der körperlichen ›Asanas‹ (Yogastellungen) kam erst später und war stark von osteuropäischen Gesundheitspraktiken wie Calisthenics und Gymnastik beeinflusst.[7]

Von den 1960ern bis in die 1980er Jahre war Yoga im Westen eine alternative Praxis, die man mit der New-Age-Spiritualität der Westküste in Verbindung brachte. Erst in den 1990er Jahren wurde Yoga zum Mainstream und erlebte, vor allem in Nordamerika, einen massiven Popularitätsschub. Schätzungen zufolge geben Amerikaner*innen jährlich mehr als fünf Milliarden Dollar für Yoga aus.[8] Der Wandel von Yoga von einer wenig bekannten spirituellen Praxis, die so gut wie nichts kostete, zu einer riesigen Industrie wurde von einer wahren Flut an Konsumgütern begleitet, die von einfachen Plastikmatten bis hin zu luxuriösen Yoga-Retreats reicht. Kurse, Kleidung, Ausstattung, Apps, Bücher, Videos, Zeitschriften, Diäten, Reisen, prominente Lehrer*innen und die Ausbildung von Lehrer*innen bilden nur einen Ausschnitt dessen, wofür Menschen, die Yoga praktizieren, ihr hart verdientes Geld ausgeben.

Gentrifizierung funktioniert als Metapher für die Kommodifizierung von Yoga, weil damit der Bezug zu einem Prozess hergestellt wird, bei dem etwas, dem kein oder wenig monetärer Wert beigemessen wurde, auf den Markt kommt, sodass – zumindest einige – damit eine Menge Geld verdienen können. Kommodifizierung findet in der kapitalistischen Ökonomie, in der Unternehmen immer versuchen, aus Dingen Geld zu machen, die davor nicht oder zu wenig kommodifiziert waren, andauernd statt.

Die sogenannte ›Gentrifizierung der Kindererziehung‹ ist ein anderes Beispiel.[9] Es ist unglaublich, wie sehr die Industrie, die spezielle Produkte für Babys, Kinder und Eltern verkauft, gewachsen ist. Die Eltern der Boomer-Generation hätten wohl mit der Hälfte der Produkte, die heute auf den Wunschlisten werdender Eltern stehen, gar nichts anzufangen gewusst. Von Geräten zum Aufwärmen von Feuchttüchern bis hin zum ›Windel-Genie‹, in dem Windeln geruchlos entsorgt werden können, ist die Liste der ›unverzichtbaren‹ Produkte, die Eltern haben sollten, länger und vor allem teurer geworden. Eltern sind nicht nur angehalten, die richtigen Produkte zu haben, sondern auch noch von den richtigen Marken (vorzugsweise schwedische).

Die Kommodifizierung von Yoga und Elternschaft hat auch Folgen für den städtischen Raum. Beides kann als Indiz für Gentrifizierung gelesen werden. Ein schickes Babygeschäft und ein Yogastudio sind wohl ebenso verlässliche Hinweise auf Gentrifizierung wie eine Filiale von Starbucks. Wenn sich derartige Geschäfte ansiedeln, dann ist das eine Reaktion auf die Präsenz von *weißen* Haushalten aus der Mittelschicht – oder zumindest auf die Hoffnung darauf –, die sich durch ihre kommodifizierten kulturellen Praktiken in ihrer Identität hinsichtlich Klasse und *Race* abgrenzen wollen. Diese Praxen – Yoga und neue Elternschaft – stehen für eine moderne, ambitionierte *weiße* Weiblichkeit, die mit einer bestimmten Körperlichkeit und der Maxime des *weißen*, liberalen Feminismus einhergeht, ›alles schaffen zu können‹, Erziehung, Sorge um sich selbst und Arbeit.[10]

In meinen früheren Arbeiten über Körperlichkeit und Gentrifizierung schrieb ich, dass Gentrifizierung die Verdichtung einer Reihe von sozial-räumlichen Praktiken beinhaltet, die Körper innerhalb eines Geflechts aus Gender, *Race*, Klasse, (Post-)Kolonialität, Ability und Sexualität markieren und verorten.[11] Praktiken wie Yoga und gentrifizierte Elternschaft sind den Körpern derjenigen, die sie ausüben, eingeschrieben, und diese Körper senden wiederum Botschaften über die Räume aus, denen sie zugehörig sind.

Unternehmen und Einrichtungen, die die Kommodifizierung verschiedener Praktiken reproduzieren, sei es nun Yoga, gentrifizierte Elternschaft oder etwas anderes, können Teil der Gentrifizierung in einem Stadtteil sein, weil sie die Kosten für die Teilhabe am Leben der Community in die Höhe treiben und möglicherweise andere, günstigere Einrichtungen verdrängen. Diese Kommodifizierung ist häufig Ergebnis eines Prozesses der ›Verwestlichung‹, im Zuge dessen Kultur aus ihrem ursprünglichen Kontext gelöst wird, um sie für *weiße* Menschen der Mittelschicht attraktiv und erstrebenswert zu machen. Wie wir bereits gesehen haben, erleben Menschen aus der Arbeiter*innenklasse und rassifizierten Communitys das häufig als eine Form des Diebstahls. Yoga ist ein anschauliches Beispiel für das, was oft als ›kulturelle Aneignung‹ bezeichnet wird. Auch die Gentrifizierung hat, metaphorisch wie buchstäblich, enge Verbindungen zu diesem Konzept.

Aneignung: Zu meinem machen

Man kann an einem x-beliebigen Yogakurs in Nordamerika teilnehmen und wird in dieser Stunde mit Eindrücken, Gerüchen und Klängen überhäuft, die an die hinduistischen Ursprünge des Yoga erinnern sollen: Weihrauch, Sanskrit, Lotusblumen, Mandalas, Begriffe aus dem Yogasutra, Gesänge, Kirtan-Musik und natürlich der allseits beliebte Ausspruch ›Namaste‹ am Ende eines Kurses. Danach wird man wahrscheinlich genauso wenig über die kulturellen Ursprüngen und den Kontext des Yoga wissen wie zuvor, aber man hat wahrscheinlich ein Gefühl, als wüsste man nun mehr. Auf diese Weise funktioniert Aneignung und deshalb verwenden manche die Metapher der Gentrifizierung: Es geht darum, dass man das kulturelle Eigentum oder den Raum einer anderen Gruppe für sich beansprucht, vereinnahmt und sich zu eigen macht.

Kulturelle Aneignung meint die Verwendung von Symbolen, Lebensmitteln, Kleidung, Praktiken, Musik, Kunst und anderen kulturellen Aspekten durch Angehörige einer anderen Kultur ohne Einwilligung, Benennung der Herkunft oder tieferes Verständnis. Selbstverständlich wurde Kultur schon immer mit anderen geteilt und hybridisiert. Es ist praktisch unmöglich, kulturelle Reinheit zu behaupten. Trotzdem lässt sich sagen, dass nicht alle Aspekte unserer Kulturen, Religionen und Sprachen gleich offen und verfügbar für den Gebrauch durch andere sind.

Die Rechtswissenschaftlerin Chelsea Vowel, die Indigene und europäische Vorfahren hat, stellt fest, dass allen Kulturen Elemente eigen sind, die sich auf einer Skala zwischen einer vollkommen uneingeschränkten oder einer eben sehr eingeschränkten Nutzung einordnen lassen.[12] Essen kennt in der Regel keine Einschränkungen. Kleidung und Musik liegen vielleicht irgendwo dazwischen. Am anderen Ende der Skala finden wir aber diejenigen Bestandteile einer Kultur, die als heilig gelten, eine Frage der Ehre sind oder mit bestimmten Ritualen und Übergangsriten zu tun haben. In allen Kulturen gibt es Gegenstände und Praktiken, die bedeutender sind als andere, die für die Identität, die Geschichte und die Kämpfe einer Gruppe von zentraler Bedeutung sind. Dennoch zeigen sich viele Menschen ignorant gegenüber den unterschiedlichen Bedeutungen und Werten oder Regeln und Verbindlichkeiten im Zusammenhang mit kulturellen Objekten und Praktiken und denken, sie könnten sich frei daran bedienen. Wenn es sich jedoch um an bestimmte Voraussetzungen geknüpfte, heilige oder besonders bedeutungsvolle Aspekte der Kultur handelt, kann die (missbräuchliche) Verwendung durch Außenstehende als Beleidigung, Kolonisierung und Form des Diebstahls empfunden werden.

Die Aneignung ist nicht auf den interkulturellen Bereich beschränkt. Letztlich wird immer dann, wenn sich eine Gruppe etwas aneignet, das einer anderen wichtig ist, Macht ausgeübt. Die Tumblr-Nutzerin @thelilithnoir prägte im Jahr 2019 den Begriff ›Mentrifizierung‹, um zu benennen, was passiert, wenn »die Geschichte weiblicher Errungenschaften und Teilhabe«[13] von Männern überschrieben wird. In der ursprünglichen Debatte auf Tumblr ging es darum, dass Frauen keine Anerkennung dafür erhalten, dass sie großen Anteil am Erfolg der Star-Trek-Serie hatten, obwohl sie die erste nennenswerte Fangemeinde der Serie gebildet hatten. So wie es auch Frauen und Mädchen waren, die aus den Beatles globale Superstars machten, indem sie als erstes ihre Bedeutung erkannten. Beide kulturellen Phänomene galten zunächst als seicht, mädchenhaft, albern und frivol. Wie wurde daraus dann etwas für seriöse Nerds und Fangemeinden? Ganz einfach: Männer fingen an, sich dafür zu interessieren.

Können Männer bei diesen Vergnügen nicht einfach mitmachen? Nun ja, anstatt sich einfach nur dem Vergnügen anzuschließen, fangen Männer an, jedes Gespräch zu dominieren und ihre Meinung und Expertise über die der Frauen zu stellen. Der Beitrag von Frauen wird häufig völlig ausgelöscht und ihre Bemühungen, sich einzubringen, werden lächerlich gemacht. Neuen weiblichen Fans wird mit Herablassung, wenn nicht gar mit Feindseligkeit und Spott begegnet. Frauen werden in einem Bereich, der einmal der ihre war, zu Eindringlingen.

Die Journalistin Van Badham, die für den *Guardian* schreibt, betont, dass sich Mentrifizierung nicht auf das Fernsehen und Musik beschränkt. Sie verweist auf die wissenschaftlichen Leistungen von Frauen etwa in der Informatik oder Luft- und Raumfahrt, wo die Erfindungen von Frauen entweder vergessen oder von Männern für sich reklamiert wurden. Ein besonders bekanntes Beispiel ist Rosalind Franklins Entdeckung der Struktur der DNA, die dann von den Nobelpreisträgern James Watson und Francis Crick für sich beansprucht wurde. Mentrifizierung bildet den Gegenpol zu Feminisierung. Bei Letzterem werden Berufe, kulturelle Felder und Tätigkeiten, die einst eine Domäne der Männer waren – etwa Lehrtätigkeiten und Büroarbeit – abgewertet und stigmatisiert, sobald sie mit Frauen und Weiblichkeit in Verbindung gebracht werden.

Zwischen Gentrifizierung und Aneignung besteht eine materielle Verbindung, daher wird im allgemeinen Sprachgebrauch der Begriff

Gentrifizierung auch für Aneignung verwendet. In Städten wird der Beitrag, den marginalisierte Gruppen leisteten, um einen Stadtteil zu erhalten, eine lebendige Kultur zu erschaffen und die Wirtschaft zu entwickeln, häufig ausgeblendet, wenn das Viertel für *weiße* Neuankömmlinge aus der Mittelschicht aufbereitet wird.

Bei meiner Forschung über den Bau von Eigentumswohnungen in Toronto konnte ich feststellen, dass die Bauträger bei ihren Projekten gerne vom »Aufbau einer Community«, der »Errichtung einer lebendigen Nachbarschaft« oder der »Belebung« einer Gegend sprachen.[14] Sie erfinden einen neuen Namen für Stadtteile, als ob diese aus dem Nichts entstünden. Die Eigentumswohnungen, die im Zuge der »Wiederbelebung« von Regent Park, einem durch sozialen Wohnungsbau und einen schlechten Ruf gekennzeichneten Stadtteil, gebaut wurden, wurden nicht mehr ›Regent Park‹ genannt, sondern man griff auf die Bezeichnungen nahegelegener Straßen und Denkmäler zurück, um ja nicht an eines der Stereotype zu erinnern, mit dem die dort seit Jahrzehnten ansässige Community zu kämpfen hatte. Manche neue Wohnanlagen werden zwar außerhalb bereits bestehender Wohngegenden errichtet, doch die meisten befinden sich in unmittelbarer Nähe zu Communitys, die schon lange bestehen. Was genau wird also neu erschaffen und was wird vergessen?

Bei der Gentrifizierung als Form der Aneignung geht es genau darum, dass eine mächtigere Gruppe etwas an sich reißt und derart umgestaltet, dass darin ihre Werte, Identitäten und Normen widerspiegelt werden. Ob durch die Aneignung von Räumen und Einrichtungen der Community oder von Ästhetik und Kultur, Gentrifizierung beruht darauf, Wege zu finden, sich das anzueignen, was von anderen geschaffen wurde, und im selben Atemzug deren Anwesenheit, Beitrag und Geschichte auszulöschen.

In der Regel beinhaltet Aneignung die Kommodifizierung dessen, was gestohlen wurde, indem Möglichkeiten geschaffen werden, daraus Profit zu schlagen. Besonders ungeheuerlich ist das verständlicherweise dann, wenn es sich bei dem, was da zur Ware gemacht wird, um ein heiliges Symbol oder eine spirituelle Praxis handelt. Auch weniger wertvolle Aspekte einer Kultur, wie beispielsweise Lebensmittel, die ja bereits

Waren sind, können, wenn sie ›aufgewertet‹ werden, um sie teurer und exklusiver zu machen, einen Prozess der Gentrifizierung durchlaufen.

Upscaling: Teuer machen

Als der *weiße* Restaurantbesitzer Adam Kucenic aus Pittsburgh 2017 ankündigte, dass er ein »Brathähnchen-Restaurant im Hip-Hop-Stil der 90er« eröffnen wird, wurde in der Schwarzen Community der Stadt Kritik laut, dass es sich hier um kulturelle Aneignung und Gentrifizierung handeln würde. Der Journalist Brentin Mock beschreibt, wie er selbst damit zu kämpfen hatte, herauszufinden, was sich an diesem Vorhaben so falsch anfühlte:

> »Als afro-amerikanischer Kenner von Brathähnchen und Hip-Hop muss ich sagen, dass ich mich nicht persönlich angegriffen fühlte, als ich zum ersten Mal davon hörte. Ich hatte allerdings ein unbestimmtes Gefühl, dass daran irgendetwas falsch ist, aber es fiel mir schwer herauszufinden, was das genau war.«[15]

Mock begann, sich intensiver mit der Geschichte des Brathähnchens zu beschäftigen, das ursprünglich von versklavten Menschen für ihre Herren zubereitet worden war, bevor es schließlich zu einem zentralen Element des ›Soul Food‹ wurde, das trotz seiner Beliebtheit, die weit über die Schwarzen Communitys hinausgeht, noch immer für rassistische Witze herhalten muss.[16] Anders gesagt, ein Brathähnchen ist nicht einfach nur ein Brathähnchen: Ein Brathähnchen ist ein Lebensmittel mit einer komplizierten, vorbelasteten Geschichte. Wenn *Weiße* diese Geschichte ignorieren und versuchen, aus Schwarzer Kultur Kapital zu schlagen, indem sie sich diese aneignen und sie aufwerten, hinterlässt das einen schalen Beigeschmack.

Wenn Lebensmittel wie Brathähnchen gentrifiziert werden sollen, bedeutet das in der Regel, sie so zuzubereiten und zu servieren, dass der Preis in die Höhe klettert. Ich bezeichne das als *Upscaling*. Da der Preis eines Produkts im kapitalistischen System aufs Engste mit unserer Wahrnehmung des Werts verbunden ist oder damit, wie sehr wir es begehren, wird durch eine Erhöhung des Preises stets das Image eines Produkts verändert, sodass es für ein anderes Publikum attraktiv wird.

Wenn der Preis und der Wert, den wir mit einem Produkt verbinden, steigen, dann werden diese Produkte für wohlhabendere, meist w*eiße*, Konsument*innen interessant.

Beispiele für das Upscaling von Lebensmitteln lassen sich überall finden. Essen aus kleinen Küchen oder Buden auf der Straße, das meist aus günstigen, fettigen, salzigen und übrig gebliebenen Zutaten hergestellt wird, liefert für Menschen aus der Arbeiter*innenklasse sowie aus migrantischen und rassifizierten Communitys schnelle, praktische und billige Mahlzeiten. Diese Lebensmittel werden jedoch mit einer gewissen Regelmäßigkeit von *weißen* Gastronom*innen und Starköch*innen ›entdeckt‹, was man scherzhaft auch als ›Kolumbus-Syndrom‹ bezeichnet. Diese Gerichte kochen sie dann mit teuren und seltenen Varianten der eigentlichen Zutaten nach oder sie bieten sie in kreativer und ungewöhnlicher Form an.

Ein Beispiel dafür wäre das in New York überaus beliebte ›Chopped Cheese‹-Sandwich: Zerkleinerte Hamburger-Stücke werden mit Zwiebeln gebraten, dann kommen Käsescheiben dazu und man serviert sie mit verschiedenen Zutaten und Gewürzen auf einem Sandwichbrötchen. Bewohner*innen von New York erzählen in dem Dokumentarfilm *Hometown Hero: The Legend of New York's Chopped Cheese*, dass dieses Sandwich, dem bisher wenig Aufmerksamkeit geschenkt worden war, in einer Folge von *Parts Unknwon*, der Sendung des Fernsehkochs Anthony Bourdain, vorgestellt wurde, woraufhin gehobene Gastronom*innen eifrig eigene Variationen auf den Markt brachten – zum vierfachen Preis.[17]

Zahllose einfache Lebensmittel, die in migrantischen Communitys und in der Arbeiter*innenklasse beliebt waren, erfuhren in jüngster Zeit ein solches Upscaling. Donuts, Eiscreme, Poutine und natürlich Müsli sind Beispiele für einfache Lebensmittel, bei denen man Wege fand, sie zu absolut abgehobenen Preisen zu verkaufen. Diese Lebensmittel ›traditionell‹ statt industriell zuzubereiten und biologische Zutaten zu verwenden oder ausgefallene Variationen zu kreieren, kann diese Produkte in eine ganz neue Dimension der Exklusivität befördern. Die Leute stehen Schlange, um Donut- oder Eiscremespezialitäten zu kaufen, begierig, vier- oder fünfmal mehr Geld auszugeben, als sie bei Dairy Queen oder Dunkin' Donuts bezahlen würden.

Aber zurück nach Pittsburgh. Die Bewohner*innen von East Liberty, wo der *weiße* Gastronom sein Restaurant für Brathähnchen eröffnen wollte, haben guten Grund, misstrauisch gegenüber Veränderungen zu sein. Die Gegend wurde in den 1960er Jahren Opfer eines der größten Stadterneuerungsprogramme der USA. Ganze Stadtteile wurden abgerissen und durch eine Umgehungsstraße ersetzt, wodurch die lokale Wirtschaft massiv Schaden litt und eine Zeit des wirtschaftlichen und sozialen Niedergangs eingeleitet wurde.[18] In den 2000er Jahren lösten neue Entwicklungsvorhaben einen Prozess der Gentrifizierung aus und man fürchtete, dass es erneut zu Verdrängungen in dem überwiegend von Schwarzen bewohnten Viertel kommen könnte. Auch wenn ein Brathähnchen-Restaurant, das von einem *weißen* Eigentümer geführt wird, hier weder der Hauptschuldige noch der Sargnagel ist, verstanden die Anwohner*innen die Eröffnung dieses Restaurants nichtsdestotrotz als Zeichen dafür, dass, so wie ihr Essen aufgewertet und gentrifziert werden sollte, dies auch mit ihrer Community passieren würde.

Es gibt vielfältige Verbindungen zwischen Lebensmitteln und Gentrifizierung. Restaurants und Geschäfte und Märkte für Lebensmittel gelten, wenn sie zu einer Aufwertung eines Stadtteils im Hinblick auf die Preise und das Erscheinungsbild beitragen, als Anzeichen für Gentrifizierung.[19]

Keinen oder nur erschwerten Zugang zu erschwinglichen, nahrhaften oder kulturell entsprechenden Lebensmitteln zu haben, ist demgegenüber meist ein Anzeichen, dass es keine Investitionen in eine Gegend gibt, und führt zu ›Food Deserts‹, wie es in der Literatur genannt wird, also zu ›Lebensmittelwüsten‹.[20] Es gibt einen engen Zusammenhang zwischen ›Food Deserts‹ und rassifizierten Stadtteilen, sodass die Auswahlmöglichkeiten für Communitys of Color beschränkt sind und die Bewohner*innen für ihre täglichen Mahlzeiten häufig auf Straßenbuden und Fastfood-Lokale angewiesen sind. Das ist zwar aus ernährungswissenschaftlicher Sicht keineswegs ideal, jedoch werden diese Orte, wenn sie durch die Gentrifizierung verdrängt werden, nicht durch ähnlich erschwingliche, gesündere Optionen ersetzt. Vielmehr führt die Kombination aus hohen Preisen, kulturell wenig vertrauten Lebensmitteln und der Ästhetik *weißer* Gentrifier bei den

Menschen dazu, dass sie das Gefühl bekommen, nun eine noch geringere Auswahl zu haben.

Einer der vordergründig gesunden Ernährungstrends, der mit der Gentrifizierung assoziiert wird, ist der Veganismus. Beyoncés zeitweiliger Umstieg auf vegane Ernährung ist Ausdruck eines umfassenderen Trends, der pflanzliche Ernährung zu einem wünschenswerten Lebensstil aufwertete. Eine wachsende Industrie für vegane Lebensmittel und Körperpflegeprodukte, die von großen Konzernen hergestellt werden, ersetzte das Nischendasein und den DIY-Charakter des klischeebehafteten veganen Hippie-Lebensstils.

So wie es früher schon den ›Drynuary‹ gab, also den Vorsatz, den Januar über keinen Alkohol zu konsumieren, gibt es jetzt den ›Veganuary‹, der die Menschen dazu ermutigen soll, einen Monat lang vegan zu leben. Mittlerweile bieten selbst Fast-Food-Restaurants, kleine Imbisse, Tante-Emma-Läden und große Handelsketten vegane Produkte an. Das Image des Veganismus wandelte sich von einer sehr restriktiven, asketischen, politisierten Ernährungsweise hin zu einer, die auch ›normale‹ Menschen genießen können und in der all unsere Lieblingszutaten in hohem Maße vertreten sind: Fett, Zucker und Salz.

Auch wenn weltweit gesehen der Prozentsatz der Menschen, die sich vegan ernähren, irgendwo zwischen einem und vier Prozent liegen soll, scheint sich der Veganismus wachsender Beliebtheit zu erfreuen.[21] In den Vereinigten Staaten und im Vereinigten Königreich ist die Zahl der Menschen, die sich selbst als Veganer*innen bezeichnen, in den letzten Jahren um das Vier- bis Sechsfache gestiegen. Laut dem *Economist* war 2019 »das Jahr der Veganer*innen«.[22] Das zunehmende Bewusstsein über die ökologischen Folgen der Fleisch- und Milchproduktion ist zu einem Großteil für diesen Wandel verantwortlich. Aber auch das Image des Veganismus verändert sich und damit entwickelt der Trend ein Eigenleben, das ziemlich weit von den ökologischen und ethischen Anliegen entfernt ist, die den Veganismus eigentlich mal ausmachten.

Wie bei anderen Lebensmitteltrends auch steht der gestiegene gesellschaftliche Status des Veganismus in direktem Zusammenhang mit tatsächlichen Prozessen der Gentrifizierung. In Parkdale, einem

Stadtteil von Toronto, bildet die vegane Kultur die Speerspitze einer aggressiven Umgestaltung des Stadtteils. ›Vegandale‹ beansprucht habgierig Raum in dieser einkommensschwachen, von Migrant*innen bewohnten Gegend, ohne, wie es scheint, der dort lebenden Community Respekt zu zollen oder sie miteinzubeziehen.

Als ich das erste Mal von ›Vegandale‹ gehört habe, dachte ich, dass der Begriff von den Gegner*innen der Gentrifizierung in Parkdale erfunden worden sei. Als ich nach dem Begriff im Internet suchte, stieß ich jedoch sofort auf die schick aufgemachte Website *vegandale.com*, die mittlerweile nicht mehr online ist. Dort war eingangs direkt Folgendes zu lesen: »Vegandale ist das Mekka für ethisch denkende Menschen, mit dem Besten an veganen Lebensmitteln, Waren und Dienstleistungen, versammelt in nur einem einzigen Stadtteil.« In der Selbstdarstellung stand dann:

> »Für Veganer*innen und Menschen, die am Veganismus interessiert sind, gibt es keinen vergleichbaren Ort. Hier setzt man sich für eine Welt ein, in der die Ausbeutung von Tieren der Vergangenheit angehört. Unsere Wurzeln liegen im Abolitionismus und damit bildet unsere unmissverständliche Botschaft die Verbindung zwischen all unseren Projekten.«

In Anbetracht des Standorts von Vegandale frage ich mich, ob es nicht nur der Veganismus ist, den sie unmissverständlich vertreten.

Anscheinend war die Eröffnung der in Los Angeles ansässigen veganen Restaurantkette Doomie's ein entscheidender Moment. Murray Whyte, Journalist beim *Guardian*, schreibt in seinem Artikel mit dem Titel »My Parkdale Is Gone«, dass Doomie's »ein besonders aggressives Unternehmen ist, das die Gelegenheit sah, Parkdale eine völlig neue Identität zu verpassen.«[23] Whyte, der sorgfältig die zentrale Rolle globaler Investmentfirmen im Prozess der Gentrifizierung in Parkdale sichtbar macht, kommt zu dem Ergebnis, dass die Eigentümer*innen einer Reihe von veganen Geschäften das Viertel gezielt umzugestalten versuchten, auf eine Art und Weise, die sich wie eine »brutale Invasion« anfühlte. Die Anwohnerin Nerupa Somasale erzählte Whyte:

> »Hier wurde gezielt Geschichte ausradiert. (...) Sie versuchten, einen Teil des Viertels auf eine Art umzugestalten, von der niemand, der hier schon seit Jahren

lebt, etwas hat. Man gewann den Eindruck, als ob es hier zuvor nichts gegeben hätte, man also machen dürfe, was man will.«[24]

Man könnte meinen, dass eine ›Invasion‹ oder das ›Ausradieren‹ von Geschichte im Widerspruch zu den Werten des Veganismus steht, der fürsorglich, ethisch und freundlich daherkommt. Als ich weiter durch die Webseite von Vegandale scrollte, war ich wirklich sprachlos angesichts der drastischen Ausdrucksweise, mit der sie ihre Ziele und Errungenschaften beschrieben. Da stand zu lesen: »bereits vier Städte übernommen« oder »Null Fleisch, null Milchprodukte, null Bullshit«. Die Aufzählung endet mit der fadenscheinigen Behauptung, dass Millionen von Nicht-Veganer*innen bekehrt worden seien. Das selbsternannte »Mekka für ethisch Denkende und Hungrige«[25] scheint eine sehr eingeschränkte Vorstellung davon zu haben, auf wen sich die ethischen Verpflichtungen erstrecken.

Auch wenn sie sich damit rühmen, »kein Leid zu verursachen«, scheint ihnen ihre »unmissverständliche« moralische Haltung auf verdrehte Art und Weise die Berechtigung zu geben, andere ethische Anliegen mit Füßen zu treten. Der Veganismus ist hier zu einer Waffe geworden, um die räumliche Übernahme einer marginalisierten Community im Namen des »höheren Gutes« der Rettung von Tieren und des Planeten zu rechtfertigen.

Gentrifizierung ist eine Frage der Macht

In allen Beispielen dieses Kapitels funktioniert Gentrifizierung deswegen als Metapher, weil sie eine Kritik der Machtverhältnisse in den Mittelpunkt stellt. Ob es sich nun um Tattoos, Yoga oder Essen von der Straße handelt: Die Entwicklungen, die dafür sorgen, dass sie Teil der Mainstream-Kultur werden, und zwar so, dass sie am Ende teurer, exklusiver, *weißer* oder alles zugleich sind, sind von Machtverhältnissen durchzogen. Im Fall der Aneignung vereinnahmen dominante Gruppen, die über mehr soziale und wirtschaftliche Macht verfügen, Aspekte der Kulturen von Gruppen, die über weniger Macht verfügen, und finden meist Wege, um von diesem Diebstahl zu profitieren. Durch das Mainstreaming werden die Bedeutungen kultureller Praktiken und Symbole verwaschen oder von den Menschen, die sie ursprünglich bedeutsam machten, losgelöst. Kommodifizierung und Upscaling legen uns nahe, dem Weg des Geldes zu folgen: Wer profitiert in finanzieller Hinsicht, wenn günstige oder alltägliche Gegenstände und Praktiken in gewinnbringende Unternehmungen verwandelt werden? Alle diese Entwicklungen arbeiten daran, die bestehenden Machtverhältnisse entlang von Kolonialismus, *Race*, Gender, Sexualität und Klasse zu verstärken.

Wir alle wissen, dass das, was heute cool ist, es morgen schon nicht mehr sein muss. Designer*innen, Werbetreibende, Künstler*innen, Influencer*innen und andere, die dafür sorgen, dass neue Geschmäcke und Moden entstehen, sind stets auf der Jagd nach dem nächsten Trend, um ganz vorne dabei zu sein, bei dem, was gerade angesagt ist. Der Historiker Thomas Frank schreibt in seinem Buch *The Conquest of Cool*, dass die Gegenkultur das Bergwerk sei, in dem nach den nächsten angesagten Sounds und Stilen gegraben werde, ein Prozess, bei dem, auf der Suche nach einer neuen ergiebigen Ader, der Gegenkultur die Ecken und Kanten geschliffen werden.[26] Gentrifizierung funktioniert nach einer ähnlichen Logik, ganz gleich, ob man nun eher ihre kulturelle oder ihre ökonomische Erzählung bevorzugt. Bauträger und Immobilieninvestor*innen sind immer auf der Suche nach dem nächsten Stadtteil, bevor dieser cool wird, um ihre Gewinne zu maximieren.

Die Verbindung der Gentrifizierung mit dem Konzept der Verdrängung verknüpft sie auch mit Aneignung und Kommodifizierung. Verdrängung findet wie gesagt auf vielen Ebenen statt: emotional, zwischenmenschlich, generationenübergreifend, kulturell und eben auch räumlich. Wenn soziale und kulturelle Praktiken aus ihrem ursprünglichen Kontext und ihrer ursprünglichen Community entfernt werden, um von anderen modifiziert und kommodifiziert zu werden, findet auch hier eine Art von Verdrängung statt.

Da sich Kulturen aus all den verschiedenen materiellen und immateriellen Elementen zusammensetzen, die wir als besonders und bedeutsam begreifen, ist der Diebstahl, die Auslöschung oder die Pervertierung dieser Elemente vergleichbar mit dem Verlust des Zuhauses. Wenn unsere Bindung zu all dem, was uns einzigartig macht, geschwächt wird, werden wir von unserem kulturellen Zuhause abgelöst und getrennt. Insofern ist die Geschichte von der ›Gentrifizierung als Metapher‹ äußerst bedeutsam, da sie den Communitys ermöglicht, Entwicklungen, die vielen als völlig harmlos und folgenlos für das Wohlbefinden von Menschen erscheinen, zu kritisieren und sich gegen sie zur Wehr zu setzen.

Mainstreaming, Aneignung, Kommodifizierung und Upscaling sind Teil der urbanen Gentrifizierung, die vielerorts stattfindet. Die Autorin Céline Chuang schreibt über den Kummer, den sie empfindet, wenn sie die Veränderungen in Vancouvers Chinatown in der Downtown Eastside beobachtet:

> »Zuerst war es das Hipstercafé, das direkt gegenüber einem kleinen Hotel, das es hier schon sehr lange gab, eröffnete. (…) Dann kam der schicke Lebensmittelladen mit einem Wachmann vor der Tür, dann ein veganer Kuchenladen und dann ein Poke-Restaurant. Das Chinatown, das ich mal kannte, wurde systematisch beseitigt. Die Zahl der Läden mit billigen Produkten, Fertigprodukten, Kräutern und traditioneller Medizin nimmt immer weiter ab.«[27]

Chuang schreibt auch, dass einige der Unternehmen, die die Gentrifizierung vorantreiben, ihre Schilder mit chinesischen Schriftzeichen versehen haben; ihre Preise hingegen sind für die meisten der Bewohner*innen, die in einer der ärmsten Gegenden von Kanada leben, unerschwinglich.

Wenn die Gentrifizierung von Räumen, Lebensmitteln, Klängen, Symbolen und Praktiken der Menschen voranschreitet, hat das, wie Chuang es beschreibt, zur Folge, dass die gemeinsame Erinnerung ausradiert wird. Denn was sind Kulturen schlussendlich anderes als eine Ansammlung von Erinnerungen, die durch Gegenstände, Orte und Praktiken am Leben erhalten werden, die wir von Generation zu Generation weitergeben? Wenn dann die Gentrifizierung und die damit verbundenen Verdrängungen herannahen, besteht die Gefahr, dass das Gedächtnis Schaden nimmt, indem die Bedeutungen und die Geschichte, die mit einer Kultur und einem Ort verbunden sind, zum Verschwinden gebracht werden. Chuang betont, dass eine intensive Erinnerungsarbeit schon sehr lange Teil der Widerstandsstrategien Indigener Menschen, rassifizierter Gruppen und migrantischer Communitys ist, die in ihren

Kämpfen versuchen, die Geschichte lebendig zu halten, und auf ihrem Recht bestehen, zu bleiben.

Gentrifizierung, ob nun metaphorisch oder nicht, scheint frustrierenderweise allgegenwärtig zu sein. So schwer es ist, urbane Räume zu finden, die nicht von der Gentrifizierung betroffen sind, – es ist umso schwieriger, kulturelle Elemente zu finden, die noch nicht von Kommodifizierung oder Aneignung erfasst wurden. Anstatt jedoch Vorstellungen von reinen, unberührten Orten und Kulturen zu verfolgen, ist es wichtiger, dass wir uns den Strategien des Widerstands, des Durchhaltevermögens und des Überlebens widmen. Macht wirkt nie nur in eine Richtung. Überall dort, wo mächtige Kräfte in wirken, halten Menschen dagegen.

Gentrifizierung ist unvermeidlich

Im November 2019 drang eine kleine Gruppe Frauen im kalifornischen Oakland in ein leer stehendes Haus ein, mit der Absicht, so lange zu bleiben, bis *irgendjemand irgendetwas* gegen die akute Wohnungskrise in der Bay Area unternimmt. Die *Oakland Moms 4 Housing* lenkten die Aufmerksamkeit auf die rasante Gentrifizierung, ein Problem, das durch Immobilien, die sich im Besitz von Spekulant*innen befinden und trotz der Wohnungsknappheit leer stehen, noch verschärft wurde. Da die Aktivistinnen Frauen waren, die von Wohnungslosigkeit betroffen sind oder waren, handelte es sich vor allem um Frauen of Color mit dem Ziel, den »Wohnraum von den Großbanken und Immobilienspekulant*innen für die Community der Stadt Oakland zurückzufordern.«[1]

Das besetzte Haus war im Eigentum von Wedgewood Properties, einer Investmentgesellschaft, die sich auf zwangsversteigerte Wohnimmobilien spezialisiert hat. Ihr Geschäftsmodell ist der Kauf und Verkauf von Schnäppchenhäusern: Sie kaufen günstige Immobilien, renovieren diese und verkaufen sie mit großem Gewinn weiter. Laut dem Fernsehsender *NBC Bay Area* ist das Unternehmen mit diesem Geschäftsmodell in der Bay Area und darüber hinaus sehr erfolgreich.[2] Die erste Reaktion von Wedgewood auf den Protest war, dass sie behaupteten, die wohnungslosen Frauen hätten das Haus ›gestohlen‹.

Als bekannt wurde, dass der Sheriff am 14. Januar 2020 einen Räumungsbefehl vollstrecken wollte, begannen sich die Unterstützer*innen von *Moms 4 Housing* zu versammeln. Aktivist*innen bildeten eine Menschenkette um das Haus und Freiwillige sorgten für die Sicherheit. Dennoch drangen die Polizeikräfte in das Haus ein, schafften die Protestierenden fort, warfen ihre Möbel auf die Straße und verhafteten zwei von ihnen. Die Menschen vor dem Haus dokumentierten die Räumung mit ihren Handys und die Videos davon verbreiteten sich rasch in den sozialen Medien.

Dieser relativ kleine Protest erregte große Aufmerksamkeit, auch bei der Stadtpolitik, und einige der Politiker*innen unterstützten die Forderung der Frauen nach einem Grundrecht auf Wohnen und ihr Anliegen, dass Menschen nicht obdachlos sein sollten, während Immobilien leer stehen.[3] Die mediale Aufmerksamkeit und die politische Unterstützung, wie wohl auch ein gewisses Maß an schlechter Öffentlichkeitsarbeit von Wedgewood Properties, führten zu einem spektakulären und unerwarteten Erfolg: Ende Januar stimmte der Eigentümer zu, das Haus dem *Community Land Trust* (CLT) der Stadt Oakland zum Marktpreis zu überlassen, damit dieser es sanieren kann. Die Gruppe der Frauen sollte dann dauerhaft bleiben können.

Kürzlich gab es Berichte, dass Wedgewood in Gesprächen mit dem Bürgermeister von Oakland zumindest mündlich zugesagt habe, dem CLT das Vorkaufsrecht für etwa 50 Häuser einzuräumen, die sich derzeit in ihrem Besitz befinden, sowie für Immobilien, die sie in Zukunft erwerben werden. Auch wenn dies zumindest vorläufig ein Erfolg ist, fragen sich die Frauen, die das Haus besetzt hatten, warum sie eine Räumung und Verhaftungen ertragen mussten – ganz zu schweigen von den monatelangen Anfeindungen und negativen Presseberichten, in denen sie als Kriminelle und Eindringlinge bezeichnet worden waren –, bevor es zu dieser Übereinkunft kommen konnte.

Nichtsdestotrotz erhielten dadurch Bewegungen, die gegen Wohnungslosigkeit, Vertreibung und Immobilienspekulation kämpfen, gehörigen Auftrieb, und das in einer Stadt, in der etwa 4.000 Menschen wohnungslos sind und die Schwarze Bevölkerung in den letzten 40 Jahren um rund 50 Prozent zurückging. Die Erinnerung an die 36 Toten durch den Brand des Wohnraums eines Künstler*innen-Kollektivs namens *Ghost Ship*, eine in Fruitvale, einem Stadtteil von Oakland, gelegene Industriehalle, ist noch sehr präsent. Durch diesen schrecklichen Brand werden wir daran erinnert, dass es für einkommensschwache Menschen wie Künstler*innen immer weniger Wohnungen gibt, was dazu führt, dass viele dieser Menschen in prekären, wenn nicht lebensbedrohlichen Situationen leben.

Eingangs zu diesem Buch schrieb ich davon, dass es problematisch ist, wenn wir uns Gentrifizierung als Teil der natürlichen Entwicklung einer Stadt vorstellen. Selbst wenn man diese Vorstellung nicht teilt, ist es leicht, der Erzählung, dass sich Gentrifizierung nicht aufhalten lässt, zu glauben. Diese Erzählung ist so mächtig und so weit verbreitet, dass es scheint, sie müsse einfach wahr sein. Uns kommen nur wenige Geschichten über den Widerstand zu Ohren und noch weniger über Communitys, die Gentrifizierung verhinderten, aufhielten oder zumindest verlangsamten. Es gibt solche Fälle, doch sie sind selten über das lokale Umfeld hinaus bekannt. Zudem ist der Widerstand gegen Gentrifizierung trotz der umfangreichen wissenschaftlichen Literatur zu dem Thema noch immer wenig erforscht und nur selten Gegenstand der theoretischen Auseinandersetzung.[4]

Ganz so wie es rund um Verdrängung zu einer Debatte kam, wie man diese definieren und messen könne, verhält es sich auch beim Widerstand. Lässt er sich in Zahlen ausdrücken? Anhand welcher Faktoren lässt sich sagen, ob die Gentrifizierung verlangsamt wurde: Anhand der Verdrängung, der Immobilienpreise, einer verzögerten Entwicklung, des Einkommensniveaus, der Zufriedenheit oder Unzufriedenheit der Menschen? Zudem wird es keinen Konsens in der Frage geben, ob die Gentrifizierung an einem bestimmten Ort erfolgreich gestoppt wurde, da es eine subjektive Einschätzung ist, ob bestimmte Veränderungen erwünscht sind oder eben nicht, eine Einschätzung, die vom sozialen und wirtschaftlichen Status abhängig ist. Widerstand ist zudem überaus vielfältig: von symbolischen zu direkten Aktionen, von Interventionen in die Politik bis zur Schaffung alternativer Wohnmöglichkeiten.[5]

Es gibt häufig eine Kommunikationslücke zwischen Expert*innen, etwa Wissenschaftler*innen, auf der einen und Aktivist*innen und Community-Organizer*innen auf der anderen Seite, die sowohl die Arbeit erledigen, als auch Strategien und Empfehlungen erarbeiten. Ihre Arbeit schafft es aber nicht in die ›seriöse‹ wissenschaftliche Literatur über Gentrifizierung, es sei denn, ein*e Forscher*in stolpert zufällig darüber oder ist bereits in der Community aktiv.[6] Da Wissen, das in formellen (institutionellen) Kontexten produziert wird, anders bewertet wird als solches, das in informellen (aktivistischen) Kontexten entsteht, wird das Wissen, das von Organizer*innen geschaffen wird, gerne als anekdotisch und nicht ausreichend belegt abgetan. Das bedeutet bedauerlicherweise, dass es zwar aller Wahrscheinlichkeit nach durchaus ein profundes Wissen darüber gibt, wie man gegen Gentrifizierung kämpfen kann, dieses Wissen es aber einfach nicht in die offiziellen Erzählungen schafft.

Wissenschaftler*innen neigen, wie der Geograf Clyde Woods festhält, darüber hinaus dazu, als ›Leichenbeschauer*innen‹ aufzutreten, die dann allzu rasch und bereitwillig das Ende einer Community verkünden, insbesondere wenn es sich um Schwarze Communitys handelt. Woods schreibt, dass »es verfrüht ist, dem afroamerikanischen Communityleben den Totenschein auszustellen«, und er verlangt von den Wissenschaftler*innen, dass sie sich stärker mit den Motiven ihrer Arbeit beschäftigen sollten:

> »Sind die Werkzeuge der Theorie, Methode, Lehre und sozialen Verantwortung mittlerweile so verrostet, dass sie nur noch für Autopsien verwendet werden können? Spiegelt unsere Forschung in irgendeiner Weise die Erfahrungen, Standpunkte und Bedürfnisse der Bewohner*innen dieser sterbenden Communitys wider? Und: Ist der Patient wirklich tot? Und welche Rolle spielen Wissenschaftler*innen bei dieser sozialen Triage?«[7]

Wenn Wissenschaftler*innen, Planer*innen, Bauträger, politische Entscheidungsträger*innen oder die Medien stets so tun, als ob Gentrifizierung zwangsläufig unaufhaltsam voranschreite, führt das dazu, dass wir davon ausgehen, dass es für einen Stadtteil oder seine Bewohner*innen keine Hoffnung mehr gibt. Woods legt nahe, dass es einigen Wissenschaftler*innen eine seltsame Art der Befriedigung zu verschaffen scheint, wenn sie den Tod ganzer Communitys oder Lebensweisen verkünden können, als ob deren Ende schon immer vorhersehbar gewesen sei. Derartige Flausen entspringen zweifelsohne einem Denken, dem Kapitalismus und weiße Vorherrschaft zugrunde liegen. Mit anderen Worten: Gentrifizierung als unausweichlich zu betrachten, spielt denjenigen in die Hände, die schon immer wollten, dass diese Communitys verschwinden.

Die Sprache, die zur Beschreibung von Communitys verwendet wird, welche sich auf Gentrifizierung gefasst machen müssen oder diese bereits erleben, verstärkt diesen Eindruck der ›Leichenbeschau‹ nur noch. Die Geografin Katherine McKittrick liefert eine pointierte Analyse des Vokabulars, das für Räume Schwarzer Communitys verwendet wird und welches, wie sie meint, den Anspruch Schwarzer Communitys auf diese Räume untergräbt. Diese Ansprüche auf einen Ort sind für den Kampf gegen Gentrifizierung und für die Durchsetzung des Rechts darauf, bleiben zu können, von zentraler Bedeutung. Wenn diese Ansprüche Stein für Stein und Wort für Wort demontiert werden, dann ist es ein Leichtes, Gentrifizierung und andere Kräfte der Vertreibung und Enteignung zu naturalisieren. McKittrick beschreibt dieses problematische Vokabular, das, wie sie meint, die Geografien der Anderen zurückweist, indem diese als »unbewohnbar« dargestellt werden. Die Orte Schwarzen Lebens werden »als Schlachtfelder beschrieben, als verbrannt, schrecklich, besetzt, belagert, ungesund, eingesperrt, ausgelöscht, ausgehungert, zerrissen, gefährdet.«[8]

Diese Adjektive qualifizieren einen Ort als ›unmenschlich‹. Wenn man die Anwesenheit von Menschen beiseitelässt oder auslöscht, dann können Gentrifizierung und Entwicklung mittels einer modernen Version einer ›terra nullius‹ verfahren. ›Terra nullius‹ bezieht sich auf die Überzeugung der Kolonisator*innen, dass sie Besitzansprüche auf ein neu ›entdecktes‹ Land erheben durften, wenn dieses Land ›leer‹ von Bewohner*innen war. Das wurde derart gedreht und gewendet, dass die offensichtliche Existenz und Nutzung des Landes durch Indigene Menschen keine Berücksichtigung fand.[9]

Wie bereits erwähnt verwendet die Literatur über Gentrifizierung des Öfteren Metaphern der Kolonisierung, um zu beschreiben, was da geschieht. Es ist kein Zufall, dass Investor*innen und Stadtplaner*innen Projekte der Gentrifizierung gerne so darstellen, dass ›in einem unterentwickelten Gebiet‹ eine Community ›aufgebaut‹ werde, oder dass sie Adjektive wie ›verlassen‹, ›ungenutzt‹, ›heruntergekommen‹ und ›verfallen‹ verwenden, um Stadtteile zu beschreiben, die einer ›Wiederbelebung‹ bedürfen.[10]

Eine solche Sprache löscht die Communitys, die bereits an einem Ort leben, richtiggehend aus und spricht ihnen ihre Verbindungen zu diesem Ort ab. Bei Communitys, deren Anwesenheit, Kultur und Gefühl für einen Ort von dominanten Gruppen nicht gesehen oder legitimiert werden, lässt sich das ohne Weiteres erreichen. So werden beispielsweise Communitys von armen Menschen oder solchen, die in schlechten Wohnungen leben oder mit Suchtproblemen und psychischen Problemen zu kämpfen haben, wie sie etwa in Vancouvers Downtown Eastside oder in der Skid Row von Los Angeles existieren, in der Regel nicht als echte Communitys angesehen und ihnen wird abgesprochen, eine wirkliche, mit den Communitys von Hausbesitzer*innen oder anderen privilegierten Gruppen vergleichbare Verbundenheit zu ihrem Ort zu haben.

Es ist von Bedeutung, wie wir über Gentrifizierung sprechen. Es ist zweifelsohne wichtig, im Hinblick auf die Gewalt der Verdrängung und der Sanierungsprojekte eine klare Sprache zu sprechen, doch ist es ein schmaler Grat, ob man das verursachte Leid beschreibt oder den unvermeidlichen Untergang prognostiziert. Die Titel populärwissenschaftlicher Bücher, die Kritik an der Gentrifizierung üben wollen, machen manchmal genau diesen Fehler: *Hollow City* (Dt.: Ausgehöhlte Stadt), *How to Kill a City* (Dt.: Wie man eine Stadt umbringt), *Vanishing New York: How a Great City Lost Its Soul* (Dt.: New York verschwindet: Wie eine großartige Stadt ihre Seele verlor), *St. Marks Is Dead* (Dt.: St. Marks ist tot).[11] Einen Hoffnungsschimmer zu finden oder gar Fallstudien über erfolgreiche Kämpfe, ist nicht leicht. Wir müssen uns der Gefahr bewusst sein, die Sache allzu leicht aufzugeben, was letztlich die Mächtigen aus der Verantwortung entlässt und die angebliche Unvermeidbarkeit der kapitalistischen Entwicklungsweise und der von ihr erzeugten Ungleichheiten stärkt.

Das führt nicht nur zu einem Gefühl der Hoffnungslosigkeit, sondern wir ignorieren damit auch vollständig die lange Geschichte zäh und beharrlich geführter Kämpfe. Indigene Kulturen überlebten jahrhundertelang eine extreme Form der Verdrängung und Kolonisierung und bis heute widerstehen sie Formen der Umsiedlung und Enteignung, einschließlich der Gentrifizierung. Schwarze Communitys bewahren die Kraft der Kämpfe ihrer Vorfahren gegen Verdrängung durch Landraub, Segregation, Umweltrassismus, Stadterneuerung und vieles mehr. Migrantische Communitys und Communitys der Arbeiter*innenklasse setzten sich durch Hausbesetzungen, direkte Aktionen und politische Organisierung zur Wehr, um zu verhindern, dass sie kein Zuhause mehr haben. Wenn wir behaupten, Gentrifizierung ließe sich nicht aufhalten, vermitteln wir damit, dass frühere Bewegungen erfolglos geblieben seien, und riskieren, dass das in den Communitys vorhandene Wissen darüber, wie man es schafft, das Recht zu bleiben durchzusetzen, verlorengeht.

Bereits ein Beispiel des erfolgreichen Widerstands gegen Gentrifizierung reicht aus, um zu zeigen, dass diese nicht unvermeidlich ist. Glücklicherweise gibt es weit mehr als nur ein Beispiel. Ganz gleich, ob wir uns nun darauf einigen können, wie dieser Erfolg zu messen ist, können und müssen wir aus diesen Beispielen lernen, um herauszufinden, was warum funktioniert hat. Allerdings kann weder ein einzelnes Kapitel noch ein ganzes Buch der Bandbreite an Geschichten, Strategien und Erfolgen des Widerstands, die es rund um den Globus gibt, gerecht werden. Trotzdem bekommen wir, wenn wir uns Beispiele aus allen Kontinenten ansehen, einen Einblick, wo und wie Gentrifizierung gestoppt oder rückgängig gemacht oder zumindest abgeschwächt wurde und ihr Verlauf auf unterschiedliche Weise verändert werden konnte.

In einigen dieser Beispiele handelt es sich um mutige Graswurzelinitiativen, bei anderen um politische Maßnahmen seitens des Staates, die versuchen, das ›Recht zu bleiben‹ durchzusetzen. In jedem Fall arbeiten die Menschen entsprechend ihres Umfelds und der lokalen Bedingungen darauf hin, dass sie selbst und ihre Community eine Zukunft haben. Die nun folgenden sieben Möglichkeiten, sich gegen Gentrifizierung zur Wehr zu setzen, sollen keine vollständige Aufzählung möglicher Strategien sein, sondern Beispiele aus aller Welt hervorheben, bei denen sich Menschen weigerten, zu akzeptieren, dass man Gentrifizierung nicht aufhalten könne.

Die Kontrolle übernehmen

Wie kann eine Community verhindern, dass Wohnungen, Gewerbeflächen und Grundstücke an Ortsfremde verkauft, von Bauträgern aufgekauft oder von der Stadt für Sanierungsprojekte genutzt werden? Dort, wo das Privateigentum regiert, gibt es keine Möglichkeit, Nachbar*innen daran zu hindern, an die Meistbietenden zu verkaufen. In vielen Nachbarschaften gibt es jedoch erste Schritte, um anders mit Eigentum umzugehen, und zwar durch die Bildung von *Community Land Trusts* (CLT) oder anderen kommunalen und genossenschaftlichen Formen des Eigentums. Diese alternativen Formen ermöglichen es, zumindest vorübergehend, das Schicksal der Nachbarschaft selbst in die Hand zu nehmen.[12]

Das Ziel eines CLT besteht darin, den Wohnraum in Gegenden erschwinglich zu halten, die Gefahr laufen, dass mit Immobilien spekuliert wird, und in denen die Preise sprunghaft steigen könnten. In Buffalo, New York, sah sich das geschichtsträchtige Schwarze Viertel Fruit Belt mit zunehmender Gentrifizierung konfrontiert, als der nahegelegene Campus des Buffalo Niagara Medical Center – mit rund 17.000 Beschäftigten – erweitert wurde. In dieser Gegend befinden sich einige der ältesten Wohngebäude des Landes, in sehr unterschiedlichem Zustand.

Die Spekulation nahm schnell Fahrt auf. Die Mieten begannen zu steigen. Hausbesitzer*innen nutzten die Chance, verkauften und zogen weiter. Die Gentrifizierung begann. Im Jahr 2017 gründeten Organizer*innen den ersten CLT der Stadt, um das Viertel zu schützen. Bemerkenswerterweise – was für die Stadt vielsprechend ist – war India Walton, eine bekannte ›sozialistische‹ Aktivistin und ehemalige Kandidatin der Demokraten für das Bürgermeister*innenamt, die erste Geschäftsführerin des CLT.[13]

Ziel eines gemeinnützigen CLT ist es, den »Bewohner*innen die Kontrolle über die Grundstücke ihres Stadtteils zu übertragen und dafür zu sorgen, dass der Wohnraum dort erschwinglich bleibt.«[14] Die Stadt Buffalo, die 200 Grundstücke im Fruit Belt besitzt, übertrug dem CLT zunächst 20 Grundstücke und verhängte, während ein Strategieplan für das Viertel entwickelt wurde, ein Verbot für den Verkauf der restlichen. Der *Land Trust* sieht vor, dass die Grundstücke für zumindest 99 Jahre nicht privat verkauft werden dürfen, wodurch Bauträger, reiche Hausbesitzer*innen und Spekulant*innen außen vor bleiben.

»Land Trust, not Land Rush« lautet die Devise, also das Land in Obhut nehmen statt es in Profit zu verwandeln. Auch wenn der Fruit

Belt CLT noch ganz am Anfang steht und weiterer Finanzmittel bedarf, gibt er Anlass zur Hoffnung, dass die geschichtsträchtige Nachbarschaft in einer Form erhalten werden kann, die im Sinne der Menschen ist, die bereits dort leben.

Die Milton Park Community (CMP) in Montreal ist ein frühes Beispiel der gesellschaftlichen Mobilisierung mit dem Ziel, durch die Gründung einer Wohnungsbaugenossenschaft Gentrifizierung zu verhindern. Die historische Gegend mit ihrem einzigartigen Wohnungsbestand, die an den Campus der McGill-Universität grenzt, war akut von der Gentrifizierung bedroht, als ein Investor in den 1970er Jahren 90 Prozent der Wohnungen aufkaufte, mit der Absicht, sie abzureißen und moderne Hochhäuser zu errichten.

Die Community suchte nach einer sicheren und langfristigen Lösung, die dafür sorgen sollte, dass der historische Wohnungsbestand für viele Jahrzehnte erhalten und vor allem auch erschwinglich bleibt. Angeregt durch direkte Aktionen und den Versuch, mit dem Bauträger zu verhandeln, wurde das Projekt durch die kanadische Bundesbehörde für Wohnungswesen unterstützt, die die Gebäude in der Folge vom Bauträger erwarb. Schlussendlich wurde eine Struktur geschaffen, die der von Eigentumswohnungen ähnelt, bei der sich die Gebäude im Besitz von fünfzehn Wohnungsgenossenschaften und sechs gemeinnützigen Wohnungsbaugesellschaften befinden. Die CMP hält die Grundstücke und Gebäude in treuhänderischer Verwaltung und einzelne Wohnungen können weder gekauft noch verkauft werden. Es ist das größte genossenschaftliche Wohnprojekt in Nordamerika und es sorgte erfolgreich dafür, dass Haushalte mit niedrigen und sehr niedrigen Einkommen in der Innenstadt verbleiben konnten.[15]

In der Evergreen Cooperative in Cleveland ist man davon überzeugt, dass Unternehmen im Eigentum der Arbeiter*innen sowie grüne, existenzsichernde Arbeitsplätze in einkommensschwachen Vierteln ein wesentlicher Faktor für die lokale wirtschaftliche Entwicklung und die Stabilisierung des Viertels sind.[16] Das sogenannte Cleveland Modell reagiert auf einen historisch bedingten und rassistisch motivierten Mangel an Investition in Industriestädten und setzt auf ›Ankerinstitutionen‹ wie Krankenhäuser und Universitäten, um alternative Wege der Wohlstandsbildung, geteilten Ressourcennutzung und Investition in die Community zu befördern.

Dabei werden üblicherweise recht kleine Arbeiter*innen-Kooperativen zu größeren Unternehmen ausgebaut, die sich miteinander vernetzen, um die Community zu unterstützen. Vor allem aber verfügt Evergreen über ein Programm zur Schaffung von Wohneigentum. Evergreen verkauft Immobilien, die zwangsversteigert oder aufgegeben wurden, an Arbeiter*innen der Kooperativen, sodass sie in der Hand der Community bleiben und die Arbeiter*innen an etwas Wohlstand gelangen können. Arbeiter*innen, die nicht kreditwürdig sind oder eine Haftstrafe verbüßen mussten, bekommen die Möglichkeit, innerhalb von vier bis sechs Jahren Eigentümer*innen ihres Hauses zu werden, indem ihnen einfach jede Woche etwas vom Lohn abgezogen wird, wobei keine Anzahlung erforderlich ist und sie nicht gezwungen sind, bei einem herkömmlichen Kreditinstitut einen Antrag zu stellen.[17]

Politik machen

Genossenschaften oder CLTs zu gründen, Eigentum zu erwerben und eine gewisse Kontrolle durch die Community aufrechtzuerhalten erfordert viel Zeit und Ressourcen sowie eine Zusammenarbeit mit gemeinnützigen und staatlichen Einrichtungen. Es ist kein leichtes Unterfangen, den Klauen der kapitalistischen Wirtschaft, die sich jeder Regulierung entzieht, eine gewisse Kontrolle über den Wohnungsmarkt zu entreißen. Trotzdem greifen viele auf juristische Mittel und an staatlicher Politik orientierte Strategien zurück, um den Prozess der Gentrifizierung zu verhindern oder zu erschweren.

Sie bedienen sich dabei Instrumenten wie Bebauungsplänen, Verordnungen, kommunalen Gesetzen und der Planungspolitik ganz allgemein. Bei vielen dieser Instrumente stellte sich heraus, dass es nicht so einfach ist, sie zu handhaben, sodass eine Vielzahl unbeabsichtigter Folgen der Gentrifizierung erst recht den Weg bahnen können. Im Zeitalter des neoliberalen Urbanismus, in dem die Deregulierung vorangetrieben wird, sind es in der Regel hartnäckige Mobilisierungen von unten, die zum Eingreifen der Politik führen, anstatt dass sich der Staat selbst genötigt sehen würde, für Gerechtigkeit zu sorgen. Selbstverständlich geraten viele Regierungen, die damit konfrontiert sind, dass es zu wenig bezahlbaren Wohnraum gibt und überall auf der Welt von der ›Wohnungskrise‹ die Rede ist, zunehmend unter Druck, ihre Möglichkeiten der Regulierung auch zu nutzen, um dem Chaos, das der Neoliberalismus im Laufe von Jahrzehnten anrichtete, etwas entgegenzusetzen.

Die Geografinnen María Carla Rodríguez und María Mercedes Di Virgilio beobachteten in ihrer Forschung, dass in drei Arbeiter*innen- bzw. Industrievierteln im Süden der argentinischen Stadt Buenos Aires in den 1990er Jahren durch Stadterneuerungsprogramme, Infrastrukturprojekte und neoliberale Public-Private-Partnership-Projekte Verdrängung stattfand. Die von den Bewohner*innen organisierten Proteste waren entscheidend dafür, dass die Regierung im Jahr 2000 gezwungen werden konnte, das Gesetz 341 zu verabschieden.[18] Dieses Gesetz ermöglicht es einer städtischen Institution, sozialen Organisationen Darlehen für neue oder sanierungsbedürftige Wohnprojekte zu gewähren, die einkommensschwachen Haushalten zugute kommen.

Die Basisorganisationen bestanden darauf, dass Wohnen ein Menschenrecht ist und die Communitys die Möglichkeit haben sollten, selbst die Bebauungspläne zu gestalten. Laut einer Studie aus dem Jahr 2012 repräsentieren die in den neuen Programmen registrierten Organisationen inzwischen mehr als zehntausend Familien und mehr als hundert Kooperativen konnten in der Stadt Grundstücke kaufen. Vor allem aber konnte der soziale Wohnungsbau in den Gebieten, die gerade gentrifiziert wurden, einen Fuß in die Tür bekommen.

Es ist ein schwieriger Kampf, das Recht auf Wohnen, das Recht zu bleiben oder das Recht auf eine Community gesetzlich zu verankern. Die Geograf*innen Phil Hubbard und Loretta Lees heben hervor, dass unsere Rechtssysteme für gewöhnlich im Sinne der Besitzenden und des Staates (als letzter Entscheidungsinstanz über die Eigentumsrechte) gestaltet sind.[19] In London verdrängte eine massive Welle der ›Siedlungssanierung‹, bei der Sozialwohnungen abgerissen oder renoviert wurden, einkommensschwache, rassifizierte Bewohner*innen, da private Bauträger mit der Sanierung dieser Siedlungen beauftragt wurden, wo sie dann privaten Wohnraum errichten konnten.

Hubbard und Lees zufolge sahen viele in diesen Sanierungen einen Prozess der sozialen Säuberung, da die Bewohner*innen geräumt und über die ganze Stadt verstreut wurden. Doch die Mieter*innen von Aylesbury konnten vor Gericht einen Erfolg erringen und ihre Vertreibung verhindern. Im Gerichtsentscheid wurden insbesondere die inakzeptable ›Verlagerung des Familienlebens‹ sowie die unverhältnismäßig großen Auswirkungen auf rassifizierte Bewohner*innen hervorgehoben. Hubbard und Lees meinen, dass diese Entscheidung anerkenne, dass Menschen nicht nur ein Recht auf eine Wohnung, sondern auch ein Recht auf ihre Community haben, das heißt, dass es nicht mit einer beliebigen Wohnung in einem beliebigen Stadtteil getan ist. Der Kontext zählt.

Auch wenn diese Entscheidung die Sanierungswelle in London nicht aufhalten konnte, so ebnet sie dennoch einen Weg für zukünftige Herausforderungen und eröffnet die Möglichkeit, das ›Recht zu bleiben‹ juristisch zu verankern.

Vereinbarungen zum Wohle der Community können ein nützliches Instrument sein, um bezahlbaren Wohnraum, Arbeitsplätze, Grünflächen und andere Einrichtungen als Teil von Bebauungsprojekten sicherzustellen. In diesen Vereinbarungen übernehmen Bauträger die Kosten, um der Community Leistungen zur Verfügung zu stellen, und im Gegenzug unterstützen die Bewohner*innen das geplante Projekt.

In einigen Städten, etwa in Detroit, waren einige Aktivist*innen sehr erfolgreich mit der Durchsetzung von *Community Benefit Ordinances* (CBOs), die Verhandlungen über Gemeinnützigkeit gesetzlich vorschreiben. Lisa Berglund und Sam Butler, die zu Stadtplanung forschen, schreiben, dass die 2016 in Detroit verabschiedete CBO eine der ersten ihrer Art ist und hoffen lässt, dass Communitys künftig in Planungsprozessen, die üblicherweise im Sinne der Bauträger ablaufen, eine gewisse Macht ausüben können.[20] Die ersten Forschungsergebnisse deuten darauf hin, dass eine wirkliche Teilhabe der Community noch immer vor Herausforderungen steht, allein schon weil die Zeitpläne der CBO-Verhandlungen die Bauträger bevorzugen. Dennoch haben »CBOs, im Gegensatz zu projektbezogenen Kampagnen, die meist nur den Bewohner*innen eines bestimmten Gebietes zugutekommen, das Potenzial, einen Prozess in Gang zu setzen, der die ganze Stadt umfasst.«[21]

Aufgrund der überaus rasanten und drastischen Gentrifizierung, die Berlin in den letzten zehn Jahren erlebte, erfuhren Maßnahmen, die viele als radikal verstehen, zunehmend Unterstützung. Im Jahr 2020 wurde eine Mietpreisbremse eingeführt, die fünf Jahre gelten sollte und mehr als 1,5 Millionen Haushalten in der Stadt hätte zugutekommen können. Diese Entscheidung wurde ein Jahr später jedoch von den Gerichten gekippt. Dieses umstrittene Urteil führte dazu, dass die Unterstützung für ein noch drastischeres Vorhaben größer wurde: große private Wohnungsgesellschaften zu enteignen und der Kommune die Zuständigkeit für diese Wohnungen zu übertragen.[22]

Die Aktivist*innen von *Recht auf Stadt*, die schon seit Langem gegen Gentrifizierung, Zwangsräumungen und Verdrängung protestieren, konnten die Unterstützung von mehr als 50 Prozent der Berliner*innen für die Kampagne *Deutsche Wohnen & Co enteignen* gewinnen. In einer

Stadt, in der rund 85 Prozent der Einwohner*innen zur Miete wohnen, können beträchtliche Teile der Stadt vor Gentrifizierung geschützt werden, wenn tatsächlich eine große Zahl der Wohnungen in öffentliches Eigentum übergeht.

Die Kampagne gewann zunehmend an Schwung und die Aktivist*innen erreichten, dass zeitgleich mit der Bundestagswahl im September 2021 ein Referendum zu diesem Thema abgehalten wurde, mit einem Ergebnis, das in den Augen vieler ›Schockwellen‹ in ganz Europa erzeugen könnte.[23] Die Auszählung der Stimmen am 26. September ergab, dass der Vorschlag, Tausende Wohnungen, die sich im Besitz privater Immobiliengesellschaften befinden, zu verstaatlichen, von 59 Prozent der Wähler*innen unterstützt wird.[24]

Diese Bewegung veranschaulicht die Bandbreite der Möglichkeiten, die Aktivist*innen nutzen, um den Staat dazu zu bringen, dass er seine Macht auch anwendet. Da Städte die Wohnungsnot vor ihrer Haustür nicht länger ignorieren können, müssen sie den verstaubten Werkzeugkasten der staatlichen Regulierung öffnen, um der Gentrifizierung entgegenzuwirken. Dazu gehören etwa auch Einschränkungen für Kurzzeitvermietungen wie Airbnb in Städten wie San Francisco, Toronto und vielen anderen. Oder Vancouver beispielsweise erhebt Steuern auf leer stehende Immobilien und Anlageobjekte in ausländischem Besitz.

Die Einführung von Mietobergrenzen und die Aussetzung von Zwangsräumungen feierten während der Pandemie ein politisches Comeback. Mit dem Ende dieser Notmaßnahmen könnte der Druck steigen, Wege zu finden, damit die Menschen in ihren Wohnungen bleiben können. Flächennutzungspläne, die vorschreiben, dass es einen gewissen Anteil an sozialem Wohnungsbau in oder in der Nähe von neuen Wohnsiedlungen mit vom Markt bestimmten Preisen geben muss, gibt es mittlerweile in Städten auf der ganzen Welt.[25] Ein besserer Mieter*innenschutz und die Absicherung von Sozialwohnungen sind ebenfalls wichtige Elemente staatlicher Strategien zur Bekämpfung von Gentrifizierung.

Die Erzählung, dass sich Gentrifizierung nicht aufhalten ließe, ignoriert, dass Regierungen der Gentrifizierung keineswegs machtlos gegenüberstehen. Ihre Weigerung, etwas zu unternehmen, war eine Entscheidung. Mobilisierungen von unten können den Staat jedoch dazu zwingen, dass er Maßnahmen beschließt, die das Recht auf Wohnen und nicht die Klasse der Vermögenden schützen.

Kreativ werden

Im Kulturbereich engagieren sich Künstler*innen mit kreativen Strategien gegen Gentrifizierung, um ihrem Protest Ausdruck zu verleihen und das Bewusstsein für das Thema zu stärken. Seon Young Lee und Yoonai Han untersuchten in Seoul die Rolle des künstlerischen Aktivismus gegen Gentrifizierung.[26] Als publik wurde, dass das Café *Takeout Drawing* im Stadtteil Hannam, das Künstler*innen Ausstellungs- und Arbeitsräume bot, zwangsgeräumt werden sollte, engagierten sich viele Künstler*innen und brachten die Stadt dazu, die Gefahren der Gentrifizierung für gefährdete Gruppen wie Künstler*innen zumindest in Betracht zu ziehen.

Das Café wurde rund ein Jahr lang besetzt gehalten, obwohl der Vermieter gewaltsame Räumungsversuche unternahm. An diesem Protest beteiligten sich Musiker*innen, Künstler*innen, Fotograf*innen, Journalist*innen, Wissenschaftler*innen und viele mehr. Sie organisierten Veranstaltungen und Ausstellungen und verschafften dadurch nicht nur dem Café, sondern auch dem Kampf gegen Gentrifizierung insgesamt viel Aufmerksamkeit und Unterstützung. Es war bald allerorten von einer ›sozialen Katastrophe‹ die Rede und davon, dass das ›Erbe der Stadt‹ verlorengehen würde, was ermöglichte, dass viele Menschen ihren Widerstand zur Sprache bringen und die Verdrängung sichtbar machen konnten. Lee und Han betonen, dass die »Aktivist*innen aus der Kunst die Maschine der spekulativen Urbanisierung, die sonst nie infrage gestellt wird, gehörig ins Stottern brachten und ein wichtiges politisches Moment zur Bündnisbildung erzeugten.«[27]

In den Randbezirken von Sydney, wo eine rasante Gentrifizierung die Aboriginal-Communitys in Redfern und Waterloo bedrohte, setzte man auf ›ästhetischen Aktivismus‹. Die *Redfern-Waterloo Beauty Tours* führten durch die Orte, die von den Revitalisierungsplänen bedroht waren. Die Organisator*innen, die als *SquatSpace* bekannt sind, fragten: »Was geht durch diesen Prozess der Umgestaltung verloren und was wird gewonnen? Wie könnte man das besser machen? Und wie wird er sich auf die Menschen vor Ort auswirken?«[28]

Lokale Initiativen vermittelten den Tourist*innen eine »komplexe, aber sehr greifbare Erfahrung der gesellschaftlichen und architektonischen Dynamiken in der Stadt«. Die Touren trugen dazu bei, dass es Konferenzen, Ausstellungen, Festivals und Solidarität zwischen Indigenen und nicht-indigenen Bewohner*innen gab. Der Künstler und Tourguide Lucas Ilhein meint, dass die Führungen so konzipiert waren, dass sie einen eher beunruhigenden und irritierenden Eindruck von Redfern ermöglichten, der den glatten Erzählungen, der Homogenität und der Einhegung eines Ortes mit einer sehr komplexen Geschichte entgegenstand.[29]

In der Performancekunst finden wir ebenfalls kreativen Widerstand. Die feministische Geografin Heather McLean tritt in der Rolle des Toby Sharp, eines selbsternannten ›urbanen Pferdeflüsterers‹, auf, der versucht, marginalisierte Communitys zu mobilisieren, um eine ›fruchtbare‹ Stadterneuerung loszutreten. Ob Toby nun versucht, in Kamloops, British Columbia, eine Papierfabrik in ein grünes Kunstzentrum und Yogastudio umzuwandeln, oder ob er Sexarbeiterinnen ermutigt, in den Straßen der Stadt Wildkräuter zu sammeln, die sie auf dem Bauernmarkt verkaufen können, – stets arbeitet er mit Frauen und queeren Menschen zusammen, um Aufsehen zu erregen.

McLean schuf Toby als Ventil, um ihrer Frustration angesichts des »patriarchalen Diskurses über die kreative Stadt und ihrer Auswirkungen auf Künstlerinnen, Community Worker und einkommensschwache, unterrepräsentierte Bewohner*innen« Ausdruck zu verleihen. »Aber warum verbittern, wenn es doch Performance gibt?«.[30] Der subversive kabarettistische Raum des Drag schaffe eine »Gegenöffentlichkeit, die widerständige Politiken fördern und Solidarität mit anderen Szenen von Künstler*innen und Aktivist*innen erzeugen kann.«[31] McLean Toby nutzt diese Auftritte, die sich auf die lange Geschichte der Queer-Performances beziehen, welche ja schon immer infrage stellten, was wir für normal und gut halten, um eine Debatte über Kunst, Stadtpolitik, Verdrängung und Macht anzustoßen.

Diese Beispiele kreativer Interventionen stören die reibungslose Erzählung der Unvermeidbarkeit, indem sie unsere Aufmerksamkeit auf die Menschen, Orte und Geschichten lenken, die ausgebeutet werden, verlorengehen und verdrängt werden. Sie ermöglichen es zudem Künstler*innen, dass sie ihre eigene Mitschuld an der Gentrifizierung kritisch hinterfragen.[32] Ilhein versteht die *Redfern Tour of Beauty* als eine Intervention, die, weil sie sich ja auf die Community konzentriert, auch an der Kommodifizierung derselben mitschuldig ist. »Die Tour of Beauty trägt zweifellos ihren eigenen kleinen Teil zu diesem Prozess bei. Sie könnte in jedem Fall noch mehr tun. Sie könnte damit beginnen, eben diese von Künstler*innen initiierten räumlichen Transformationen von Redfern in den Fokus zu nehmen.«[33]

Für Störungen sorgen

›Störungen des Betriebsablaufs‹ sind für viele Basisgruppen und Kampagnen das Mittel der Wahl, die sich direkter Aktionen bedienen, um zu erreichen, dass Menschen in ihren Wohnungen bleiben können, problematische Entwicklungen verhindert und Nachbarschaftszusammenhänge dauerhaft abgesichert werden. Keine nennenswerten Veränderungen in diesen Bereichen konnten ohne sichtbaren und lautstarken Druck der Community auf Entscheidungsträger*innen durchgesetzt werden. Räume zu besetzen ist eine zentrale Strategie der direkten Aktion.

In Redfern errichteten Aktivist*innen im Jahr 2014 die *Aboriginal Tent Embassy,* um gegen die kommerziellen Sanierungspläne für das Gelände zu protestieren.[34] Der Satz »Sovereignty never ceded« (Dt.: Wir haben unsere Souveränität nie aufgegeben) steht in großen Buchstaben am Eingang der Botschaft, die als »letzter Stützpunkt« gegen die *Abo-*

riginal Housing Corporation beschrieben wird, die in einem Gebiet, das langfristigen, erschwinglichen Wohnraum für Aboriginals garantieren soll, kommerzielle Projekte hochziehen möchte.

Wird ein Ort durch ein Zeltlager oder wie im Falle der *Oakland Moms 4 Housing* durch eine Hausbesetzung in Besitz genommen, kann das nicht so einfach ignoriert werden. Diese Aktionsform macht Probleme wie die Wohnungslosigkeit sichtbar und nicht selten sind heftige Reaktionen seitens der städtischen Behörden und auch der Polizei die Folge, die oft Gewalt einsetzt, um die Besetzungen zu räumen und die Menschen in prekäre Unterkünfte zu bringen.[35]

Die Basisbewegungen waren in vielen der migrantischen Communitys, die gentrifiziert werden sollten, von entscheidender Bedeutung. Die *Pilsen Alliance* in Chicago konnte die Community erfolgreich dazu bewegen, sich gegen neue Bebauungen und Verordnungen der Stadt zu wehren, die ihrer Meinung nach eine Gentrifizierung befördern würden. Ein Organizer erzählte mir 2015, dass sie nicht unbedingt daran glauben, die Gentrifizierung aufhalten zu können, aber dass sie davon ausgehen, sie könnten »auf die Bremse treten« und es für jeden Bauträger extrem mühsam und kostspielig machen, im Stadtteil aktiv zu werden.[36]

In Humboldt Park, ebenfalls in Chicago, gibt es eine Kampagne namens *No Se Vende* (Dt.: Verkauft wird nicht) des puertoricanischen Kulturzentrums, die klarstellt, dass »Puertoricaner*innen, auch diejenigen, die nur zur Miete wohnen, die rechtmäßigen Eigentümer*innen von Humboldt Park sind.«[37] Die Wissenschaftlerin Ivis García beschreibt, wie die von Jugendlichen getragene Kampagne mit der Community zusammenarbeitet, um diese über die grassierende Spekulation auf dem Immobilienmarkt und skrupellose Immobilienmakler*innen aufzuklären:

> »Die Kampagne wurde ins Leben gerufen, weil Spekulant*innen es gezielt auf ältere Menschen abgesehen hatten, die sie davon zu überzeugen versuchten, ihre Immobilien zu verkaufen und zu Geld zu machen. Sie zahlten selbstverständlich wenig und verkauften dann teuer weiter. Die älteren Hausbesitzer*innen wussten oft nicht um den steigenden Wert ihrer Immobilien und wurden Opfer skrupelloser Immobilienmakler*innen.«[38]

Ganz ähnlich arbeitet die *Pilsen Alliance.* Die Aktivist*innen gehen von Tür zu Tür und erklären älteren Menschen oder Menschen, die kein Englisch sprechen, etwa ihren Steuerbescheid oder wie sie Ermäßigungen, die ihnen zustehen, beantragen können, damit sie trotz der steigenden Kosten in ihren Häusern bleiben können.

Die mühselige tägliche Arbeit, auf die Bewohner*innen zuzugehen und sie für gewisse Themen zu sensibilisieren, ist ein wesentlicher Teil des Organizings vor Ort. Diese Arbeit erregt jedoch selten das Interesse der Medien und erzeugt für die Anliegen der Community keine Unterstützung über die Community hinaus in der breiteren Gesellschaft. Hier kommen dann Aktionen wie Hausbesetzungen, Zeltstädte und Demonstrationen ins Spiel.

In Philadelphia konnten Aktivist*innen im Jahr 2020 durch direkte Aktionen, die sich über einen Zeitraum von sechs Monaten erstreckten, einen Erfolg verbuchen und 50 leer stehende Häuser, die sich im Eigentum der Stadt befanden, für preiswertes Wohnen gewinnen. Es gab »mehrere Monate lang Hausbesetzungen, Protestcamps, Verteidigung der Häuser gegen Räumungsversuche, verbarrikadierte und blockierte Straßen und Massenmobilisierungen zur Verteidigung der Camps.«[39] In Reaktion auf die Wohnungskrise in der Stadt besetzten wohnungslose Mütter mit ihren Kindern leer stehende Wohnungen, um die Stadt zu Maßnahmen zu zwingen, die, insbesondere während der Pandemie, effektiv noch mehr Wohnungslosigkeit verhindern sollten.

Die Stadt erklärte sich bereit, die 50 Wohnungen an einen CLT zu übertragen, der von Philadelphia Housing Action gegründet worden war, einem Zusammenschluss von »Aktivist*innen, die alle entweder Wohnungslosigkeit oder die Unterbringung in einer Institution erlebt hatten«.[40] Es ist geplant, die Grundstücke dauerhaft für Menschen mit sehr niedrigen Einkommen zu nutzen. Die Aktivist*innen machen deutlich, dass das nur »ein Anfang sein kann«, angesichts dessen, dass Tausende weitere Wohnungen für Menschen mit sehr niedrigem Einkommen notwendig sind. Nichtsdestotrotz handelt es sich um eine

»wegweisende Vereinbarung«, die zeigt, dass entschlossener Aktivismus eine Stadt dazu bringen kann, die ihr zur Verfügung stehenden Möglichkeiten in der Wohnungspolitik wirklich einzusetzen.

Aktivist*innen nehmen aber auch private Unternehmen und Personen ins Visier, die sie für Gentrifizierung und Verdrängung verantwortlich machen. Zwischen 2013 und 2018 blockierten Bewohner*innen in San Francisco, die von einer Zwangsräumung bedroht waren, sowie Senior*innen, Menschen mit Behinderungen und Community-Organizer*innen die Busse, mit denen Mitarbeiter*innen von Google aus gentrifizierten Stadtteilen wie Mission zu den Büros des Unternehmens gebracht werden.

Die Geografin Manissa Maharawal nennt diese Taktik ›Infrastruktur-Aktivismus‹, wenn durch Störungen der Infrastruktur die Aufmerksamkeit auf miteinander verknüpfte Themen wie »die Privatisierung des öffentlichen Nahverkehrs, die Wohnungskrise, die ökologische Sanierung, die Tech-Industrie und die Rolle der Stadtregierung während der Wohnungskrise«[41] gelenkt wird.

Die Aktivist*innen stellten einen Zusammenhang zwischen der strukturellen Gewalt, die durch die Busse verkörpert wird, und Polizeigewalt, wie den Morden an Alejandro Nieto und Amilcar Perez-Lopez, her, indem sie einen Google-Bus vor der Polizeistation in Mission blockierten und ein Transparent mit der Aufschrift »Gentrifizierung = Gewalt« mit sich trugen. Maharawals Forschung zeigt, dass direkte Aktionen zwar vergänglich sein mögen, sie aber für die Beteiligten eine tiefgreifende Veränderung bewirken können, indem sie ein Gefühl der Ermächtigung erfahren und ein Raum entsteht, in dem »neue politische Kollektivitäten geschaffen werden« können.

Zusammenkommen

Diese Erfolge stellen sich in der Regel dann ein, wenn mehrere Organisationen, Einzelpersonen und Institutionen zusammenkommen, um

Ressourcen, Wissen und soziales Kapital zu teilen. Im Hinblick auf die drohende Gentrifizierung des Chrisp Street Market im Londoner Stadtteil Tower Hamlets und anderer historischer Marktplätze der Stadt beschreibt der Geograf Oli Mould, wie sich Händler*innen, Organisationen der Community, Student*innen und Aktivist*innen zusammentaten und gegenseitig unterstützten, um erfolgreich gegen die Verdrängung zu mobilisieren. Mould betont, dass es für ihre Erfolge entscheidend war, dass sie sich schon sehr früh, als der Planungsprozess gerade erst begonnen hatte, zusammentaten, »um Informationen, juristische Ratschläge und Hinweise zum Umgang mit verwirrenden Konsultationsverfahren auszutauschen.«[42] Auch in Haringey und Elephant and Castle waren es lokale Initiativen, denen es durch ihre Mobilisierungen gelang, dass die Bauträger ihre Pläne einstellen oder überdenken mussten.

Um sich gegen die sogenannte Hyper-Gentrifizierung in San Francisco zur Wehr zu setzen und die schrecklichen Krisen der Wohnungslosigkeit, Verdrängung, Opioidabhängigkeit und mehr angehen zu können, war es notwendig, einen »kollektiven Zusammenhalt« zwischen den verschiedensten Organisationen zu erzeugen, ob diese nun gegen Armut kämpfen, zum Thema Wohnen aktiv sind, sich mit psychischer Gesundheit auseinandersetzen oder es sich um migrantische Organisationen handelt.[43]

Die *San Francisco Anti-Displacement Coalition* (SFADC) umfasst Gruppen gegen Zwangsräumungen, die Mieter*innengewerkschaft, das *Housing Rights Committee, Our Mission No Eviction, Just Cause* und andere. Während die einzelnen Gruppen ihre eigenen Projekte und Schwerpunkte verfolgen, ermöglicht der Zusammenschluss stadtweite Aktivitäten wie z.B. ein Volksbegehren zur Begrenzung des spekulativen Immobilienhandels im Jahr 2014 und eine Gesetzesvorlage, die darauf abzielte, die Gebühren zu erhöhen, die Eigentümer*innen zahlen müssen, wenn Mieter*innen vertrieben werden. Das Volksbegehren war schlussendlich nicht von Erfolg gekrönt, aber allein, dass es zur Abstimmung kam, zeigt die Stärke breiter Bündnisse.

Die Zusammenarbeit von Aktivist*innen erfordert ein intersektionales Verständnis der Macht in der Stadt und die Fähigkeit zu erkennen, dass sich Kämpfe nie nur um ein Thema drehen können, weil sich unser Leben genauso wenig nur um ein Thema dreht, um Audre Lorde zu paraphrasieren.[44] Die Unmöglichkeit, an gesunde, bezahlbare Lebensmittel zu kommen, hängt mit fehlenden sicheren Räumen für Drogenkonsument*innen zusammen, was mit der Flut von Airbnb-Vermietungen im Viertel zusammenhängt und so weiter. Die Kämpfe gegen Gentrifizierung werden zunehmend mit anderen Anliegen verknüpft, seien es die Rechte von Sexarbeiter*innen, sichere Drogenkonsumräume, die Forderung nach Reparationen, abolitionistische Politik oder der Klimawandel.

Aus der Geschichte lernen

Sein Zuhause zu verlieren ist eine Erfahrung, die sich über Generationen auswirkt, und so kann der Eindruck entstehen, dass die sozialen Verwerfungen durch die Gentrifizierung unserer Tage nichts Neues sind. Wir können die Vergangenheit jedenfalls in unsere heutigen Kämpfe um das ›Recht zu bleiben‹ einbeziehen, um gegen Unternehmen und Praktiken der Gentrifizierung vorzugehen.

Der geschichtsträchtige Stadtteil Bo-Kaap im südafrikanischen Kapstadt wurde früher von Menschen aus Asien, die in der zweiten Hälfte des 18. Jahrhunderts versklavt worden waren, bewohnt. Während der Apartheid in Südafrika wurde dann verfügt, dass das Viertel nur der muslimischen Bevölkerung vorbehalten war. Seit Längerem ist Bo-Kaap mit seinen »pastellfarbenen Häusern wie aus dem Bilderbuch, seinem reichen kulturellen Erbe und seiner wunderschönen Lage mit Blick auf das Stadtzentrum von Kapstadt«[45] nun ein beliebtes Ziel für Tourist*innen. Inzwischen wurde das Interesse wohlhabender Südafrikaner*innen und ausländischer Investor*innen geweckt, sodass sich Bo-Kaap mit hochpreisigen Neubauten und steigenden Wohnungspreisen konfrontiert sieht.

Die Community besteht darauf, dass die Geschichte von Bo-Kaap, als ein Ort, der von versklavten Menschen erbaut wurde und an dem während der Apartheid ›Rassentrennung‹ herrschte, unbedingt bewahrt werden muss. Zugleich kämpft sie gegen ihre eigene kulturelle Ausgrenzung. Die Menschen, die neu ins Viertel gekommen sind, verlangten beispielsweise, dass die Lautstärke der muslimischen Gebetsrufe von den Moscheen gedrosselt wird, während die neuen Restaurants Alkohol und Schweinefleisch anbieten. *Bo-Kaap Rise!*, eine von Jugendlichen getragene Bewegung, versucht, neue Hochhausprojekte durch Blockaden zu verhindern, und andere Gruppen aus der Community bemühen sich darum, dass die Gegend unter Denkmalschutz gestellt wird.[46]

Die US-amerikanische Bewegung, die für Reparationen für wohnungspolitische Ungerechtigkeiten kämpft, ist ein weiteres Beispiel dafür, wie die Vergangenheit in aktuelle Forderungen einfließen kann. Finanzielle Entschädigungen in Verbindung mit politischen Maßnahmen gegen weitere Vertreibungen durch Spekulation, Zwangsräumungen und verbrecherische Kreditvergaben sollen Schwarze Communitys vor der Gentrifizierung schützen. Die Reparationen sollen das Vermögen, das durch eine jahrzehntelange rassistische Politik geraubt wurde, zurückbringen und dadurch hoffentlich die Verdrängung aufhalten und als wirksames Mittel gegen Gentrifizierung wirken.

Die Rückgabe des Vermögens, das Indigenen Menschen in Kanada gestohlen wurde, steht im Mittelpunkt des Berichts *Cash Back*, der vom *Yellowhead Institute*, das unter der Leitung der *First Nations* steht, herausgegeben wurde. In diesem Bericht wird argumentiert, dass Kanadas Wirtschaft auf der Basis der »Umwandlung Indigenen Landes und Indigener Wasserwege in profitorientierte Unternehmen und nationale Macht«[47] aufgebaut wurde. Wiedergutmachungen für die Unterdrückung Indigener Einrichtungen und Kultur, Entschädigungen für den Landraub und die Wiederherstellung Indigener Ökonomien sind die zentralen Prinzipien von *Cash Back*.

Wie bei der Forderung nach Reparationen wird in diesen Prinzipien klargestellt, dass Indigene Menschen nicht selbstverschuldet in miserablen Verhältnissen leben, weder in städtischen noch in ländlichen Gebieten. Vielmehr raubte ihnen die Kolonialisierung die Möglichkeit, eine nachhaltige Wirtschaft aufrechtzuerhalten. Angesichts dessen, dass die Gentrifizierung viele Indigene Menschen betrifft, die mit unbezahlbarem Wohnraum, Vertreibung und Obdachlosigkeit zu kämpfen haben, gehört *Cash Back* gleichfalls zu den Taktiken, die Gerechtigkeit schaffen und gegen Gentrifizierung vorgehen wollen.

Alternativen schaffen

Verdrängung zu verhindern ist etwas anderes als den Engpass an Wohnungen zu beheben. Gentrifizierung wird sowohl durch die Nachfrage, also die Art und Lage der Wohnungen, die Menschen aus der Mittelklasse gerne hätten, als auch durch das Angebot befördert, denn ein geringes Angebot an Wohnungen treibt die Preise in die Höhe. Selbst wenn es Aktivist*innen beispielsweise gelingt, den Bau von Luxuswohnungen zu verhindern, hilft das Menschen ohne Wohnung oder ohne bezahlbare Wohnung erst mal recht wenig. Dasselbe lässt sich auch über andere Entwicklungen sagen.

Es ist gut, wenn man sich gegen Luxusgeschäfte, teure und exklusive Annehmlichkeiten und gegen Industrien, die nicht im Sinne der Community sind, zur Wehr setzt, aber die Menschen brauchen immer noch einen Ort, wo sie Lebensmittel kaufen können, einen Ort, wohin sie mit ihren Kindern gehen können, und einen Ort, an dem arbeiten können. Für viele Aktivist*innen und Organisationen besteht ein großer Teil des Kampfes gegen Gentrifizierung in der Schaffung von Alternativen in den Bereichen Wohnen, öffentliche Räume, Konsum und mehr.

Die Frauen aus den Barrios in Caracas organisierten sich nicht nur gegen die, wie es der Geograf Juan Velásquez Atehortúa nennt, ›Elitisierung‹ der Stadt und versuchten, elitäre Stadterneuerungspläne zu stoppen, sondern sie praktizierten zugleich ihren eigenen ›aufständischen Urbanismus‹ und schufen damit eine neue Community, die etwa sechshundert Familien umfasst.[48] Nachdem die Öleinnahmen des Landes zum Teil auch in der Bevölkerung ankamen, nahmen auch die Konsummöglichkeiten zu. In Kombination mit dem Neoliberalismus und Privatisierungen führte dies in Chacao, der kleinsten und reichsten

Gemeinde in der Großregion Caracas, zu einer verstärkten Gentrifizierung. Zugleich wurden Landarbeiter*innen von ihrem Land vertrieben und sie wanderten in städtische Gebiete ab. Dort leben sie in informellen Siedlungen und müssen alles, vom städtischen Wohnraum über Arbeit bis zur Verwaltung, selbst erschaffen, wodurch ein hohes Maß an Aktivität und Selbstorganisation unter den neuen Bewohner*innen entstand, insbesondere unter den Frauen.

Es gründeten sich unabhängige Organisationen, die sich Themen wie Zwangsräumungen, Mieterhöhungen, Rechten von Hausbesetzer*innen und ökologischen Fragen annahmen. Im Jahr 2007 schlossen sie sich als ›Bewegung der Anwohner*innen‹ zusammen und verabschiedeten ein Manifest, das auf drei Säulen beruht:

> »auf der Verteidigung von Wohnraum als Menschenrecht, (...) auf der Umwandlung der neoliberalen Stadt in eine sozialistische Stadt, indem gegen die Privatisierung der dafür notwendigen Einrichtungen vorgegangen wird (...) und (...) darauf, die zentrale Rolle der Betroffenen hervorzuheben, wenn es darum geht, gegen die Kommodifizierung des Wohnraums und des städtischem Raum anzugehen.«[49]

Die Frauen aus den Barrios in Chacao beteiligten sich nicht nur an Regierungsprojekten zur Bereitstellung von Wohnraum für Arme, also an Räumen, zu denen der Staat ›einlädt‹ (wie es Atehortúa in Anlehnung an Faranak Miraftab[50] nennt), sondern sie gingen darüber hinaus und schufen neue Räume, in denen der gesamte Prozess, vom Bau bis zur Verwaltung, von den Bewohner*innen kontrolliert wird. Lokale und selbstverwaltete Kommunen wurden von Frauen geplant und gebaut. Atehortúa zufolge setzen damit Frauen aus den Barrios die Ideen der bolivarischen Revolution in die Praxis um und geben dem Recht auf Stadt für die Menschen aus den informellen Siedlungen eine konkrete Form.

Nicht nur im Globalen Süden sind Menschen gezwungen, sich zu organisieren, um die Lücken der staatlichen Versorgung zu stopfen. Gegenseitige Hilfe, die in den sozialen, politischen und wirtschaftlichen

Traditionen Schwarzer und migrantischer Communitys ihren Ursprung hat, bietet eine Möglichkeit, sich abseits der sozialen Unterstützung durch den Staat, die oft begrenzt ist, in die Privatsphäre eindringt und einen strafenden Charakter hat, gegenseitig zu unterstützen. Während der Pandemie, als die sozialen Unterstützungssysteme überall an ihre Grenzen gelangten, nahm die Zahl der Gruppen für gegenseitige Hilfe überall auf der Welt zu.

Als Strategie gegen die Gentrifizierung geht es bei der gegenseitigen Hilfe darum, Wege zu finden, um Dinge bereitzustellen, die durch die Gentrifizierung gefährdet sind, und widerstandsfähige Systeme zu schaffen, die den Bedürfnissen der Community entgegenkommen und den Menschen helfen, das zu bekommen, was sie brauchen, um bleiben zu können. In Brooklyn arbeiten Gruppen für gegenseitige Hilfe wie *Equality 4 Flatbush* mit Organisationen wie dem *Brooklyn Anti-Gentrification Network* zusammen, um Menschen in Kontakt zu bringen, die sich bei der Zustellung von Lebensmitteln oder Medikamenten helfen und sich bei Mietstreiks oder Problemen mit der Polizei gegenseitig unterstützen.[51] Es gibt auch einen ›Notfallfonds‹, um Menschen mit der Miete und anderen Ausgaben helfen zu können.

Im Gegensatz zu Wohltätigkeitsorganisationen oder staatlich finanzierten, bedarfsorientierten Sozialleistungen ist gegenseitige Hilfe keine Umverteilung von Ressourcen, die bloß in eine Richtung verläuft und bestehende Machtverhältnisse im Hinblick auf *Race*, Gender, Ability und Klasse unberührt lässt. Man geht davon aus, dass jeder und jede etwas beitragen kann und wir alle voneinander abhängig sind. Niemand muss seine Bedürftigkeit nachweisen, einen negativen Alkoholtest vorlegen, endlosen Papierkram ausfüllen, staatliche Überwachung akzeptieren oder beten, dass ein Wechsel der politischen Verhältnisse nicht zur Abschaffung der Dienste führt, auf die er oder sie angewiesen ist.

Gegenseitige Hilfe soll alternative Systeme zur gemeinsamen Nutzung von Ressourcen schaffen.[52] Damit kann gegenseitige Hilfe Menschen vor der Verdrängung bewahren, indem denjenigen, die aufgrund der Preise für Lebensmittel, Miete und Kinderbetreuung von Verdrängung bedroht sind, geholfen wird, dass sie ihre Bedürfnisse innerhalb ihrer Community befriedigen können.

Anderen auf der Grundlage eines gegenseitigen Austauschs zu helfen stärkt die nachbarschaftlichen Beziehungen und befördert die Art von Solidarität, die es braucht, wenn Menschen darauf angewiesen sind, sich in akuten Krisen gegenseitig zu unterstützen. Dean Spade, Rechtswissenschaftler und ein Verfechter der gegenseitigen Hilfe, meint, dass Projekte der gegenseitigen Hilfe »den Menschen helfen, Fähigkeiten zur Zusammenarbeit, zur Partizipation und zur Entscheidungsfindung zu entwickeln.«[53] Wenn sich Menschen beispielsweise bei Räumungsverfahren gegenseitig unterstützen, dann lernen sie, wie das System funktioniert und wie man sich dagegen wehren kann, und sie entwickeln praktische Fähigkeiten wie Moderation und Konfliktlösung. Sie befähigen sich selbst, die Veränderungen herbeizuführen, die sie sehen wollen: »Sie bauen die Welt auf, die wir uns wünschen, und werden zu der Art von Menschen, die in einer solchen Welt zusammenleben können.«[54]

Allzu oft werden die Alternativen, die Menschen für sich selbst schaffen, als zu marginal, zu experimentell, zu ineffizient, zu wenig nachhaltig oder als Nischengeschichte abgetan. Die durchweg experimentellen, kostspieligen und gar nicht nachhaltigen Pläne von ›Innovatoren‹ und ›Störern‹ aus der Wirtschaft, die nun die einst im Rathaus konzipierten Megaprojekte ersetzen, werden hingegen als »genau das, was wir brauchen« betrachtet. Der Schaden, den Innovationen wie Airbnb oder Überwachungs-Apps anrichten, ist leider oft schon passiert, bevor der Staat das erkennt und einzugreifen versucht. Wir müssen uns gegen die Vorstellung (die nur den Status quo aufrechterhält), dass wir nichts Besseres oder Anderes entwickeln könnten oder das nicht bereits schon getan hätten, wehren. Dieses Narrativ der Alternativlosigkeit nützt nur den Mächtigen.

Es ist so, dass uns niemand eine Stadt, die vor Gentrifizierung gefeit wäre, auf dem Silbertablett servieren wird. Wir müssen sie uns vorstellen, wir müssen an sie glauben und wir müssen sie erschaffen. Selbst wenn ›erschaffen‹ nur eine einzelne Aktion meint, die eine Familie vor Vertreibung bewahrt, dafür sorgt, dass ein Laden mit erschwinglichen

Lebensmitteln nicht schließen muss oder eine Sitzbank, auf der sich Senior*innen treffen können, erhalten bleibt, dann ist all das ein notwendiger Teil des Puzzles. Die Geschichte, die man uns erzählt, dass Gentrifizierung natürlich sei, dass sie sich nicht aufhalten ließe, dass es keine Alternativen gebe, ist falsch und zielt darauf ab, uns ein Gefühl der Machtlosigkeit zu vermitteln. Es ist nicht immer leicht, die lokalen und alltäglichen Schauplätze und Praktiken des Widerstands auf der ganzen Welt wahrzunehmen oder aufzufinden, aber sie sind da, wenn wir nur hinschauen. Eine andere Stadt ist möglich.

Lasst uns eine andere Geschichte erzählen

In diesem Buch haben wir uns mit den vielen möglichen Geschichten beschäftigt, wie wir über die Gentrifizierung erzählen können. Einige davon sind Fabeln, die wir besser vergessen sollten; andere erzählen nur einen Teil der Geschichte und vernachlässigen die Rolle von Kräften wie Kolonialismus und Sexismus oder die Auswirkungen der Gentrifizierung auf Gruppen wie Senior*innen und Menschen mit Behinderungen. Ich interveniere mit diesem Buch in diese Geschichten, weil ich überzeugt bin, dass es von Bedeutung ist, wie wir über Gentrifizierung sprechen und denken.

Es ist von großer Bedeutung. Schließlich nimmt jede Geschichte ihren eigenen Verlauf und führt uns zu bestimmten Schlussfolgerungen. Die Art und Weise, wie wir das Problem der Gentrifizierung formulieren, bestimmt, welche Art von Lösungen wir uns vorstellen können. Wenn wir dabei *Race*, Sexualität, Gender, Kolonialismus oder Ability ignorieren oder kleinreden, werden unsere Lösungen den Kräften der Gentrifizierung nicht angemessen entgegentreten und den Menschen, die Gefahr laufen, verdrängt zu werden, nicht ausreichend Schutz bieten.

Die gute Nachricht ist aber, dass, wenn wir die Grenzen des jeweiligen Verständnisses der Gentrifizierung anerkennen, wir die Geschichte jederzeit ändern können. Nichts ist in Stein gemeißelt. Und selbst wenn es so wäre – es gibt Meißel und Presslufthammer und jede Menge Spraydosen. Und mit ›wir‹ meine ich uns alle, nicht nur die Wissenschaftler*innen, Journalist*innen und politischen Entscheidungsträger*innen, denen ungerechtfertigterweise das Privileg zuteil wird, dass ihre Geschichten als besonders wahrhaftig und erzählenswert gelten.

Auch wenn so einige fürchteten, dass ein erweiterter Begriff von Gentrifizierung ein intellektuelles Chaos verursachen würde, riskiere ich dann doch lieber Chaos, als Ausgrenzung, Auslöschung und Ignoranz zu reproduzieren, indem ich den vielen unterschiedlichen Stimmen und Erfahrungen kein Gehör schenke. Ich bin vielmehr davon überzeugt, dass diese fruchtbare Unordnung ein Ausgangspunkt sein kann für breitere, stärker intersektional ausgerichtete Bewegungen gegen Gentrifizierung.

Eine intersektionale Politik gegen Gentrifizierung im 21. Jahrhundert würde meiner Meinung nach Gentrifizierung aus diesen drei Perspektiven in den Blick nehmen: aus einer queer-feministischen, aus einer antirassistischen und aus einer dekolonialen. Wie immer sind auch das unvollständige Geschichten. Aber mit jeder Perspektive biete ich eine Reihe von Prinzipien an, die zusammengenommen ein vorläufiges Manifest für eine andere Geschichte, für eine breitere Perspektive im Kampf gegen Gentrifizierung bilden. Abschließend lade ich alle ein, sich zu überlegen, wie ihre eigene Rolle in der praktischen Bekämpfung der Gentrifizierung aussehen kann, und ich mache einige Vorschläge, wo man in seinem eigenen Leben mit dieser Arbeit beginnen könnte.

Eine feministische und queere Politik gegen Gentrifizierung

Gentrifizierung war schon immer ein feministisches Thema. Feministische und queere Perspektiven sind jedoch in den gängigen Geschichten über Gentrifizierung und darüber, was wir gegen sie unternehmen könnten, weitgehend außen vor geblieben. Zugleich konnten einige Frauen und queere Menschen von der Gentrifizierung profitieren, was zu der Vorstellung führte, dass Gentrifizierung für alle Frauen und queere Menschen von Vorteil sei. Morgan Bassichis, Alexander Lee und Dean Spade erinnern uns daran, dass es keine Befreiung ist, wenn wir gewisse Vorteile und Rechte akzeptieren, während zugleich die Menschen, die am stärksten an den Rand gedrängt werden, vor die Hunde gehen.[1]

Lola Olufemi beschreibt eindrücklich, welche Gefahren ein *weißer*, liberaler Feminismus birgt, der den Erfolg von Frauen darüber definiert, dass sie in die Lage versetzt werden, dieselben Formen ausbeuterischer Macht auszuüben wie Männer: »Ein Feminismus, der nach Macht strebt, anstatt sie zu hinterfragen, schert sich nicht um Gerechtigkeit.«[2]

Wirtschaftliche, kulturelle und soziale Macht mittels Gentrifizierung zu festigen, ist keine »revolutionäre Arbeit, denn die bedeutet, dass niemand zurückgelassen wird und niemand, der*die ausgebeutet wird, übersehen wird.«[3] Wo also beginnt eine feministische und queere Politik gegen Gentrifizierung?

Das Schwarze feministische Konzept der Intersektionalität ist von wesentlicher Bedeutung, wenn wir verstehen wollen, wie verschiedene Systeme der Macht zeitgleich ihre Wirkung entfalten. Dieser Ansatz kann uns über die abgegriffene und ausgrenzende Formulierung »der Prozess der Gentrifizierung beruht auf Klasse« hinausbringen, nicht indem er Klasse negiert, sondern indem er Klasse umfassender versteht, weil diese immer mit *Race*, Gender, Sexualität, Kolonialismus und anderen Machtverhältnissen verflochten ist.[4] Eine intersektionale Politik gegen Gentrifizierung stellt nicht ein problematisches System über ein anderes. Vielmehr ermöglicht sie eine kontextspezifische Analyse der Kräfte hinter der Gentrifizierung und der Verdrängung sowie der Folgen, die diese Prozesse für unterschiedliche Gruppen haben.

Die Erzählung der Gentrifizierung queerer zu machen ist eine weitere Möglichkeit, den hegemonialen Narrativen und dem Schaden, den diese anrichten, entgegenzutreten. Damit meine ich nicht, dass man einfach queere Menschen und queere Perspektiven der Geschichte hinzufügt, obschon das durchaus notwendig ist. Ich meine darüber hinaus einen Analysezugang, der es uns ermöglicht, die sexuellen und genderspezifischen Normen, die in den Systemen der Unterdrückung zum Tragen kommen, zu verstehen sowie herauszuarbeiten, wie diese Normen die Machtverhältnisse aufrechterhalten. Zudem versucht diese Lesart, die Normen zu destabilisieren, indem beispielsweise binäre Ordnungen infrage gestellt, andere Vergangenheiten ausgegraben werden und gegen Normalisierung an sich gekämpft wird.

Eine queere Lesart stellt die normativen Werte infrage, die der Treibstoff der Gentrifizierung sind: Vorstellungen von Zuhause und Familie, vom Verhältnis von Eigentum und gesellschaftlicher Akzeptanz, davon, was es für Befreiung und Ermächtigung braucht. Die queere Perspektive zwingt den Kampf gegen Gentrifizierung dazu, ihre eigenen normativen Annahmen zu hinterfragen. Das könnte auch die unhinterfragte

Wertschätzung der Identitäten und Räume der Arbeiter*innenklasse beinhalten sowie die Idee der Community und die Grundlagen des Rechts auf Stadt.

Neben ihren Beiträgen zur Theoriebildung liefern feministische und queere Perspektiven eine Reihe von Grundsätzen, die meiner Meinung nach für eine Politik gegen Gentrifizierung von zentraler Bedeutung sind. Diese Liste erhebt keinen Anspruch auf Vollständigkeit und alle Leser*innen sind eingeladen, ihre eigenen Ideen hinzuzufügen. Als Ausgangspunkt möchte ich jedoch die folgenden Punkte anführen. Eine feministische und queere Politik gegen Gentrifizierung beinhaltet folgende Grundsätze:

Urbane Räume sind für feministische und queere Bewegungen wichtig. Es besteht eine wechselseitige Beziehung zwischen den Räumen, in denen wir uns bewegen, und der Gesellschaft, die wir gemeinsam erschaffen. Viel zu lange waren Städte, gesellschaftliche Normen widerspiegelnd und sie reproduzierend, zutiefst sexistisch, cis-normativ und heterosexistisch.[5] Nichtsdestotrotz sind Städte nach wie vor wichtige Orte für queeren und feministischen Aktivismus.

Gentrifizierung bringt diese Anliegen nicht voran, auch wenn einige wenige davon profitieren werden. Eine Politik gegen Gentrifizierung muss sowohl den Schaden, den die Gentrifizierung anrichtet, in den Blick nehmen, als auch die erkämpften Fortschritte durch eine intersektionale queere und feministische Perspektive beurteilen. Es nützt wenig, sich für bezahlbaren Wohnraum zu engagieren, wenn dieser Wohnraum keine Alternativen zur traditionellen Kernfamilie, genderspezifischen Aufteilung der Carearbeit oder den Gefahren häuslicher Gewalt ermöglicht.

Wohnräume und Nachbarschaften sind Teil der Care-Infrastruktur. Das Zuhause und der Stadtteil sind üblicherweise Räume, in denen der Großteil der von Frauen geleisteten Care-Arbeit stattfindet. Die Kommodifizierung dieser Räume durch Gentrifizierung übergeht den (wirtschaftlichen und emotionalen) Wert dieser Arbeit, indem Orte der Fürsorge in Orte zur Vermögensakkumulation verwandelt werden.

Feministische und queere Theorien kritisieren zwar die ungleiche Verteilung der Care-Arbeit zwischen den Geschlechtern, sie heben aber zugleich hervor, wie wichtig diese Arbeit ist. Die Wissenschaftler*innen Emma Power und Kathleen Mee betonen, dass sich Care-Arbeit zwar wie ein roter Faden durch alle Bereiche des Themas Wohnen zieht, aber kaum mal eigenständige Berücksichtigung findet.[6] An das Thema Care in der Stadt wird entweder erst im Nachhinein gedacht oder man geht davon aus, dass diese Arbeit ›natürlich‹ in den eigenen vier Wänden und ohne großartige Unterstützung stattfindet. Die Pandemie führte vor Augen, dass diese privatisierten und individualisierten Räume der Fürsorge völlig ungeeignet sind, um Care-Arbeiten zu teilen, zu kollektivieren und wertzuschätzen. Eine Politik gegen Gentrifizierung muss sich damit beschäftigen, wie Care-Netzwerke durch die Gentrifizierung ausgehöhlt werden, und fragen, wie »Wohnen besser organisiert werden kann, um allen ein gutes Leben und eine gute Unterstützung zu ermöglichen.«[7]

Gentrifizierung ist eine Form der Gewalt, die geschlechtsspezifische Gewalt noch weiter verschärft.
Das feministische Engagement gegen Gewalt leistete im Laufe der Jahrzehnte einen großen Beitrag zu einem erweiterten Gewalt-Begriff, der eine Reihe von Handlungen miteinschließt, die über rein körperliche Gewalt hinausgehen. Sein Zuhause zu verlieren kann im weitesten Sinne als Gewaltakt erlebt werden. Angst vor Verdrängung und prekäre Wohnverhältnisse können dazu führen, dass es Menschen nicht gelingt, gewaltvolle oder gefährliche Verhältnisse zu verlassen, oder sie zwingen, auf der Straße oder in nicht minder gefährlichen Unterkünften zu leben.

Queere Jugendliche und trans Personen sind überdurchschnittlich von Wohnungslosigkeit betroffen. Häusliche Gewalt ist eine wesentliche Ursache für die Obdachlosigkeit von Frauen.[8] Eine queer-feministische Politik gegen Gentrifizierung nimmt die Verbindungen zwischen diesen Formen der Gewalt ernst und ist sich bewusst, dass diese nicht zufällig sind. Sich gegen die Gewalt der Verdrängung zu wehren bedeutet, sich gegen geschlechtsspezifische Gewalt zu wehren und umgekehrt.

Frauen, nicht-binäre, transsexuelle und queere Menschen tragen entscheidend zu nachbarschaftlichen Netzwerken bei.
Die stark verkürzte Darstellung der Figur des Gentrifiers der ersten Welle, zu der auch alleinerziehende Mütter, Lesben und Schwule gehören, schuf eine Erzählung, in der diesen Gruppen mit Misstrauen begegnet und eine andere Geschichte, die vielleicht mehr Wahrheitsgehalt hat, ignoriert wird: Diese Gruppen sind für den Zusammenhalt, die Identität, die Kreativität und die politische Mobilisierung eines Stadtteils von zentraler Bedeutung.

Sarah Schulman zeigt in ihrem Buch *The Gentrification of the Mind*, dass der Verlust einer vielfältigen queeren Community einen Verlust für die ganze Stadt bedeutet.[9] Die Care-Netzwerke und Beziehungen in der Community, die Frauen aufbauen und aufrechterhalten, werden durch die Verdrängung, die im besonderen Frauen trifft, zerstört. Jen Jack Giesekings Forschung über lesbisch-queere Räume in Gegenden wie Park Slope in Brooklyn zeigt, dass diese Räume, auch wenn sie manchmal flüchtig und auf verschiedene Orte verteilt sind, eine Welt der gegenseitigen Anerkennung und die Möglichkeit eines blühenden queeren Lebens schaffen.[10] Für eine Bewegung gegen Gentrifizierung ist es im Hinblick auf das ›Recht zu bleiben‹ zentral, diese Art von Netzwerken zu bewahren.

Gentrifizierung stützt und stärkt männliche und heterosexuelle Macht und Privilegien.
Ob nun aufgrund der zwischenmenschlichen (aber auch systemischen) Gewalt von Männern gegen Frauen, die Frauen einem höheren Risiko der Verdrängung aussetzt, oder mittels der Konsolidierung wirtschaftlicher und politischer Macht durch die Akkumulation von Eigentum und Vermögen – Männer, vor allem heterosexuelle cis Männer, sind die Nutznießer der Gentrifizierung. Gentrifizierung muss daher als Teil des patriarchalen, heterosexistischen Herrschaftssystems verstanden werden. Bewegungen gegen Gentrifizierung sollten daher ihren Kampf nicht bloß als antikapitalistisch oder klassenbasiert begreifen.

Der Kampf gegen Gentrifizierung erfordert eine bewegungsübergreifende Solidarität.
»Die Kraft, sich der Spaltung zu verweigern, hat,« wie Olufemi schreibt, »die radikalen feministischen Bewegungen überall auf der Welt stets gestärkt.«[11] Solidarität kann problematisch sein, wenn sie auf der falschen Vorstellung beruht, dass wir alle mit genau denselben Kräften der Unterdrückung konfrontiert seien oder dass diese überall auf dieselbe Art und Weise wirken würden. Dennoch können wir eine Vision einer Zukunft teilen und uns strategisch zusammenschließen, um uns durch den Austausch von Wissen, Ressourcen und Tatkraft gegenseitig zu unterstützen.

Für die politische Arbeit gegen Gentrifizierung bedeutet das anzuerkennen, dass der Kampf gegen Gentrifizierung beispielsweise mit *Black Lives Matter*, Indigenen Kämpfen, Antiglobalisierungsbewegungen, den Rechten von Sexarbeiter*innen, der Umwelt- und Klimagerechtigkeit und vielem mehr verbunden ist. Füreinander über die verschiedenen Bereiche hinweg einzustehen, ist Teil der harten, aber notwendigen Arbeit, die Welt, in der wir leben wollen, zu imaginieren und zu erschaffen.

Eine antirassistische Politik gegen Gentrifizierung

Es ist mehr als überfällig, sich darüber bewusst zu werden und es tatsächlich zu einem Teil der politischen Arbeit zu machen, dass Rassismus und weiße Vorherrschaft für die Gentrifizierung von zentraler Bedeutung sind. Auch wenn *Race* und Rassifizierung an verschiedenen Orten der Welt unterschiedlich funktionieren und die lokalen Dynamiken der Gentrifizierung auf unterschiedliche Arten beeinflussen, ist es unzulässig, einfach zu behaupten, dass *Race* irrelevant oder zweitrangig sei.

Race in den Mittelpunkt zu stellen bedeutet, Weißsein infrage zu stellen, sowohl im Prozess der Gentrifizierung als auch in der Welt der Forschung und des Schreibens über Gentrifizierung. Die Geschichte von der Gentrifizierung wurde überwiegend von *Weißen* erzählt, vor allem in den frühen Arbeiten, die nach wie vor einen großen Einfluss haben. Durch eine antirassistische Perspektive können wir die Versäumnisse, Vorannahmen und rassistischen Vorurteile, die die Wissenschaft durchdringen, zum Vorschein bringen. Für mich und andere *weiße* Wissenschaftler*innen bedingt das zumindest die bescheidene Erkenntnis, dass die Geschichten, die wir über Gentrifizierung erzählen, nicht definitiv sind.

Die Geografen David Roberts und Minelle Mahtani kommen zu dem Schluss, dass der Großteil der Arbeiten über den Neoliberalismus *Race* außen vor lässt, außer wenn es darum geht, »Momente rassistischer Diskriminierung durch den Neoliberalismus« zu analysieren, wobei aber ignoriert wird, dass »der Neoliberalismus vollständig von *Race* durchdrungen ist.«[12] Die Forschung über Gentrifizierung ist in derselben Weise geprägt, insbesondere da der Neoliberalismus für die politisch-ökonomische Analyse der Gentrifizierung zentral ist.

Das Konzept des *Racial Capitalism* findet immer mehr Verwendung, um besser verstehen zu können, wie rassistische Differenzierung und Hierarchisierung den Kapitalismus selbst strukturieren. Ida Danewid, die zu internationalen Beziehungen forscht, weist darauf hin, dass Gentrifizierung »in der Regel eine Reihe von rassistischen Vorstellungen zugrunde liegen, wer bestimmten Räumen angehört und wer nicht.«[13] Die Stadt funktioniert nach einer rassistischen Logik, die während des Kolonialismus entwickelt wurde und heute in rassistischen Geografien zum Ausdruck kommt, die *weiße* Räume wertschätzen, während sie Schwarze und andere nicht-weiße Räume als verfügbar begreifen.

Stellt man den *Racial Capitalism* in den Mittelpunkt der Theoriebildung über Gentrifizierung, kommt man zu der unbequemen, aber unvermeidlichen Schlussfolgerung, dass Gentrifizierung eine Strategie weißer Vorherrschaft ist. Ich werde diese Erkenntnis, und da schließe ich mich dem Argument von Laura Pulido an, auch nicht durch die Verwendung des Begriffs ›*weißes* Privileg‹ abschwächen. Pulido meint, dass der Fokus auf *weiße* Privilegien nützlich war, um die Auseinandersetzung mit rassistischer Macht weiterzuentwickeln und zu verdeutlichen, dass »den individuellen Entscheidungen von *Weißen* nicht unbedingt rassistische Absichten zugrunde lagen, sondern dass sie oft einfach von dem Wunsch getragen waren, für sich und ihre Familien das Beste zu wollen, was in einer stark rassifizierten Gesellschaft rassistische Ungleichheit reproduzierte.«[14]

Zum Teil besteht der Reiz des Konzepts vom *weißen* Privileg jedoch darin, dass es niemanden für die rassistischen Folgen wirklich zur Verantwortung zieht. Pulido zufolge ist das Konzept vom *weißen* Privileg ausgesprochen passiv formuliert, indem es über die konkreten Handlungen hinwegsieht, die mit dem »Prozess, sich etwas zu nehmen oder anzueignen, verbunden sind: die Aneignung von Land, Lohn, Leben, Freiheit, Gesundheit, Community und gesellschaftlichem Status.«[15] Weiße Vorherrschaft zeigt sich in dem »Bewusstsein, der Annahme und einer Haltung der Überlegenheit *weißer* Menschen«[16], die in ihrem »Verständnis von Eigentum und dem Recht, andere auszuschließen«[17] zum Ausdruck kommen.

Obwohl Pulido über das Handeln umweltverschmutzender Industrieunternehmen schreibt, treffen diese Ausführungen ohne Weiteres auch auf Gentrifizierung zu. Eine antirassistische Politik gegen Gentrifizierung muss sich der rassistischen Folgen der Gentrifizierung bewusst sein und verstehen, dass *weiße* Gentrifier, indem sie sich Räume aneignen und auf der Grundlage eines vermeintlichen Rechts, andere auszuschließen, handeln, weiße Vorherrschaft ausüben.

Racial Capitalism und weiße Vorherrschaft sind zentrale Konzepte, die in einer Politik gegen Gentrifizierung zum Tragen kommen müssen. Ich würde nun also, in dem Bewusstsein, dass meine *weiße* Perspektive Grenzen hat, einige Grundsätze für eine antirassistische Politik gegen Gentrifizierung formulieren:

Gentrifizierung ist fast immer mit rassistischen Politiken und Praxen der Verdrängung in der Vergangenheit verbunden.

Zahlreiche Communitys erleben seit Generationen eine wiederholte, serielle Verdrängung aus ihren Stadtteilen.[18] Die Verdrängung heute ist nicht einfach eine Wiederholung früherer Vertreibung in anderer Form. Vorangegangene Vertreibungen legten vielmehr den Grundstein für gegenwärtige und zukünftige Vertreibungen, indem sie die Strukturen, auf denen der Wohlstand der Community beruhte, demontierten, soziale Netzwerke zerstörten und dem Zusammenhalt der Community

Schaden zufügten.[19] Jedoch brachten diese Erfahrungen auch Strategien des Widerstands und des Überlebens hervor, die für die Kämpfe gegen Gentrifizierung wesentlich sind. Eine antirassistische Politik gegen Gentrifizierung erkennt diese Geschichten an und verbindet sie mit der Gegenwart.

Reparationen sind ein notwendiger Schritt, um der Gentrifizierung entgegenzuwirken.

Überall, wo Sklaverei, Apartheid und Rassendiskriminierung legal waren und rassifizierte Menschen daran gehindert wurden, sich sozial und ökonomisch zu etablieren, dauerhafte Communitys zu schaffen oder ihr Vermögen und ihren Wohlstand zu behalten, ist es notwendig, mittels Reparationen wieder Chancengleichheit herzustellen. Gentrifizierung arbeitet unter anderem auf der Grundlage, rassifizierte Communitys ihres Vermögens und der Möglichkeit, selbiges zu schaffen, zu berauben. Gentrifizierung aus einer antirassistischen Perspektive zu bekämpfen, verpflichtet uns dazu, verschiedene Formen der Reparationen zu unterstützen, um damit Leid, das in der Vergangenheit verursacht wurde, wiedergutzumachen und es heute Menschen zu ermöglichen, in ihrem Stadtteil zu bleiben.

Der Kampf gegen Gentrifizierung ist auch ein Kampf gegen Umweltrassismus.

Die Ökologiebewegung, wie wir sie heute kennen, entstand in Schwarzen Communitys wie Afton, North Carolina, wo man gegen die Ansiedelung von Giftmülldeponien und anderen umweltschädlichen Unternehmen in der Nähe ihrer Häuser, Schulen und Arbeitsplätze kämpfte.[20] In städtischen Gebieten sind einkommensschwache Communitys of Color in unverhältnismäßig hohem Maße verschiedensten Umweltbelastungen ausgesetzt, vom Blei im Wasser bis zu den Dieselabgasen der Busse.[21]

Fehlender bezahlbarer Wohnraum und Verdrängung zwingen Familien in diese gefährlichen Gegenden oder verunmöglichen es, dass sie von dort wegkommen. Wie andere Formen des Rassismus auch hat das generationenübergreifende und weitreichende Folgen. Chronische und akute Krankheiten führen zu Fehltagen in der Schule oder auf der Arbeit. Bleivergiftungen beeinträchtigen die Gehirnentwicklung von

Kindern. Die vielerorts hohen Kosten für die Gesundheitsversorgung führen dazu, dass sich viele verschulden müssen, woraufhin sie dann Schwierigkeiten haben, sich grundlegende Dinge wie eine Wohnung oder gute Lebensmittel zu leisten. Von Jahr zu Jahr wird damit die Chance, dieser Situation zu entkommen, geringer.

Gentrifizierung ist sicherlich nicht der einzige verantwortliche Faktor für diesen Umweltrassismus, aber sie trägt zu diesem Problem bei und wir können sie nicht umfassend bekämpfen, wenn wir uns nicht für ökologisch nachhaltige Stadtteile für alle einsetzen.

Die Abschaffung der Polizei und des Strafrechtssystems ist ein zentraler Bestandteil des Kampfes gegen Gentrifizierung.

Das rassistische, klassistische und kolonialistische Strafrechtssystem trägt zur Gentrifizierung und Verdrängung bei, indem Menschen bei einer Inhaftierung aus ihrer Community gerissen werden, wobei sie ihre Familie zurücklassen, die die emotionale und finanzielle Last, dass ein geliebter Mensch hinter Gittern sitzt, zu tragen hat. Zudem agiert die Polizei als Stoßtrupp der Gentrifizierung, indem sie arme Menschen, Menschen mit Behinderungen, psychisch Kranke und People of Color in Stadtteilen, die gentrifiziert werden, schikaniert, verhaftet und manchmal sogar tötet. Immer größere Polizeibudgets ziehen Ressourcen von Dienstleistungen ab, die gegen die Wohnungskrise wirken könnten. Stattdessen wird staatliche Gewalt eingesetzt, um das Privateigentum für die Reichen zu schützen.[22]

Die Abolitionistin Mariame Kaba meint, dass die Abschaffung der Polizei nur ein Aspekt des Kampfes sein dürfe, weil sich die Logiken und Praxen des Gefängnisses im Alltag ganz gewöhnlicher Menschen niederschlagen.[23] Insbesondere *weiße* Gentrifier fühlen sich dazu ermächtigt, *als Polizei zu handeln* oder sie zu rufen.

Eine antirassistische Politik gegen Gentrifizierung erkennt an, dass »die meisten kriminalisierten Übertretungen ihren Ursprung in den sozialen und ökonomischen Ungleichheiten haben.«[24] Wenn wir etwas dagegen unternehmen wollen, sollten wir diese Ungleichheiten angehen, anstatt Menschen einzusperren. Der Kampf gegen Gentrifizierung beinhaltet somit auch, Ungerechtigkeiten in Bereichen wie dem Wohnungswesen zu bekämpfen, um die Ursachen des Leids zu beseitigen.

Verdrängung ist eine Form rassistisch motivierter Gewalt.

Obwohl offenkundige und aufsehenerregende Formen der Gewalt gegen Schwarze und Indigene Menschen und People of Color mittlerweile mehr Aufmerksamkeit erhalten und verurteilt werden, gibt es weiterhin zahllose Formen schleichender, alltäglicher und systemischer Gewalt, die laut Ruth Wilson Gilmore »ein je nach Gruppe unterschiedliches Risiko eines vorzeitigen Todes mit sich bringen.«[25]

Verdrängung – als Räumung, Entwurzelung oder Zerstörung des Hauses – ist eine Form dieser Gewalt. Die Folgen der Verdrängung für die physische und psychische Gesundheit sind beträchtlich und addieren sich zu dem Stress, den die vielen anderen Erfahrungen mit Rassismus und Ungerechtigkeit bereits verursachen. Das trägt zweifelsfrei zu den rassistisch bedingten Ungleichheiten im Hinblick auf Gesundheit und Lebenserwartung bei. Bewegungen gegen Gentrifizierung müssen die rassistisch bedingten Folgen der Verdrängung in Betracht ziehen und Verdrängung als eine Form rassistischer Gewalt formulieren.

Rassifizierte Communitys brauchen keine Rettung – weder durch Gentrifizierung noch durch *weiße* linke Bewegungen.

Katherine McKittrick und andere Schwarze Geograf*innen betonen: Trotz all der Angriffe, die versuchen, ihre Bindungen zu einem Ort aufzulösen und zu leugnen, erschaffen, erhalten und imaginieren Schwarze Menschen weiterhin Räume.[26] Dennoch werden Communitys of Color als trist, vernachlässigt, problembehaftet und gefährlich dargestellt – als ob sie der Rettung bedürften.

Städte heben Gentrifizierung gerne als Lösung hervor, in dem Glauben, dass es immer etwas Gutes sei, wenn Geld in die Stadt kommt. Eine antirassistische Bewegung gegen Gentrifizierung würde dieser Annahme selbstverständlich widersprechen. Ich will linke Bewegungen, insbesondere *weiße* Aktivist*innen, dennoch davor warnen, sich an Erzählungen zu beteiligen, in denen rassifizierte Communitys als Problem, das einer Lösung bedarf, dargestellt werden.

Das rassifizierte Vokabular vieler Texte über Gentrifizierung (›Dschungel‹, ›Pionier*innen‹, ›Siedler*innen‹) ist da ein beredtes Beispiel. Viele der sogenannten fortschrittlichen Bewegungen in den Städten werden von Weißen dominiert und sind dafür zu kritisieren, dass sie rassistische Bilder und Ausschlüsse sowie *weiße* Normativität reproduzieren.[27] Es ist wichtig, dass sich eine Politik gegen Gentrifizierung Diskursen und Praktiken verweigert, die rassifizierte Communitys als handlungsunfähige und auf die Expertise von *Weißen* angewiesene Opfer darstellen.

Eine dekoloniale Politik gegen Gentrifizierung

Wahrscheinlich erschüttert nichts die altbekannten Geschichten über die Gentrifizierung so sehr wie die Notwendigkeit der Dekolonisierung. Ich schreibe vor dem Hintergrund des kolonialen Kontexts in Kanada, wo die koloniale Inbesitznahme Indigenen Landes bis heute andauert. Jedoch müssen wir die Dekolonisierung in jedem Fall angehen, unabhängig davon, wo wir uns befinden. Der antirassistische Bildungswissenschaftler George J. Sefa Dei drückt es so aus: »Alles, was wir in Bezug auf Land, Orte und Räume unternehmen, um sie zu transformieren, ist Dekolonisierung.«[28]

Sefa Dei führt weiter aus:

> »Dekolonisierung ist handlungsorientiert. (...) Sie entspringt dem Bewusstsein für die Gewalt und den Genozid, die während des Kolonialismus und des Siedlerkolonialismus verübt wurden. Dekolonisierung bezeichnet zudem den Versuch Indigener und kolonisierter Körper, die Kontrolle über unsere eigenen Denkprozesse zu gewinnen und konkret zu handeln, um Kolonialismus, Patriarchat und andere Formen gesellschaftlicher Unterdrückung zu bekämpfen.«[29]

Dekolonisierung ist kein einmaliges Ereignis, sondern vielmehr ein Prozess. Eine Politik gegen Gentrifizierung kann und muss Teil dieses Prozesses sein, indem sie ihre eigenen kolonialen Narrative und Praktiken hinterfragt und sich aktiv an konkreten Projekten der Dekolonisierung beteiligt.

Zu aller erst müssen wir uns bewusst machen, dass eine westliche, eurozentristische Epistemologie das gängige Denken über die Stadt und die Stadtplanung strukturiert.[30] Englischsprachige Perspektiven aus dem globalen Norden prägten die wissenschaftliche Theoriebildung über Städte, und die Theorien über die Gentrifizierung bilden da keine Ausnahme.[31] Das bedeutet nicht nur, dass viele Menschen und Orte dabei an den Rand gedrängt werden, sondern auch, dass eine bestimmte Sicht auf die Welt bestimmt, wie wir über dieses Thema denken und was wir darüber wissen (oder zu wissen glauben).

Das westliche Weltbild ist durch bestimmte religiöse, intellektuelle und politische Traditionen geprägt, die *eine* Möglichkeit darstellen, die Welt zu begreifen. Aber das ist beileibe nicht die Einzige. Die Kolonialisierung versuchte, die Weltanschauungen Indigener und kolonisierter Menschen auszulöschen, doch sie konnten überleben.[32] Natürlich fand dieses Wissen in der westlichen Wissenschaft keine allzu große Zustimmung. Dementsprechend verfügen wir nur über ein sehr begrenztes Spektrum an Konzepten, Fragen und Visionen über das Stadtleben, was wiederum unsere Wahrnehmung von Problemen wie der Gentrifizierung prägt.

Nicht-eurozentristische Weltbilder bieten zumindest andere Möglichkeiten, über Land, Rechte, Gerechtigkeit, Verletzungen, Beziehungen, Community und Verantwortung nachzudenken.[33] Die Indigene Geografin und Stadtplanerin Laura Harjo untersucht beispielsweise, wie die Muskogee durch mehrfache Wiederholungen gleicher gemeinschaftsstiftender Handlungen »komplexe Beziehungsgeflechte schaffen«, die nicht nur die Kultur bewahren, sondern die Grundlage für Indigene Vorstellungen von Zukunft (als eine antikoloniale Form der Planung) bilden.[34]

Ich habe schon mehrmals darauf hingewiesen, dass das westliche Verständnis von Land als Eigentum, ob nun privat oder nicht, sowohl die die Gentrifizierung begrüßende kapitalistische Sicht als auch die antikapitalistische, gentrifizierungskritische Sicht durchdringt.[35] Viele Strategien gegen Gentrifizierung stützen sich auf alternative Formen des Eigentums und der Kontrolle von Land und Eigentum, aber die grundsätzliche Vorstellung, dass man Land besitzen kann und soll, ist in diesen Ansätzen immer noch vorhanden.

Das steht im Gegensatz zu vielen Indigenen und anderen nichtwestlichen Weltanschauungen, die eine wechselseitige Beziehung mit dem Land auf der Grundlage gegenseitiger Verantwortung vertreten.[36] Die Frage, wie oder ob wir diese Weltanschauungen miteinander in Einklang bringen können, ist nicht leicht zu beantworten. Nichtsdestotrotz müssen wir zumindest damit beginnen, uns bewusst zu machen, welche Grundannahmen unseren politischen Strategien zugrunde liegen und wie sie hinsichtlich Fragen der Dekolonisierung zu beurteilen sind.

Westliche Weltanschauungen nicht mehr in den Mittelpunkt zu stellen und unser Denken über Land und Eigentum radikal infrage zu stellen, ist entscheidend für eine dekoloniale Politik gegen Gentrifizierung. Als nicht-indigene Bewohnerin eines kolonialen Siedlerstaates möchte ich folgende Prinzipien vorschlagen, als Einladung an die überwiegend nicht-indigene Community von Wissenschaftler*innen und Aktivist*innen, die sich mit Gentrifizierung beschäftigen, erste Schritte auf dem Weg der Dekolonisierung zu gehen. Meine bescheidener Vorschlag für Grundsätze einer dekolonialen Politik gegen Gentrifizierung lautet wie folgt:

Gentrifizierung ist eine Manifestation anhaltender Prozesse des Kolonialismus und der Enteignung.

Die Anishinaabe Winona LaDuke ist Umweltwissenschaftlerin und -aktivistin und hält fest, dass die Kontrolle über Land die Grundlage für die gesellschaftliche Kontrolle und alle anderen Formen der Macht in einem System der kolonialen Eroberung bildet.[37] Gentrifizierung kann als eine aktualisierte Variante von kolonialen, kapitalistischen Formen der Kontrolle von Land und Ressourcen zur Stärkung hegemonialer Macht verstanden werden.

Für kolonisierte und Indigene Menschen ist die Verdrängung durch Gentrifizierung eine direkte Fortsetzung der erzwungenen Verdrängung durch die koloniale Politik in Form von Zwangsumsiedlungen und der Einrichtung von Reservaten. Die Verbindung besteht jedoch nicht lediglich darin, dass sich hier ähnliche Prozesse wiederholen. Vielmehr ist Gentrifizierung selbst einer der Wege, wie Siedler*innen kolonisiertes Land besetzen und unter Kontrolle halten, da auch sie das Prinzip des privaten Landbesitzes hochhält und das Ziel hat, aus diesem Besitz immer mehr Profite zu generieren.[38] Eine dekoloniale Politik gegen

Gentrifizierung muss sich darüber im Klaren sein, was es bedeutet, Land und Eigentum zu kontrollieren, und inwiefern dadurch koloniale Macht konsolidiert wird.

Kolonisierung ist keine Metapher.

Diesem ersten Prinzip folgend, können wir die Beziehung zwischen Kolonisierung und Gentrifizierung nicht als metaphorisch betrachten. Allzu oft spiegelt die Sprache der Gentrifizierung die Sprache des Imperialismus, der Entdeckung und der Eroberung wider, allerdings dergestalt, dass dadurch die kolonialen Strukturen, die dem Prozess zugrunde liegen, eher ausgeblendet denn beleuchtet werden. Das Narrativ der Rückeroberung oder Besetzung einer Stadt und das Recht auf Stadt ignorieren häufig die nach wie vor bestehenden Indigenen Ansprüche auf städtische Räume.

Daher müssen die Forschung und der Aktivismus in diesem Bereich ihr Vokabular überdenken und reflektieren, wie dieses Vokabular unser Denken über Rechte, Ansässigkeit und Macht strukturiert. Auch Dekolonisierung ist, wie die Bildungswissenschaftler*innen Eve Tuck und K. Wayne Yang schreiben, keine Metapher. Sie betonen diesen Punkt angesichts dessen, dass der Begriff der Dekolonisierung auch in Diskursen über soziale Gerechtigkeit oder institutionelle Diversität und Inklusion mit großer Leichtigkeit verwendet wird, »ohne dabei zu berücksichtigen, dass Dekolonisierung etwas ganz anderes will als diese Formen der Gerechtigkeit.«[39]

Anders gesagt: Dekolonisierung ist weder eine Metapher für andere Bewegungen noch ein symbolischer Prozess. Tuck und Yang sind der Meinung, dass Dekolonisierung »die Rückgabe von Land beinhalten und zugleich anerkennen muss, inwiefern Land und die Beziehungen zum Land schon immer anders verstanden und umgesetzt wurden, und das nicht nur auf einer symbolischen Ebene.«[40] Für Bewegungen gegen Gentrifizierung in den Ländern des Siedlerkolonialismus bedeutet das, dass wir bereit sein müssen, zutiefst verunsichert zu werden: Es kann keinen Weg aus der Gentrifizierung geben, wenn dieser auf Kosten der Indigenen Menschen geht und diese weiterhin materiell und politisch von ihrem Land getrennt bleiben.

Die Politik gegen Gentrifizierung muss die ›Land Back‹-Bewegungen unterstützen.

Das Engagement gegen Gentrifizierung sollte sich daher mit den ›Land Back‹-Bewegungen solidarisch zeigen, die traditionell Indigenes Land besetzen und ihre Version des ›Rechts zu bleiben‹ behaupten, indem sie die Indigene Gerichtsbarkeit anwenden. Das *Yellowhead Institute* zeigt in seinem *Land Back Red Paper*, dass die Indigene Gerichtsbarkeit in Kanada für die Legitimität des Staates eine große Bedrohung darstellt und eine »massive wirtschaftliche Unsicherheit«[41] für ein Land bedeutet, dessen Macht auf Ressourcen und Reichtum beruht, die an Indigenes Land geknüpft sind. Zwar konzentrieren wir uns diesbezüglich meist auf Projekte zur Gewinnung natürlicher Ressourcen etwa in der Forstwirtschaft oder im Bergbau, doch auch im urbanen Raum finden Enteignungen und die Extraktion von Vermögen statt.

Auch die Stadt ist Land, wie die Cree-Métis-Saulteaux-Schriftstellerin und Literaturprofessorin Lindsay Nixon feststellt:

> »›Land Back‹ in der Stadt artikuliert das Wiederauftauchen von obdach- und wohnungslosen Jugendlichen. (...) ›Land Back‹ bedeutet, dass der Polizei die Mittel gestrichen werden. ›Land Back‹ bedeutet, sich um unsere Körper zu kümmern. (...) ›Land Back‹ bedeutet, sich umeinander zu kümmern. ›Land Back‹ bedeutet, dass Drogenkonsument*innen in der Stadt besser versorgt werden, wobei *weiße* Siedler*innen die Kosten tragen. ›Land Back‹ bedeutet Schutzräume für transsexuelle und queere Indigene Jugendliche.«[42]

Wer nach einer anderen Vision davon, wie wir auf diesem Land leben sollen, sucht, dem gibt, den Autor*innen des *Land Back Red Papers* zufolge, wahrscheinlich die Indigene Gerichtsbarkeit die beste Aussicht auf ein nachhaltiges Überleben. Eine dekoloniale Bewegung gegen Gentrifizierung erkennt an, dass der Weg zum Erreichen ihrer Ziele über das Erreichen der Ziele von Land Back verläuft.

Indigene, kolonisierte und ehemals kolonisierte Menschen sind und waren schon immer aktiv an der Planung und dem Bau von Städten beteiligt.

Vielerorts wird davon ausgegangen, Indigene Menschen und ihre Belange seien überwiegend ›weit weg‹, in ländlichen und abgelegenen

Communitys, fernab der städtischen Zentren anzutreffen. Das stimmt weder empirisch noch politisch, denn die Indigene Bevölkerung ist nicht nur eine zunehmend städtische (in Kanada leben über 50 Prozent und in den USA mehr als 70 Prozent der Indigenen Bevölkerung in Städten), sondern auch ihre Forderungen, Bewegungen und Kulturen haben viele Verbindungen in die Stadt.[43]

Bewegungen gegen Gentrifizierung sollten sich daher bewusstmachen, dass antikoloniale Kämpfe nicht irgendwo, weit entfernt von den Kämpfen in der Stadt stattfinden. Es muss ausdrücklich anerkannt werden, dass Indigene, kolonisierte und ehemals kolonisierte Menschen, die nicht mehr unter direkter politischer kolonialer Kontrolle stehen, ihr ›Recht auf die Stadt‹ seit jeher und bis heute zum Ausdruck bringen durch ihre formelle und informelle Arbeit, den Aufbau von Communitys, ihren Aktivismus und allein schon durch die Fähigkeit, unter feindlichen Verhältnissen zu überleben.

Indigene Menschen verfügen über ihre eigenen, jahrhundertealten gemeinschaftlichen Methoden der Planung, die zwar durch den Kolonialismus unterdrückt wurden, aber weiterhin die Indigene Regierung prägen. Überall auf der Welt eignet man sich Indigene Methoden und Grundsätze der Planung, die als Teil des Instrumentariums der dekolonialen Bewegungen gegen Gentrifizierung betrachtet werden müssen, wieder neu an.[44]

Projekte gegen Gentrifizierung müssen ihre Strategien aktiv gemeinsam mit Indigenen, kolonisierten und ehemals kolonisierten Menschen erarbeiten.

Es ist mehr als wahrscheinlich, dass Projekte gegen Gentrifizierung, insbesondere jene, die auf Indigenem Land in kolonialen Kontexten geplant sind, mit den Weltanschauungen, den Beziehungen zum Land und den Souveränitätsbemühungen Indigener und kolonisierter Menschen in Konflikt geraten oder damit nicht in Einklang stehen. Um zu verhindern, dass dadurch der Schaden, der durch die Enteignungen angerichtet wurde, noch größer wird, muss eine Politik gegen Gentrifizierung auf eine bedeutsame Zusammenarbeit und gemeinsame Entwicklung achten.

In *Designs for the Pluriverse* liefert der antikoloniale Anthropologe Arturo Escobar ein dringliches, aber hoffnungsvolles Konzept, um mittels eines radikalen, befreienden Designansatzes einen ›von unten‹ getragenen Übergang weg von der »patriarchalen westlichen kapitalistischen Moderne«[45] und all dem Leid, das diese anrichtete, zu bewerkstelligen. Eine pluriversale Designpraxis (wobei sich Design nicht nur auf die Schaffung von Objekten oder Gebäuden bezieht, sondern auf Projekte zur Imagination neuer Welten), geht von der Prämisse aus, dass nicht nur eine andere Welt möglich ist, sondern dass mehrere Welten möglich und notwendig sind.

Kollektive, partizipatorische, spekulative und auf Beziehungen orientierte Designprozesse können einen Beitrag leisten, außerhalb der engen Grenzen, die uns der kapitalistische Urbanismus auferlegt, zu denken und zu handeln. Bewegungen gegen Gentrifizierung müssen verstehen, dass beispielsweise Indigene Forderungen keine Hindernisse oder potenziellen Konflikte für ihre Politik darstellen, sondern vielmehr Orte fruchtbarer Kreativität sind, die die Möglichkeiten für Gerechtigkeit, Nachhaltigkeit und ein gutes Leben für alle erweitern können.

Es ist notwendig, offen zu sein, die Stadt anders zu denken und sich auf sie und alle ihre menschlichen und nicht-menschlichen Bewohner*innen zu beziehen.

Die westlichen politischen Traditionen, sowohl der Mainstream als auch radikale Ansätze, verfügen über eine sehr begrenzte Vorstellung davon, was es bedeutet, Politik ›zu machen‹, Veränderungen zu bewirken, Gerechtigkeit zu erlangen, Rechte einzuräumen, die Gesellschaft zu organisieren und Ressourcen zu teilen. Die zutiefst phantasielose Art und Weise, wie wir uns entlang einer linearen politischen Achse von rechts nach links positionieren, lässt einiges zu wünschen übrig, wenn es darum geht, sich eine Zukunft vorzustellen, und trägt sicherlich wenig zu einem dekolonialen Denken und Handeln bei.

Diese Traditionen sind zudem anthropozentrisch, also am Menschen orientiert, was bedeutet, dass die natürliche Welt und nicht-menschliche Wesen in der Regel keinen Stellenwert haben, wenn wir über Rechte, Gerechtigkeit oder Ansprüche auf Raum nachdenken.[46] Während wir zwar eine unkritische Aneignung anderer Kulturen und Weltanschauungen vermeiden müssen, muss eine dekoloniale Bewegung gegen Gentrifizierung dennoch offen sein für das breite Spektrum alternativer Weisen, sich miteinander in Beziehung zu setzen, sich zu organisieren, sich umeinander zu kümmern, zu leben, usw., die sich aus verschiedenen Arten ergeben, die Welt zu begreifen.

Wo fangen wir an?

Atmet mal tief durch. Niemand kann und soll all das alleine erledigen. Ich will ganz sicher nicht, dass ihr dieses Buch zur Seite legt, weil ihr euch überfordert und entmutigt fühlt. Ich will, dass ihr ein Gefühl der Verantwortung, aber auch des Empowerments verspürt. Zumindest eines solltet ihr aus diesem Buch mitnehmen: dass wir die Macht haben, die Geschichte umzuschreiben und die Ergebnisse von Prozessen wie der Gentrifizierung zu verändern. Trotzdem fragt ihr euch vielleicht, wo wir beginnen sollen und was für einen Unterschied wir wirklich machen können. Vielleicht fragt ihr euch sogar: »Gehöre ich zu den Gentrifiern?«

Als die Veränderungen in meinem alten Viertel, der Junction, so richtig Fahrt aufnahmen, eröffneten überall Geschäfte, Bars und Restaurants, die auf wundersame Weise mit meinem einzigartigen persönlichen Geschmack übereinstimmten. Was für ein glücklicher Zufall! Aber natürlich war es nichts dergleichen. Dass mir gemütliche Cafés lieber sind als Sportbars, Nagelstudios lieber als Herrenfriseure und Bioläden lieber als Discounter, ist auf Normen zurückzuführen, die durch Gender, *Race*, Klasse und Kultur bestimmt werden und sich mit der Gentrifizierung in der gebauten Umwelt niederschlagen.

Die Räume, die früher von älteren europäischen Migrant*innen aus der Arbeiter*innenklasse frequentiert wurden, sind durch Dienstleistungen verdrängt worden, die auf einen anderen Geschmack ausgerichtet sind, der, genau, von Menschen wie mir mitgebracht wurde. Spielte es dabei eine Rolle, dass ich mir weder das gute Bio-Essen noch Maniküre wirklich leisten konnte?

Ich war jedenfalls froh, ein rauchfreies, familienfreundliches Café zu haben, in dem ich mich an Regentagen mit anderen Müttern und ihren Kindern treffen konnte. Als immer neue Geschäfte eröffneten und Coffeeshops, Kleidungsgeschäfte, Yogastudios und Friseursalons dazukamen, also solche Geschäfte, die sich hauptsächlich an Frauen richteten, fühlte ich mich noch mehr zu Hause. Diese Geschäfte verdrängten jedoch die günstigen Lebensmittelgeschäfte und Freizeitangebote, und zwar unabhängig davon, ob ich sie in Anspruch nahm oder nicht. Mein psychisches Wohlbefinden ging auf Kosten der materiellen Befriedigung der Grundbedürfnisse anderer Menschen in der Nachbarschaft, einschließlich anderer Frauen.

Ich erzähle das, weil die meisten Menschen ein mehrschichtiges Verhältnis zur Gentrifizierung haben. Über so manche Veränderungen freut man sich, andere fürchtet man wiederum. In manchen Bereichen kann man Entscheidungen treffen und Einfluss nehmen, andere liegen außerhalb unseres Einflussbereichs.

Gehört ihr zu den privaten Bauträgern, zu den Vermieter*innen, die Mieter*innen zwangsräumen lassen, um die Miete zu erhöhen, oder zu den Immobilienspekulant*innen, die Immobilien aufkaufen, um sie leer stehen zu lassen oder kurzfristige Mietgewinne zu erzielen, dann ist eure Beziehung zur Gentrifizierung weniger kompliziert. Ihr beteiligt euch aktiv an der Gentrifizierung, um einen finanziellen Vorteil daraus zu ziehen. Ich weiß nicht so recht, warum ihr gerade dieses Buch in die Hand genommen habt, aber ich hoffe, es hat euch eine Menge Stoff zum Nachdenken gegeben.

Für alle anderen dürfte die Angelegenheit deutlich heikler sein. Wie geht das zusammen, dass man zwar nur über ein mickriges Guthaben auf der Bank verfügt, zugleich aber *weiße* Privilegien in einem Stadtteil, der vor allem von Minderheiten bewohnt wird, genießt? Was soll man von den neuen Nachbar*innen halten, die anscheinend zwar nett sind, aber so aussehen, als ob sie Geld hätten? Wie kann man über alle Unterschiede hinweg echte Beziehungen zu Menschen aufbauen? Wie gelingt es, sich nicht an den subtilen Formen der sozialen und kulturellen Ausgrenzung zu beteiligen?

Wenn man über diese Themen nachdenkt, muss man sich mit seinen individuellen Absichten und seiner Verantwortung auseinandersetzen und sich fragen, in welchem Verhältnis sie zu strukturellen, systemischen Aspekten stehen. Das bedeutet auch, dass man sich über die eigene Positionierung, Marginalisierung oder Privilegierung klar werden muss. Entscheidend ist, dass wir uns dabei immer mit Macht auseinandersetzen müssen, insbesondere mit struktureller Macht, die unabhängig von unseren individuellen Absichten operiert.

Die Stadtsoziolog*innen John Joe Schlichtman, Jason Patch und Marc Lamont Hill untersuchen in ihrem Buch *Gentrifier* die Rollen, Positionen und Identitäten der Gentrifier. Sie kommen zu dem Ergebnis, dass Neuankömmlinge, unabhängig von ihrem Status oder ihrer finanziellen Situation, »Teil eines Geflechts aus früheren Entscheidungen, Handlungen und politischen Maßnahmen werden, die die gegenwärtige Realität in der Nachbarschaft prägen.«[47] Wir befinden uns, wenn wir uns entscheiden, wie und wo wir leben wollen, immer schon in einem bereits bestehenden und sich ständig verändernden Machtzusammenhang. Wie wir uns in diesem Machtgeflecht verhalten, ist uns überlassen, aber unseren Entscheidungen werden durch Normen und Werte, die das Ergebnis einer langen Geschichte von Herrschaft und Unterdrückung sind, Grenzen gesetzt.

Schlichtman, Patch und Hill warnen davor, in gentrifizierten Stadtteilen eine klare Trennlinie zwischen guten und schlechten Akteur*innen zu ziehen. Die Soziologin Japonica Brown-Saracino beschreibt Gentrifier als Menschen, die in diesen Stadtteilen nach einer Art Authentizität suchen und in vielen Fällen dafür kämpfen, dass, wenn neue Unternehmen anrücken und allerlei Sanierungspläne gemacht werden, die Einzigartigkeit dieser Viertel erhalten bleibt.[48] Die Geograf*innen Trina Hamilton und Winifred Curran untersuchten die schwierigen Allianzen zwischen gut vernetzten Gentrifiern und alteingesessenen Bewohner*innen, die gemeinsam gegen die Umweltprobleme in Greenpoint, Brooklyn, kämpften, wo sich das kulturelle und soziale Kapital der Neuankömmlinge als durchaus nützlich erwies, um die Sanierung des Newton Creek, ein mit giftigen Chemikalien belastetes Gewässer, durchzusetzen.[49] Hamilton und Curran sind in ihrer Einschätzung vorsichtig, aber sie lassen die Möglichkeit bestehen, dass »sich der Aktivismus durch die Gentrifier verstärken kann, die den ökologischen Kampf, den die Community bereits länger führt, unterstützen.«[50]

Eine Gegenüberstellung von ›Neuankömmlingen‹ und ›Alteingesessenen‹ macht es sich jedenfalls viel zu leicht, und damit weicht man nur der harten Arbeit aus, die es braucht, um mit scheinbar gegensätzlichen gesellschaftlichen Positionen umzugehen. Zu den Neuankömmlingen könnten Künstler*innen, Student*innen und Menschen aus der Arbeiter*innenklasse gehören, die vielleicht eben erst aus einem anderen Stadtteil, der gentrifiziert wurde, vertrieben wurden. Es kann schon sein, dass jene, die auf der Suche nach erschwinglichem Wohnraum sind, dazu beitragen, dass sich der Stadtteil verändert, aber sie bilden nicht die Vorhut für das Immobilienkapital, das stets auf der Suche nach dem nächsten Ort ist, an dem sich Profite machen lassen.

Die alteingesessenen Bewohner*innen werden demgegenüber gerne in die Rolle gedrängt, Opfer der Gentrifizierung zu sein. Man geht also davon aus, dass sich alle Bewohner*innen eines Viertels vor der Gentrifizierung in genau derselben sozialen und wirtschaftlichen Lage befunden und gleich viel oder wenig zu gewinnen oder verlieren gehabt hätten. Es gibt aber massive Unterschiede, beispielsweise zwischen Hausbesitzer*innen und Mieter*innen, zwischen Menschen, die einer Lohnarbeit nachgehen müssen, und denjenigen, die Einkommen aus Aktien beziehen, zwischen Menschen, die in Sozialwohnungen leben, und denen, die in privaten Mietwohnungen leben. Unterschiede in Bezug auf *Race*, Aufenthaltsstatus, familiäre Situation, Alter, Ability, Sexualität, Gender, usw. spielen ebenfalls eine Rolle dafür, wie Menschen die Auswirkungen der Gentrifizierung erleben.

Alteingesessene Bewohner*innen befinden sich in der wenig beneidenswerten Situation, das Gefühl zu haben, sie müssten sich zwischen Gentrifizierung auf der einen und einem Leben mit bröckelnder Infrastruktur und schwindenden Annehmlichkeiten auf der anderen Seite entscheiden. Nachdem sie sich womöglich über Jahrzehnte damit herumschlagen mussten, dass es keine Investitionen in ihren Stadtteil gab, sind die spürbaren Verbesserungen im Zuge der Gentrifizierung unter Umständen nicht zu verachten. Ein neuer Spielplatz, funktionierende Straßenbeleuchtung, bessere Busverbindungen: Solche Dinge machen im Alltag einen echten Unterschied. Die Erleichterung, dass die dringend benötigten Dienstleistungen endlich zur Verfügung stehen, könnte mit Frustration über die jahrzehntelange Ignoranz einhergehen. Doch kann man zu einem sicheren Ort, wo die Kinder spielen können, schwer Nein sagen, selbst wenn die langfristigen Folgen dieser Veränderungen den eigenen Interessen zuwiderlaufen.

Selbstverständlich verfolgen alteingesessene Bewohner*innen oft ganz unterschiedliche Ziele. Wer ein Haus oder ein Geschäft sein Eigen nennt, Vermieter*in oder Investor*in ist, kann nun von den steigenden Preisen profitieren. Die Vereinigungen lokaler Gewerbetreibender aus den jeweiligen Stadtteilen sind meist recht aktiv, wenn es darum geht, die Gentrifizierung zu befördern, und unterstützen Projekte zur Verschönerung des Stadtteils, Feste, Veranstaltungen und Initiativen, die darauf abzielen, einer Gegend eines neues Image zu verpassen. Vermieter*innen wittern die Chance, die Mieten zu erhöhen, und nutzen möglicherweise Schlupflöcher im Mietrecht, um besser verdienende Mieter*innen anzulocken. Hausbesitzer*innen erleben – oft sprunghafte – Wertsteigerungen ihrer Immobilien, was ihnen ermöglicht, selbst woanders hinzuziehen oder ihr Eigenkapital aufzustocken. Die Inhaber*innen lokaler Geschäfte können die Preise erhöhen, das Angebot ändern oder das Geschäft oder das Gebäude zu einem guten Preis verkaufen.

Tragen diese alteingesessenen Bewohner*innen, die ein Haus oder ein Geschäft verkaufen, nun eine Mitschuld an der Gentrifizierung? Was ist, wenn sie sich in einem Viertel, das sich verändert, nicht mehr willkommen fühlen, aber dennoch vom Verkauf profitieren? Diese Fragen erinnern uns daran, dass die Trennung zwischen Neuankömmlingen und Alteingesessenen im Hinblick auf die Frage, wie diese gegenüber dem Prozess der Gentrifizierung positioniert sind, nicht so eindeutig ist.

Wie können wir also diese schwierige Aufgabe bewältigen, die Zusammenhänge nachzuzeichnen, die uns in geografische und historische Machtverhältnisse verstricken? Und zu welchem Zweck?

Meine Absicht mit diesem Buch ist es, dass wir den Fokus von der (individuellen) Schuld weg, hin zur Verantwortung lenken. Schuld bedeutet, zurückzublicken, Verantwortung richtet den Blick aber auf das Jetzt und die Zukunft. Bei der Gentrifizierung gibt es viele Faktoren, für die der*die Einzelne keine Verantwortung trägt: Deindustrialisierung,

Globalisierung, Jahrhunderte der Rassendiskriminierung im Wohnungs- und Bildungswesen, usw.

Jede und jeder Einzelne trifft jedoch Entscheidungen darüber, wie er oder sie sich innerhalb dieser Systeme verhält. Unabhängig von unseren Absichten sind unsere Entscheidungen mit diesem Geflecht der Machtverhältnisse verwoben. Wenn ihr also der Antwort auf die Frage, ob ihr zu den Gentrifiern gehört, näherkommen möchtet, könntet ihr euch fragen, ob ihr euren ethischen Verpflichtungen und eurer Verantwortung für ein Leben der gegenseitigen Hilfe mit euren Nachbar*innen (im weitesten Sinne, den menschlichen und den anderen) nachkommt. Wenngleich ihr das Wirtschaftssystem oder die kulturellen Normen, von denen ihr profitiert, nicht selbst geschaffen habt, müsst ihr euch fragen, welche Möglichkeiten ihr habt, jetzt und heute in einer Weise zu handeln, die keinen Schaden anrichtet, andere ermutigt und unterstützt.

Wir alle brauchen einen Platz zum Leben. Leider gibt es im Kapitalismus keine Moral in der Wohnungsfrage, und schon gar nicht angesichts des Andauerns von Kolonialismus, rassistischer Enteignung und geschlechtsspezifischer Ausbeutung im Haushalt. So sind wir alle, auf je unterschiedliche Weisen und mit unterschiedlichen Machtressourcen ausgestattet, in einem System gefangen, in dem unser Zuhause in erster Linie als finanzielles Mittel wertgeschätzt wird.

Unter diesen Bedingungen gibt es keine Checkliste, um die richtigen Entscheidungen zu treffen, wie man in der Stadt leben soll. Das bedeutet aber nicht, dass man schwierigen Entscheidungen aus dem Weg gehen darf. So wie niemand von uns in der Lage ist, vollständig ökologisch nachhaltig zu leben, sondern angehalten ist, seine Entscheidungen für einen bestimmten Lebensstil zu rechtfertigen und seinen ökologischen Fußabdruck zu verringern, sollten wir als Stadtbewohner*innen angehalten sein, über unseren Fußabdruck der Gentrifizierung nachzudenken.

Welche Rolle spielt ihr?

Fangt damit an, die Rolle näher zu bestimmen, die ihr im, wie Deepa Iyer es nennt, »Ökosystem des gesellschaftlichen Wandels« spielt.[51] In diesem Modell gibt es zehn verschiedene Rollen, die Menschen, die sich für Gleichheit, Befreiung, Gerechtigkeit und Solidarität engagieren, spielen können: Geschichtenerzähler*innen, Berater*innen, Netzwerker*innen, Vordenker*innen, Ersthelfer*innen, Visionär*innen, Baumeister*innen, Betreuer*innen, Störer*innen und Heiler*innen.

Mir gefällt dieser Ansatz, weil er deutlich macht, dass wir alle unterschiedliche Stärken, Fähigkeiten, Ressourcen und Grenzen haben, wenn es darum geht, Veränderungen durchzusetzen. Wir sind nicht alle Aktivist*innen, die in der ersten Reihe stehen können, oder gut darin, Spenden zu sammeln. Wir sind nicht alle Menschen, die Visionen entwickeln, oder solche, die politisch Einfluss nehmen, aber das ist in Ordnung so. Ich zum Beispiel lebe derzeit nicht in einer Stadt, also ist die Arbeit in der ersten Reihe für mich im Moment nur schwer möglich, aber ich kann weiterhin eine Geschichtenerzählerin sein. Care-Arbeit ist für jede Bewegung unerlässlich, auch wenn sie oft unterbewertet und unsichtbar gemacht wird und historisch gesehen vor allem von Frauen, Femmes und queeren Menschen geleistet wurde. Wer politisch und intellektuell mehr in die Waagschale wirft, Experimente wagt, Störungen verursacht und Visionen entwickelt, hilft uns dabei, dass wir uns andere Welten vorstellen können und den Kompass der Bewegung neu auszurichten vermögen, wenn es mal schwierig wird.

Mit anderen Worten: Es gibt viele verschiedene Rollen und sie alle sind wichtig, damit ein Projekt erfolgreich ist oder gesellschaftlicher Wandel vonstatten geht. Ich möchte euch einladen, euch im Internet mal Iyers *Social Change Ecosystem Map*[52] anzusehen und näher zu erkunden, was euer Interesse hervorruft.

Wo könnt ihr Einfluss nehmen?

So wie wir alle eine Rolle übernehmen können, gibt es für uns alle Bereiche, in denen wir einen gewissen Einfluss ausüben können. Macht euch Gedanken über die beruflichen, persönlichen, schulischen, geografischen, religiösen und spirituellen, sozialen und institutionellen Bereiche, in denen ihr euch bewegt. Das sind eure Einflussbereiche. Einige von euch bewegen sich an solchen Orten, an denen es offensichtlich ist, wie ihr gegen Gentrifizierung aktiv werden könnt. Vielleicht seid ihr ja Stadtplaner*in, Architekt*in oder Bauunternehmer*in, Wissenschaftler*in, Journalist*in oder Autor*in, Inhaber*in eines Geschäfts, Immobilienbesitzer*in oder Vermieter*in, Organizer*in in einem Stadtteil oder Aktivist*in. Hier sollte es viele Möglichkeiten geben, wie sich einige der Erkenntnisse und Grundsätze aus diesem Buch in diesen Rollen anwenden lassen.

Es ist jedoch keine Voraussetzung, dass man direkt mit Stadtplanung, Politik oder Immobilienbesitz zu tun hat, um einen relevanten Einflussbereich zu haben. Ihr könntet euch ehrenamtlich engagieren, Bewohner*in oder engagiertes Mitglied der Community sein, das sich und andere vor Verdrängung bewahren will. Ihr könntet Pädagog*in oder Bibliothekar*in sein und Einfluss darauf nehmen, welche Erzählungen und welches Wissen weitergegeben wird. Vielleicht seid ihr ein älteres Mitglied eurer Community und könnt Erfahrungen und Wissen, die ihr über die Jahre gesammelt habt, weitergeben.

Wer auch immer ihr seid, wo auch immer ihr seid, es gibt Möglichkeiten, sich zu engagieren. Auch hier gilt: Ihr müsst nicht überall dabei sein und alles tun. Findet den Bereich, der für euch wichtig ist, und fangt dort an!

Die Veränderung in Angriff nehmen

Solltet ihr euch durch dieses Buch zumindest ein wenig motiviert fühlen, etwas zu unternehmen, dann möchte ich euch noch ein paar Anregungen mit auf den Weg geben, damit ihr diesem Gefühl zumindest im Kleinen sofort Taten folgen lassen könnt. Nichts davon wird die Gentrifizierung aus der Bahn werfen, aber ohne kommen wir überhaupt nicht voran.

Kennt eure Geschichte.

Ihr müsst keine Expert*innen für Städtebau sein, um euch mit der Geschichte eurer Stadt zu befassen. Ihr könntet mit der Frage beginnen, wem das Land gehört, auf dem ihr euch befindet.[53] Solltet ihr nicht wissen, ob ihr euch auf kolonisiertem Land befindet oder wer die ursprünglichen Bewohner*innen waren, ist jetzt ein guter Zeitpunkt, um das herauszufinden. Ihr könntet darüber nachdenken, wie ihr oder eure Vorfahren auf dieses Land gekommen sind. Ihr könntet ein Nachkomme von Siedler*innen und/oder von Migrant*innen sein, die später kamen, von Menschen, die kolonisiert wurden, oder von Menschen, die unter Zwang migrieren mussten, weil sie versklavt wurden, oder ihr seid Mitglied einer lokalen oder nicht lokalen Indigenen Gruppe. Wie steht es um eure Beziehungen zu Indigenen Menschen vor Ort und was habt ihr in der Schule über die Kolonialisierung gelernt und was nicht?

Eine andere großartige Frage ist: Wer hat die Stadt gebaut? Viele Städte wurden, und manche werden noch immer, von versklavten Arbeiter*innen, Zwangsarbeiter*innen und migrantischen Arbeiter*innen errichtet.[54] Indigene Stahlbauarbeiter*innen, insbesondere Kanien'kehá:ka (Mohawk), bauten und bauen die größten Wolkenkratzer, Brücken und Gebäude der Welt.[55] Die Arbeitsbedingungen waren und sind gefährlich. Viele Menschen kamen bei dieser Arbeit ums Leben, doch die meisten von uns wissen nur wenig über diese Geschichte. Ihr könntet auch herausfinden, wer die einflussreichen Stadtplaner*innen, Politiker*innen, Architekt*innen und Landschaftsarchitekt*innen in eurer Gegend waren und wer weniger Bekanntheit erlangte. Kleiner Tipp: Letztere sind meist Frauen und/oder People of Color. Ihr könntet die Geschichte der Planung, Stadterneuerung, des *Redlinings*, der Verdrängung, der Segregation oder anderer Zusammenhänge, die eure Stadt im letzten Jahrhundert geprägt haben, erforschen.

Kennt eure Gegenwart.

Selbst wenn ihr euch für Gentrifizierung interessiert, wisst ihr vielleicht nicht viel über die Geschichte und die Gegenwart dieser Entwicklung in eurer Stadt. Es lohnt, genauer hinzusehen, wie verschiedene Communitys mit bestimmten Veränderungen umgehen, ob es sich nun um Luxuswohnungen, neue Einzelhandelsflächen, Begrünungsprojekte oder anderes handelt. Dabei werdet ihr sicher einiges über Organisationen erfahren, die sich mit Problemen der Gentrifizierung und Verdrängung beschäftigen, beispielsweise über Gruppen, die sich rund um den Bau von Wohnungen engagieren, gegen Armut in der Stadt kämpfen, an einer Stadtplanung ›von unten‹ arbeiten, Zwangsräumungen verhindern wollen, Netzwerke der gegenseitigen Hilfe aufbauen und vieles mehr.

Sucht nach Verbindungen.
Womöglich denkt ihr, dass ihr mit dem Widerstand gegen Gentrifizierung nichts zu tun habt, aber wenn ihr euch sozial- oder stadtpolitisch irgendwo engagiert, dann gibt es mit ziemlicher Sicherheit Verbindungen zu Themen, die sehr wohl damit zu tun haben. Beschäftigt ihr euch mit Themen wie Wohnen, Obdachlosigkeit, Armut, Ernährungssicherheit, Gewalt gegen Frauen, Behinderung, Umweltschutz, der Arbeit der Polizei und deren Abschaffung, psychische Gesundheit, Altern, Sexualität? Diese und viele andere Themen haben zumindest am Rande mit Gentrifizierung zu tun und die Arbeit, die ihr da macht, ist Teil des großen Ganzen.

Trefft gute Entscheidungen.
Wenn wir davon ausgehen, dass sich Gentrifizierung und Verdrängung aufhalten lassen, dann beginnen wir zu erkennen, dass es einen Unterschied macht, wenn wir in unserem Einflussbereich und unserem Alltag andere Entscheidungen treffen. Wir alle verfügen zumindest über die Macht, einen Teil unserer Ressourcen so umschichten und verteilen zu können, dass sie mit unseren Werten und Interessen im Kampf gegen die Gentrifizierung in Einklang stehen. Man muss nicht alles aufgeben und in ein Kloster gehen, auch wenn das durchaus cool ist. Im kleineren Maßstab könnt ihr als Konsument*innen Entscheidungen darüber treffen, wo ihr einkauft, bei welchen Unternehmen ihr Bestellungen tätigt und welche Restaurants ihr besucht. Ihr könnt darüber nachdenken, welchen Organisationen ihr Geld spendet und ob ihr nicht einen Teil davon lieber an Organisationen geben wollt, die sich gegen Gentrifizierung einsetzen. Die Zeit, in der ihr euch ehrenamtlich engagiert, könntet ihr für Bereiche rund um das Thema Wohnen aufwenden, oder ihr könntet in den Organisationen, in denen ihr ohnehin schon aktiv seid, die Frage der Gentrifizierung kritisch einbringen.

Solltet ihr zu denen gehören, die über ein größeres Vermögen verfügen und Kontrolle über Eigentum haben, dann könntet ihr überlegen, wie ihr diese Ressourcen verwendet. Ich würde euch jetzt sicher nicht davon abraten, alles zu verschenken, aber wenn das für euch einfach noch zu weit weg sein sollte, dann könntet ihr euch ja ein paar Schritte in eben diese Richtung überlegen. Lassen sich eure Investitionen so einbringen, dass sie die Gentrifizierung nicht befördern? Falls ihr in Immobilien investiert, wäre die Frage, ob und wie sich der Gewinn oder zumindest ein Teil davon wieder an die Community zurückgeben lässt? Wofür könnten diese Räume, in die ihr investiert, genutzt werden, damit sie alteingesessenen Bewohner*innen oder solchen, die Gefahr laufen, vertrieben zu werden, von Nutzen sein können? Wenn ihr ein Geschäft in einem Viertel, das gerade aufgewertet wird, besitzt, ist die Frage, ob ihr euren Geschäftsraum oder eine Dienstleistung nicht gemeinnützigen Organisationen für Veranstaltungen und Treffen zu einem günstigen Tarif oder kostenlos zur Verfügung stellen könnt. Wenn ihr eine Immobilie vermietet, könnt ihr diese langfristig und zu einem angemessenen Preis vermieten und nicht über Airbnb oder andere solcher Anbieter, mit denen ihr zu den steigenden Wohnungskosten beitragen würdet.

Stellt allgemeingültige Wahrheiten infrage.

Das ganze Buch über habe ich euch dazu zu ermutigen versucht, die weithin geläufigen Erzählungen über die Gentrifizierung infrage zu stellen und stattdessen bessere Erzählungen zu verbreiten. Wir alle können uns gegen diese vermeintlich selbstverständlichen ›Wahrheiten‹, die nur dazu dienen, den Status quo aufrechtzuerhalten, zur Wehr setzen. Ob es nun der Glaubenssatz »Wachstum ist gut« ist, der Mythos von der Trickle-Down-Ökonomie[56], die trotz aller Widerlegungen nicht totzukriegen ist, der Glaube, dass Gentrifizierung allen zugute käme, die Vorstellung, dass Protest nicht funktioniere, oder die Idee, dass es keine Alternativen gebe. Habt keine Angst davor, Spielverderber*innen zu sein, ob im Sitzungssaal, am Esstisch, im Klassenzimmer oder im Architekturbüro.[57]

Findet euer Außen.

Man sagt gerne, dass der Kapitalismus kein Außen kenne, und ich verstehe das, aber zugleich weigere ich mich, das gesamte Universum nur einer Form, die Wirtschaft und die Gesellschaft zu organisieren, zu überlassen, die noch dazu erst recht jung ist. Die ganz große List des Ka-

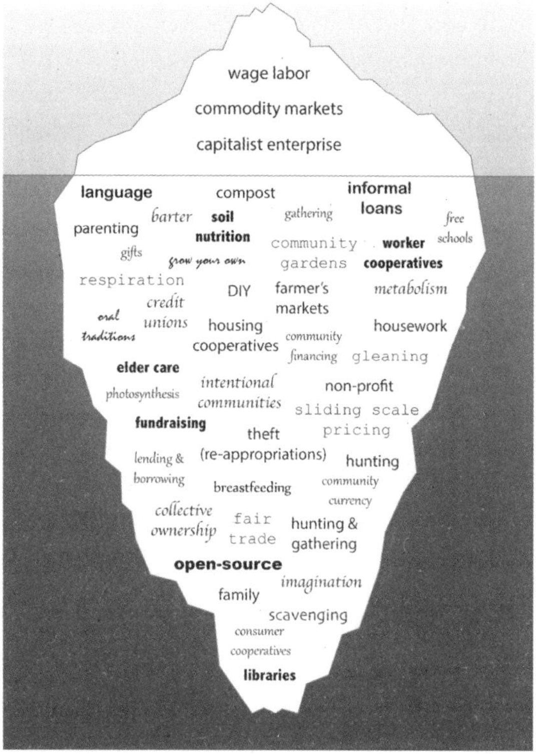

Eisberg der pluralen Ökonomie. Quelle: Community Economies Collective, communityeconomies.org (Creative Commons Attribution-ShareAlike 4.0)

pitalismus und seiner Anhänger*innen besteht genau darin, uns davon zu überzeugen, dass es keine Alternativen gebe, dass alles, was wir tun, bereits Teil dieses einen Systems sei. Allerdings sind alle von uns jeden einzelnen Tag mit Handlungen, Beziehungen oder Gedanken beschäftigt, die nicht zur Gänze durch den Kapitalismus vorgegeben sind. Von der Fürsorge für andere bis hin zu den Beziehungen, die wir mit den Vögeln in unserem Garten entwickeln, gibt es immer einen Raum jenseits des Kapitalismus mit seinen ausbeuterischen Machtverhältnissen.

Wissenschaftler*innen wie J.K. Gibson-Graham, die sich mit Gemeinwesenökonomien beschäftigen, verwenden gerne die Metapher eines Eisbergs, um deutlich zu machen, dass die formale, kapitalistische Wirtschaft nur die Spitze ist, während der Großteil der Aktivitäten, die das Funktionieren der Gesellschaft aufrechterhalten, unter Wasser stattfindet und nicht zwangsläufig kapitalistisch ist.[58] Sie sprechen von der ›pluralen Ökonomie‹, um das Augenmerk darauf zu lenken, dass es um uns herum längst ein Pluriversum gibt, andere Welten und andere Wege, Dinge zu tun. *Euer* Außen im Kapitalismus zu finden, auch wenn es sich nur in eurer Vorstellung finden lässt, ist Teil der Arbeit an Veränderungen und an dieser anderen urbanen Zukunft, die wir anstreben.

Baut Gerechtigkeit auf.

Die Grundsätze von *Design Justice* sind für den Kampf gegen die Gentrifizierung überaus inspirierend. Denn am Ende geht es beim Kampf gegen Gentrifizierung nicht nur darum, eine bestimmte Entwicklung aufzuhalten, sondern auch darum, sich etwas anderes vorzustellen und das auch zu erschaffen: bessere Wohnmöglichkeiten zu kreieren, Gemeinschaft aufzubauen und den Bedürfnissen der Menschen in der Stadt gerecht zu werden. Die Kommunikationswissenschaftlerin Sasha Costanza-Chock vertritt die Ansicht, dass Designer*innen (und das können wir alle sein!) einen intersektionalen, auf Gleichberechtigung ausgerichteten Ansatz zur Problemlösung und Gestaltung der Welt verfolgen müssen. Allzu oft schlagen sich in den Objekten, Orten und Systemen, mit und in denen wir leben und arbeiten, Vorurteile in Bezug auf *Race*, Gender, Ability, Sexualität und mehr nieder. *Design Justice* »denkt Designprozesse neu, stellt die Menschen, die normalerweise durch das Design an den Rand gedrängt werden, in den Mittelpunkt und nutzt kollaborative, kreative Praktiken, um die größten Herausforderungen, vor denen Communitys stehen, anzugehen.«[59]

Die Grundsätze von *Design Justice* rufen den städtischen Sozialen Bewegungen in Erinnerung, dass nicht nur die Planer*innen, Architekt*innen, Stadtdesigner*innen oder andere Expert*innen, sondern alle Menschen über die Erfahrung und das Wissen verfügen, konstruktiv und gleichberechtigt Lösungen für die Probleme zu erarbeiten, mit denen sie konfrontiert sind. Jedes Projekt, egal ob es sich um eine neue Wohnsiedlung, einen CLT, einen Gemeinschaftsraum oder einen Park handelt, muss von der Community beaufsichtigt und geleitet werden.

Außerdem muss bei jedem Eingriff und in jeder Phase berücksichtigt werden, welche Folgen die Neuerung für Menschen unterschiedlicher sozialer Lagen und Identitäten hat. Gerechtigkeit ist bei *Design Justice* nicht nur ein erwünschtes Ergebnis, sondern Sinn und Zweck. Fragt euch also, wenn ihr euch in Projekten engagiert, die für eine Veränderung sorgen sollen, ob sie nun klein oder groß sein mögen, wie ihr die Grundsätze von *Design Justice* während des gesamten Prozesses, von der Konzeption bis zur Umsetzung, berücksichtigen könnt. Wie könnt ihr eine intensive Beteiligung und einen Prozess des gegenseitigen Lernens von und mit den betroffenen Communitys befördern?

Bleibt zuversichtlich.
Die abolitionistische Aktivistin und Autorin Mariame Kaba schreibt: »Hoffnung ist eine Disziplin.«[60] Hoffnung ist kein Gefühl, das wir haben oder nicht, das mal da ist und dann wieder nicht. Hoffnung ist nicht einfach Optimismus oder eine unerschütterliche positive Einstellung. Hoffnung ist vielmehr eine Praxis. Jeden einzelnen Tag entscheidet ihr euch für die Hoffnung, indem ihr Schritte unternehmt, egal wie klein sie sind, um jene Welt zu erschaffen, in der ihr leben möchtet. Nur weil wir vielleicht nicht erleben werden, dass diese Welt in vollem Umfang Wirklichkeit wird, ist das noch lange kein Grund, Hoffnung nicht zu praktizieren. Kaba schreibt, dass sie junge Organizer*innen stets an Folgendes erinnert: »Bewegungen richten sich nicht nach eurem Zeitplan.«[61] Sie meint, dass es befreiend wirkt, wenn man sich von der Annahme verabschiedet, dass die gesamte Arbeit nach einem festgelegten Zeitplan erledigt werden könne und werde. Denn dann kann man »die Arbeit tun, die nach eigenem Ermessen anliegt, und sich so beteiligen, wie man es für richtig hält.«[62]

Zuversichtlich bleiben und uns in Hoffnung üben: So können wir die hoffnungslosen Erzählungen von der Unvermeidbarkeit, von der Unmöglichkeit gesellschaftlicher Veränderung immer wieder umschreiben. Kaba besteht darauf: »Ich verstehe, warum sich die Leute so fühlen. Ich habe mich nur anders entschieden. Ich entscheide mich dafür, anders zu denken und anders zu handeln.«[63]

Das ist eine Macht, die wir alle haben. Ihr setzt sie jedes Mal ein, wenn ihr zu einer Demonstration gegen ein Bauprojekt geht, das dann wahrscheinlich dennoch entstehen wird. Ihr übt sie aus, wenn ihr ein wenig Geld an eine Organisation spendet, die Menschen dabei unterstützt, dass sie in ihren Häusern bleiben können, obwohl die Räumungsmaschinerie auf Hochtouren läuft. Ihr setzt sie ein, wenn ihr ehrenamtlich Zeit opfert, um von Tür zu Tür zu gehen und mit Nachbar*innen über ihre Rechte zu sprechen. Die Möglichkeiten sind zahllos und das wirklich Verblüffende daran ist, dass ihr diese Macht wahrscheinlich bereits nutzt, zumindest ein wenig, und das jeden Tag.

Eine bessere Geschichte erzählen

Wenn ihr dieses Buch in euren Händen haltet, werden die Geschichten, die ich hier erzähle, schon längst wieder auseinandergenommen und auf neue Weise erzählt worden sein. So ist das mit Geschichten, mit Wissenschaft, mit Theorien, die wir entwickeln, um die Welt zu erklären. Ich hoffe aber, dass dieses Buch zeigt, dass es von Bedeutung ist, wie wir unsere Theorien – unsere Geschichten – gestalten. Es ist zwar unmöglich, die perfekte, alles umfassende Geschichte zu erzählen, die jeder Stimme und jedem Zwischenton gerecht wird, aber es ist unerlässlich, flexibel und offen zu bleiben.

Ich habe mir vorgenommen, mich nie zu leicht mit den Geschichten, die mir zu Ohren kommen oder die ich zu Papier bringe, zufrieden zu geben. Die Geschichte, die ich erzählen wollte, als ich mit diesem Buch begann, ist eine andere als die, die ich am Ende zu Papier gebracht habe, denn unterwegs habe ich viel gelernt, mein eigenes Denken infrage gestellt und versucht, auf die sich rasch verändernde Realität um mich herum zu reagieren.

Als sich die Covid-19-Pandemie wie ein Lauffeuer ausbreitete und echte Brände und andere klimabedingte Katastrophen so viele Leben – menschliche und nicht-menschliche – bedrohten, schien die Gentrifizierung ein weniger dringliches Thema zu sein. Doch die Logiken der Beherrschung, Ausbeutung und Macht über andere und die Erde, die diese Krisen hervorgebracht haben, sind im Kern dieselben wie die, die Gentrifizierung und Vertreibung hervorbringen.

Ich habe weiter oben bereits darauf verwiesen, dass die Verbindungen zwischen der Gentrifizierung und der Pandemie sowie zwischen der Gentrifizierung und dem Klimawandel mehr als nur gedanklicher Natur sind. Sie befeuern einander gegenseitig. Die Verdrängung aufgrund von pandemiebedingten Schließungen von Geschäften und wirtschaftlichen Schwierigkeiten führte zu Leerstand in Gegenden, die nun für einen Prozess der Gentrifizierung bereitstehen. Der Wunsch, das eigene Zuhause vor Schäden aufgrund des Klimawandels schützen zu wollen, verschärft die Gentrifizierung und vertieft die bestehenden Ungleichheiten im Hinblick auf Klimagerechtigkeit. Wir müssen nicht allzu tief graben, um zu erkennen, dass diese Themen miteinander verbunden sind.

Das Ziel dieses Buches ist es, diese und andere Verbindungen zwischen Gentrifizierung und unterschiedlichen Macht- und Unterdrückungssystemen sichtbarer zu machen, indem es den Geschichten, die von Wissenschaftler*innen, politischen Entscheidungsträger*innen, Planer*innen, Journalist*innen, und Aktivist*innen über Gentrifizierung erzählt werden, ein wenig mehr Raum gibt. Ich hoffe, dass ihr euch durch dieses Buch klarer über eure Position gegenüber der Gentrifizierung geworden seid und darüber, welche Verantwortung mit dieser Position einhergeht.

Verantwortung ist keine Last. Sie ist eine Möglichkeit, unsere Fähigkeiten und Ressourcen, wie auch immer diese aussehen, einzusetzen, um Städte und Stadtviertel zu schaffen, die das menschliche und nichtmenschliche Wohlbefinden fördern, Beziehungen der gegenseitigen Fürsorge stärken und uns allen das geben, was jede*r von uns braucht: ein Zuhause.

Endnoten

Gentrifizierung ist …

1 Kaminer, Michael: Skid Row to Hip in Toronto, in: New York Times vom 5. Juli 2009. (https://www.nytimes.com)

2 Ebda.

3 Vgl. Kern, Leslie: From Toxic Wreck to Crunchy Chic Environmental Gentrification Through the Body, in: Environment and Planning D: Society and Space Nr. 33/1, 2015, S. 77.

4 Glass, Ruth: London: Aspects of Change, in: The Gentrification Reader, hg. von Loretta Lees, et.al., London 2010, S. 7.

5 ›Gentry‹ bezeichnet in Großbritannien den niederen Adel, in Abgrenzung zum Hochadel. Glass verwendete den Begriff, weil sie eine Analogie zur Entwicklung im 18. Jahrhundert sah, als Teile des niederen Adels vom Land zurück in die Städte zogen. (Anm. des Übersetzers)

6 Glass, Ruth: London: Aspects of Change, in: The Gentrification Reader, hg. von Loretta Lees, et.al., London 2010, S. 7.

7 Vgl. Pinkster, Fenne M.; Boterman, Willem R.: When The Spell is Broken: Gentrification, Urban Tourism and Privileged Discontent in the Amsterdam Canal District. In: cultural geographics 24.3 (2017), S. 457-472.

8 Vgl. Rose, Damaris: Rethinking Gentrification: Beyond the Uneven Development of Marxist Urban Theory. In: Environment and Planning D: Society and Space, 2,1 (1984), S. 47–74.

9 Harrison, Da'Shaun: Gentrification Is Not a Myth, It Is Real Violence. In: Wear Your Voice Magazine vom 20.11.2019. (https://dashaunharrison.com/gentrification-is-not-a-myth-it-is-very-real-violence/)

10 *Redlining* meint eine Praxis, die in den USA vor allem nach der Verabschiedung des *National Housing Acts* 1934 gepflegt wurde und es für Menschen in nicht-weißen Stadtteilen, gekennzeichnet durch eine rote Linie, schwierig, wenn nicht unmöglich machte, Zugang zu Hypotheken und andere Dienstleistungen zu bekommen. (Anm. des Übersetzers)

11 Fenwick, Tyler: Author Ta-Nehisi Coates Sounds Off on Reparations and Admits He's Optimistic about America. In: Philadelphia Tribune vom 20.5.2019. (www.phillytrib.com)

12 Vgl. Curran, Winifred: Gender and Gentrification. New York 2018.

13 Estes, Nick: Anti-Indian Common Sense: Border Town Violence and Resistance in Mni Luzahan. In: Settler City Limits: Indigenous Resurgence and Colonial Violence in the Urban Prairie West, hg. von Heather Dorries, et.al., Winnipeg 2019.

14 Solnit, Rebecca; Schwartzenberg, Susan: Hollow City: The Siege of San Francisco and the Crisis of American Urbanism. London und New York 2000, S. 29–30.

15 CLTs sind eine gemeinnützige Eigentumsform, die Immobilien der Spekulation entzieht. Der CLT ist der Treuhänder des Bodens und stellt die Gebäude anderen Organisationen für dauerhaft günstigen Wohnraum und andere soziale, ökologische, kulturelle oder gewerbliche Nutzungen zur Verfügung. (Anm. des Übersetzers)

Gentrifizierung ist natürlich

1 Ball, Philip: Gentrification Is a Natural Evolution. In: The Guardian vom 19. November 2014. (https://www.theguardian.com)

2 Ebda.

3 Ebda.

4 Vgl. Satariano, Adam: »He's Buying Up Brixton«: Beloved Grocer's Eviction Sparks Gentrification Fight. In: New York Times vom 6. Juli 2020. (https://www.nytimes.com)

5 Wainwright, Oliver: Penthouses and Poor Doors: How Europe's ›Biggest Regeneration Project‹ Fell Flat. In: The Guardian vom 2. Februar 2021. (https://www.theguardian.com)

6 Ebda.

7 Vgl. Jacobs, Jane: The Death and Life of Great American Cities. New York 1961.

8 Vgl. Scott, John; Bromley, Ray: Envisioning Sociology: Victor Branford, Patrick Geddes, and the Quest for Social Reconstruction. Albany 2013.

9 Vgl. Koritz, Amy: Urban Form vs. Human Function in the 1920s: Lewis Mumford and John Dos Passos. In: American Studies 45.2 (2004). S. 101–123.

10 Vgl. Todolí, Júlia: Disease Metaphors in Urban Planning. In: Critical Approaches to Discourse Analysis Across Disciplines 1.2 (2007), S. 51–60.

11 Vgl. Park, Robert E.; Burgess, Ernest: The City, Chicago 2019 [1925].

12 Vgl. Cresswell, Tim: Weeds, Plagues, and Bodily Secretions: A Geographical Interpretation of Metaphors of Displacement. In: Annals of the Association of American Geographers 87.2 (1997), S. 330–345.

13 *Friendship Centres* sind in kanadischen Städten weit verbreitet. Diese ›Freundschaftszentren‹ sind gemeinnützige Organisationen, die für Indigene Stadtbewohner*innen Unterstützung und Ressourcen anbieten: nafc.ca/friendship-centres.

14 Vgl Freeman, Victoria: ›Toronto Has No History!‹: Indigeneity, Settler Colonialism, and Historical Memory in Canada's Largest City. In: Urban History Review 38.2 (2010), S. 21–35.

15 Vgl. Launius, Sarah; Boyce, Geoffrey Alan: More Than Metaphor: Settler Colonialism, Frontier Logic, and the Continuities of Racialized Dispossession in a Southwest U.S. City. In: Annals of the American Association of Geographers 111.1 (2021), S. 157–174.

16 Onofri, Silvano: Colonization (Biological). In: Encyclopedia of Astrobiology, hg. von Muriel Gargaud, et. al., 2011.

17 Stratton, Jim: Pioneering in the Urban Wilderness, New York 1977.

18 Smith, Neil: The New Urban Frontier: Gentrification and the Revanchist City, London 1996.

19 *The Frontier*, die Grenze oder das Grenzland, spielt in der US-amerikanischen Geschichte eine große Rolle, weil es über Jahrhunderte darum ging, diese Grenze weiter in den ›Wilden Westen‹ zu verschieben, und damit war im Selbstverständnis der Siedler*innen auch der Sieg der zivilisierten Welt über die ›Wilden‹ und die ungezähmte Natur gemeint. (Anm. des Übersetzers)

20 Waánataŋ, Wakíŋyaŋ (Matt Remle): Gentrification Is NOT the New Colonialism. In: Last Real Indians vom 29. Juli 2017. (https://lastrealindians.com)

21 Ebda.

22 Gibson-Graham, J. K.: The End of Capitalism (As We Knew It): A Feminist Critique of Political Economy, Minneapolis 1996.

Gentrifizierung ist eine Frage des Geschmacks

1 Grant, Katie: Cereal Killer Café Shuts Down: Owners Say ›Cheerio‹ and ›See You Spoon‹ after Closing Doors of Controversial Business. In: iNews vom 13. Juli 2020. (www.inews.co.uk)

2 Vgl. BBC News London: Cereal Killer Café Damaged in Shoreditch AntiGentrification Protest. In: BBC News vom 27. September 2015. (www.bbc.com)

3 Vgl. Selvam, Ashok: Bow Truss in Pilsen Again Roasted with Anti-Gentrification Graffiti. In: Eater Chicago vom 26. Oktober 2015. (www.chicago.eater.com)

4 Friedan, Betty: The Feminine Mystique. New York 1963. (dt.: Der Weiblichkeitswahn. Ein vehementer Protest gegen das Wunschbild von der Frau, Reinbek 1966.)

5 Vgl Caulfield, Jon: City Form and Everyday Life: Toronto‹s Gentrification and Critical Social Practice. Toronto 1994.

6 Vgl. Ley, David: The New Middle Class and the Remaking of the Central City. Oxford 1996.

7 Zukin, Sharon: Loft Living: Culture and Capital in Urban Change. New Brunswick 1989, S. 4.

8 Vgl. Henderson, Stuart: Making the Scene: Yorkville and Hip Toronto in the 1960s. Toronto 2011.

9 Vgl. Rose, Damaris: Feminist Perspectives on Employment Restructuring and Gentrification: The Case of Montreal. In: The Power of Geography, hg. von Jennifer Wolch und Michael Dear, Boston 1989, S. 118–138.

10 Friedman, Sam: Why Do So Many Professional, Middle-Class Brits Insist They're Working Class? In: The Guardian vom 18. Januar 2021. (www.theguardian.com)

11 Bourdieu, Pierre: The Forms of Capital. In: Handbook of Theory and Research for the Sociology of Education, hg. von John G. Richardson, New York 1986, S. 241–258.

12 Routledge Sociology: Cultural Capital: Pierre Bourdieu. (https://routledgesoc.com/profile/pierre-bourdieu)

13 Ebda.

14 Vgl. Zukin, Sharon: Loft Living: Culture and Capital in Urban Change. New Brunswick 1989.

15 McLean, Heather: Digging into the Creative City: A Feminist Critique. In: Antipode, 46.3 (2014), S. 677.

16 Landry, Charles; Bianchini, Franco: The Creative City. London: Demos, 1995.

17 Florida, Richard: The Rise of the Creative Class. New York 2002; Florida, Richard: Who's Your City?: How the Creative Economy Is Making Where to Live the Most Important Decision of Your Life. New York 2008.

18 Peck, Jamie: Struggling with the Creative Class. In: International Journal of Urban and Regional Research 29.4 (2005), S. 740–770. Catungal, John Paul; Leslie, Deborah; Hii,

Yvonne: Geographies of Displacement in the Creative City: The Case of Liberty Village, Toronto. In: Urban Studies, 46,5–6 (2009), S. 1095–1114.

19 Vgl. Parker, Brenda: Masculinities and Markets: Raced and Gendered Urban Politics in Milwauke, Athens 2017.

20 Vgl. McLean, Heather: Digging into the Creative City: A Feminist Critique. In: Antipode, 46.3 (2014).

21 Arieff, Allison: Where Are All the Female Architects?. In: New York Times vom 15. Dezember 2018. (www.nytimes.com); Block, India: »No More Excuses for All-Male Panels« Says Rebel Architette. In: DeZeen Magazine vom 2. Juni 2020. (www.dezeen.com); Yokoi, Tomoko: Female Gamers Are on the Rise: Can the Gaming Industry Catch Up? In: Forbes vom 4. März 2021. (www.forbes.com)

22 Vgl. Florida, Richard: The New Urban Crisis: How Our Cities Are Increasing Inequality, Deepening Segregation, and Failing the Middle Class—and What We Can Do About It. New York 2017.

23 Vgl. Ghaffary, Shirin: Even Tech Workers Can't Afford to Buy Homes in San Francisco. In: Vox Recode vom 19. März 2019. (www.vox.com); Metropolitan Transportation Commission: Housing Affordability. In: Vital Signs Report vom 19. Februar 2019. (www.vitalsigns.mtc.ca.goc)

24 Kneebone, Elizabeth; Garr, Emily: The Suburbanization of Poverty: Trends in Metropolitan America, 2000 to 2008. In: The Brookings Institution vom 20. Januar 2010. (www.brookings.edu)

25 Sullivan, Daniel M.; Shaw, Samuel C.: Retail Gentrification and Race: The Case of Alberta Street in Portland, Oregon. In: Urban Affairs Review 47.3 (2011), S. 422.

26 Vgl. Langegger, Sig: Viva la Raza!: A Park, a Riot and Neighbourhood Change in North Denver. In: Urban Studies 50.16 (2013), S. 3360–3377; Trouille, David: Fencing a Field: Imagined Others in the Unfolding of a Neighborhood Park Conflict. In: City and Community 13.1 (2014), S. 69–87.

27 Vgl. Sullivan, Daniel M.: From Food Desert to Food Mirage: Race, Social Class, and Food Shopping in a Gentrifying Neighborhood. In: Advances in Applied Sociology 4.1 (2014), S. 30–35.

28 Vgl. Moore, Natalie: Signs Urging Residents to Call the Police on Chicago<s Bucket Boys Spark Outrage. In: WBEZ Chicago vom 29. Januar 2021. (www.whez.org)

29 Vgl. Betancur, Jon; Kim, Youngjun: The Trajectory and Impact of Ongoing Gentrification in Pilsen. In: Nathalie P. Voorhees Center for Neighborhood and Community Improvement University of Illinois Chicago. 2016. (www.voorheescenter.edu)

30 Kelly Hurst @mochamomma am 29. Juni 2019

31 Vgl. Stoever, Jennifer L.: The Sonic Color Line: Race and the Cultural Politics of Listening. New York 2016.

32 Thompson Summers, Brandi: Reclaiming the Chocolate City: Soundscapes of Gentrification and Resistance in Washington, DC. In: Environment and Planning D: Society and Space, 39.1 (2021), S. 32.

33 Vgl. Stoever, Jennifer L.: The Sonic Color Line: Race and the Cultural Politics of Listening. New York 2016, S.2.

34 Vgl. Slater, Tom: The Eviction of Critical Perspectives from Gentrification Research. In: International Journal of Urban and Regional Research, 30,4 (2006), S. 737–757.

Gentrifizierung ist eine Frage des Geldes

1 Vgl. Peña, Mauricio; Boyle, Colin: After Old Crawford Coal Plant Smokestack Blown Up, Little Village Residents Worry About Dust During Global Pandemic. In: Block Club Chicago vom 11. April 2020. (http://blockclubchicago.org)

2 Vgl. Levy, Jonathan; Spengler, John D.: Estimated Public Health Impacts of Criteria Pollutant Air Emissions from Nine Fossil-Fueled Power Plants in Illinois, Cambridge 2001.

3 Vgl. Wernau, Julie: Fisk, Crawford Coal Plants Had Long History, as Did Battle to Close Them. In: Chicago Tribune vom 2. September 2012. (www.chicagotribune.com)

4 Smith, Neil: Toward a Theory of Gentrification: A Back to the City Movement by Capital, Not People. In: Journal of the American Planning Association, 45,4 (1979), S. 538–548.

5 Ein marxistischer Ansatz stützt sich auf marxistische Wirtschaftstheorien und entwickelt sie weiter, ist aber nicht unbedingt ideologisch oder politisch marxistisch.

6 Smith, Neil: Toward a Theory of Gentrification: A Back to the City Movement by Capital, Not People. In: Journal of the American Planning Association, 45,4 (1979), S. 546.

7 Ebda, S. 545.

8 Vgl. Kern, Leslie; Kovesi, Caroline: Environmental Justice Meets the Right to Stay Put: Mobilising Against Environmental Racism, Gentrification, and Xenophobia in Chicago's Little Village. In: Local Environment, 23,9 (2018), S. 952–966.

9 Vgl. Greenfield, John: Little Village Residents Hope Paseo Won't Be a Path to Gentrification. In: Chicago Reader vom 23. März 2016. (www.chicagoreader.com)

10 Nitkin, Alex: Pilsen's Own 606 Trail?: Rahm Announces New ›Paseo‹ Project. In: DNAInfo Chicago vom 21. März 2016. (www.dnainfo.com)

11 Huggins, Harry: Little Village Residents Welcome Diversity, Fear Rising Rents. In: Medill Reports Chicago vom 27. Januar 2016. (www.news.medill.northwestern.edu); Wong, Grace: Plans for Little Village Rails-to-Trails Project Discussed at Community Meeting. In: Chicago Tribune vom 17. März 2016. (www.chicagotribune.com)

12 Vgl. Serrato, Jackie: Little Village Tenants Protest Evictions: »We Will Not Be Gentrified!« In: DNAInfo Chicago vom 17. August 2016. (www.dnainfo.com); Pacurar, Alexandra: Development Boom Tempers Chicago Rent Growth. In: Commercial Property Executive vom 26. Juli 2017. (www.cpexecutive.com)

13 Nakayama, Yukare: Little Village Youth Protest Gentrification, Little Village Plaza New Owners: »We're Not Gonna Let Things Get Taken Away From Us Anymore«. In: ABC Eyewitness News vom 17. September 2020. (www.abc7chicago.com)

14 Der Begriff ›Umweltrassismus‹ wurde in den 1980er Jahren geprägt, da umweltschädigende Industrien überproportional oft in oder in der Nähe von Communitys of Color errichtet wurden. (Anm. des Übersetzers)

15 Vgl. Fernández, Lilia: Brown in the Windy City: Mexicans and Puerto Ricans in Postwar Chicago, Chicago 2012.

16 Vgl. Story, Brett: Prison Land: Mapping Carceral Power Across Neoliberal America, Minneapolis 2019.

17 Vgl. Gansky, Andrew Emil: ›Ruin Porn‹ and the Ambivalence of Decline: Andrew Moore's Photographs of Detroit. In: Photography and Culture, 7,2 (2014), S. 119–139; Doucet, Brian; Philp, Drew: In Detroit ›Ruin Porn‹ Ignores the Voices of Those Who Still Call the City Home. In: The Guardian vom 15. Februar 2016. (www.theguardian.com)

18 Vgl. Curran, Winifred: ›From the Frying Pan to the Oven‹: Gentrification and the Experience of Industrial Displacement in Williamsburg, Brooklyn. In: Urban Studies, 44,8 (2007), S. 1427–1440.

19 Zukin, Sharon: Loft Living: Culture and Capital in Urban Change, New Brunswick 1989, S. 2f.

20 Vgl. Caulfield, Jon: City Form and Everyday Life: Toronto's Gentrification and Critical Social Practice. Toronto 1994.

21 Vgl. Harvey, David: From Managerialism to Entrepreneurialism: The Transformation in Urban Governance in Late Capitalism. In: Geografiska Annaler: Series B, Human Geography, 71,1 (1989), S: 3–17.

22 Vgl. Peck, Jamie; Tickell, Adam: Neoliberalizing Space. In: Antipode, 34,3 (2002), S. 380–404.

23 Vgl. Harvey, David: The New Imperialism, Oxford 2003. (Dt.: Der neue Imperialismus, Hamburg 2005)

24 Das, Raju: David Harvey's Theory of Accumulation by Dispossession: A Marxist Critique. In: World Review of Political Economy, 8,4 (2017), S. 590–616.

25 Bei einem *Condominium,* auch als *Condo* bezeichnet, erwirbt man eine Wohneinheit und einen Anteil an den gemeinschaftlich genutzten Flächen. Diese Eigentumsform entspricht also Eigentumswohnungen in Deutschland und Österreich. Der Begriff ›Condoisierung‹ meint also die Umwandlung von Mietwohnungen in Eigentumswohnungen. (Anm. des Übersetzers)

26 Lees, Loretta: Super-Gentrification: The Case of Brooklyn Heights, New York City. In: Urban Studies, 40,12 (2003), S. 2487–2509.

27 Vgl. Lippert, Randy K.: Condo Conquest: Urban Governance, Law, and Condoization in New York City and Toronto, Vancouver 2019.

28 Vgl. Boynton, Sean: Vacant Homes in Vancouver Continue to Dwindle Due to Empty Homes Tax: Mayor. In: Global News vom 7. Februar 2020. (www.globalnews.ca)

29 Vgl. Wachsmuth, David; Weisler, Alexander: Airbnb and the Rent Gap: Gentrification Through the Sharing Economy. In: Environment and Planning A: Economy and Space, 50,6 (2018), S. 1147–1170.

30 Vgl. Combs, Jennifer; Kerrigan, Danielle; Wachsmuth, David: Short-Term Rentals in Canada: Uneven Growth, Uneven Impacts. In: Canadian Journal of Urban Research, 29,1 (2020), S. 119–134.

31 Burgen, Stephen; Henley, Jon; Carroll, Rory: Airbnb Slump Means Europe's Cities Can Return to Residents, Say Officials. In: The Guardian vom 9. Mai 2020. (www.theguardian.com).

32 Vgl. Rozena, Sharda; Lees, Loretta: The Everyday Lived Experiences of Airbnbification in London. In: Social and Cultural Geography (2021).

33 Vgl. Robertson, Dustin; Oliver, Christopher; Nost, Eric: Short-Term Rentals as Digitally-Mediated Tourism Gentrification: Impacts on Housing in New Orleans. In: Tourism Geographies (2020),

34 Vgl. Perkins, Tom: ›Like a Ghost Town‹: How Short-Term Rentals Dim New Orleans' Legacy. In: The Guardian vom 13. März 2019. (www,theguardian.com)

35 Ebda.

36 Vgl. Matthews, Lyndsey: New Orleans Bans Airbnb-Style Rentals from Garden District, Most of French Quarter. In: Afar Magazine vom 9. August 2019. (www.afar.com)

37 Vgl. Goyette, Kiley: ›Making Ends Meet‹ by Renting Homes to Strangers: Historicizing Airbnb Through Women‹s Supplemental Income. In: City (2021).

38 Vgl. Tucker, Jasmine; Ewing-Nelson, Clair: Women of Color Would Be Hardest Hit if Eviction Protections End, National Women's Law Center Fact Sheet, Juni 2021. (https://nwlc.org)

39 Moskowitz, Pete E.: How to Kill a City: Gentrification, Inequality, and the Fight for the Neighbourhood, New York 2017, S. 18.

40 Ebda. S. 26.

41 Vgl. Klein, Naomi: *The Shock Doctrine: The Rise of Disaster Capitalism,* Toronto 2007. (Dt.: Die Schock-Strategie, Frankfurt/Main 2007)

42 Vgl. Peck, Jamie: Liberating the City: Between New York and New Orleans. In: Urban Geography, 27,8 (2006), S. 681–713.

43 Vgl. Moskowitz, Pete E.: *How to Kill a City: Gentrification, Inequality, and the Fight for the Neighbourhood,* New York 2017.

44 Vgl. Parks, Clinton: Hurricane Sandy May Have Worsened Gentrification in Brooklyn and Queens. In: Earth Institute, Columbia Climate School vom 3. Oktober 2019. (www.blogs.ei.columbia.edu); Chun, Yung: Gentrification of Neighborhoods in New York City after Hurricane Sandy: Focusing on Housing Market Change of Three Borough Regions by Zip Code Area. New York 2015. Massey, Joanne: The Gentrification of Consumption: A View from Manchester. In: Sociological Research Online, 10,2 (2005), S. 114–124; Linz, Jess: Where Crises Converge: The Affective Register of Displacement in Mexico City‹s Post-Earthquake Gentrification. In: cultural geographies (2021).

45 Vgl. Chen, Hao; Zhang, Yunpeng: Dancing with the Devil?: Gentrification and Urban Struggles in, Through and Against the State in Nanjing, China. In: Geoforum, 12,1 (2021), S. 74–82.; Badyina, Anna; Golubchikov, Oleg: Gentrification in Central Moscow: A Market Process or a Deliberate Policy?: Money, Power and People in Housing Regeneration in Ostozhenka,. In: Geografiska Annaler: Series B, Human Geography, 87,2 (2005), S. 113–29.

46 Vgl. Smith, Neil: New Globalism, New Urbanism: Gentrification as Global Urban Strategy. In: Antipode, 34,3 (2002), S. 427–450.

47 Vgl. Holgerson, Ståle: The ›Middle Class‹ Does Not Exist: A Critique of Gentrification Research. In: Antipode Online vom 9. September 2020. (www.antipodeonline.com).

48 Vgl. Kern, Leslie; McLean, Heather: Undecidability and the Urban: Feminist Pathways Through Urban Political Economy. In: ACME: An International Journal for Critical Geographies, 16,3 (2017), S. 405–426.

49 Ebda. S. 406.

50 Deutsche, Rosalind: Boystown. In: *Environment and Planning D: Society and Space,* 9,1 (1991), S. 5–30.

Gentrifizierung ist eine Frage der Klasse

1 Vgl. Kern, Leslie: Sex and the Revitalized City: Gender, Condominium Development, and Urban Citizenship, Vancouver 2010.

2 Vgl. Kern, Leslie: Selling the Scary City: Gendering Freedom, Fear and Condominium Development in the Neoliberal City. In: Social and Cultural Geography, 11,3 (2010), S. 209–230.

3 Vgl. Crenshaw, Kimberlé: Demarginalizing the Intersection of Race and Sex: A Black Feminist Critique of Antidiscrimination Doctrine, Feminist Theory, and Antiracist Politics. In: Feminist Legal Theory: Readings in Law and Gender, hg. von Katherine Bartlett und Roseanne Kennedy, New York 1991, S. 57–80. (Dt.: Das Zusammenwirken von *Race* und Gender ins Zentrum rücken: Eine Schwarze feministische Kritik des Antidiskriminierungsdogmas, der feministischen Theorie und antirassistischer Politiken. In: Natasha A. Kelly (Hg.): Schwarzer Feminismus. Grundlagentexte, 2. Auflage, Münster 2022, S. 143–184)

4 Vgl. Warde, Alan: Gentrification as Consumption: Issues of Class and Gender. In: Environment and Planning D: Society and Space, 9,2 (1991), S. 223–232.

5 Vgl. Bondi, Liz: Gender Divisions and Gentrification: A Critique. In: Transactions of the Institute of British Geographers, 16,2 (1991), S. 190–98; England, Kim: Gender Relations and the Spatial Structure of the City. In: Geoforum, 22,2 (1991); S. 135–147; Wekerle, Gerda: A Woman's Place Is in the City. In: Antipode, 16,3 (1984), S. 11–19.

6 Vgl. Markusen, Ann R.: City Spatial Structure, Women's Household Work, and National Urban Policy. In: Signs: Journal of Women in Culture and Society, 5,S3 (1980), S 22–44.

7 Vgl. Parker, Brenda: Masculinities and Markets: Raced and Gendered Urban Politics in Milwaukee. Athens 2017.

8 World Health Organization: Violence Against Women. (www.who.int)

9 Ebda.

10 Vgl. Carman, Tara: Women, Children Turned Away from Shelters in Canada Almost 19,000 Times a Month. In: CBC News vom 5. März 2020. (www.cbc.ca)

11 Vgl. Bradbury-Jones, Caroline; Isham, Louise: The Pandemic Paradox: The Consequences of COVID-19 on Domestic Violence. In: Journal of Clinical Nursing, 29,13–14 (2020), S. 2047–2049.

12 Vgl. Boserup, Brad; McKenney, Mark; Elkbuli, Adel: Alarming Trends in US Domestic Violence During the COVID-19 Pandemic. In: American Journal of Emergency Medicine, 38,12 (2020), S. 2753–2755.

13 Vgl. Curran, Winifred: Gender and Gentrification, New York 2018.

14 Vgl. Jamieson, Amber: Her Landlord Asked to Spend the Night with Her after She Lost Her Job and Couldn't Afford Rent. In: BuzzFeed News vom 14. Mai 2020. (www.buzzfeednews.com)

15 Ebda.

16 Vgl. Hubbard, Phil: Revenge and Injustice in the Neoliberal City: Uncovering Masculinist Agendas. In: Antipode, 36,4 (2004), S. 665–686; Papayanis, Marilyn A.: Sex and the Revanchist City: Zoning Out Pornography in New York. In: Environment and Planning D: Society and Space, 18,3 (2000), S. 341–353.

17 Vgl. Covert, Bryce: Why Landlords Target Mothers for Eviction. In: New Republic vom 16. März 2021. (www.newrepublic.com)

18 Ebda.

19 Vgl. Curran, Winifred: Gender and Gentrification, New York 2018.

20 Ebda.

21 Citizens Housing and Planning Council: What the F Is a Feminist Housing Plan? (www.chpcny.org)

22 Vgl. Wekerle, Gerda: A Woman's Place Is in the City. In: Antipode, 16,3 (1984), S. 22.

23 Vgl. Parker, Brenda: Masculinities and Markets: Raced and Gendered Urban Politics in Milwaukee, Athens 2017.

24 Vgl. Fraser, Nancy: Fortunes of Feminism: From State-Managed Capitalism to Neoliberal Crisis, London 2013.

25 Vgl. Rich, Adrienne: Compulsory Heterosexuality and Lesbian Existence. In: Signs: Journal of Women in Culture and Society, 5,4 (1980), S. 631–660.

26 Curran, Winifred: Gender and Gentrification, New York 2018, S. 5.

27 Vgl. Lauria, Mickey; Knopp, Larry: Toward an Analysis of the Role of Gay Communities in the Urban Renaissance. In: Urban Geography, 6,2 (1985), S. 152–169.

28 Vgl. Nast, Heidi J.: Queer Patriarchies, Queer Racisms, International. In: Antipode, 34,5 (2002), S. 874–909; Collins, Dana: The Rise and Fall of an Urban Sexual Community: Malate (Dis)placed, London 2016.

29 Vgl. Curran, Winifred: Gender and Gentrification, New York 2018, S. 5.

30 Gieseking, Jen Jack: A Queer New York: Geographies of Lesbians, Dykes, and Queers, New York 2020, S. 7.

31 Vgl. Fitzgerald, Erin; Elspeth, Sarah; Hickey, Darby: Meaningful Work: Transgender Experiences in the Sex Trade, Washington 2015.

32 Vgl. Curran, Winifred: Gender and Gentrification, New York 2018.

33 Vgl. Podmore, Julie: Gone ›Underground‹?: Lesbian Visibility and the Consolidation of Queer Space in Montréal. In: Social and Cultural Geography, 7,4 (2006), S: 595–625; Rothenberg, Tamar: ›And She Told Two Friends‹: Lesbians Creating Urban Social Space. In: Mapping Desire: Geographies of Sexualities, hg. von David J. Bell und Gill Valentine, New York 1995, S. 150–165.

34 Schulman, Sarah: The Gentrification of the Mind: Witness to a Lost Imagination, Berkeley 2012, S. 26.

35 Ebda. S. 38.

36 Vgl. Bosman, Julie: Chicago Suburb Shapes Reparations for Black Residents: ›It Is the Start‹. In: New York Times vom 2. März 2022. (www.nytimes.com); Mock, Brentin: What It Actually Means to Pass Local ›Reparations. In: Bloomberg CityLab vom 15. April 2021. (www.bloomberg.com)

37 Vgl. Ralston, Deborah: Home Ownership and Super Are Far More Entwined than You Might Think. In: Conversation vom 10. Dezember 2020. (www.theconversion.com); Hulchanski, J. David: A Tale of Two Canadas: Homeowners Getting Richer, Renters Getting Poorer, Toronto 2001.

38 Vgl. Taylor, Keeanga-Yamattha: Race for Profit: How Banks and the Real Estate Industry Undermined Black Homeownership, Chapel Hill 2019; Moore, Natalie Y.: The South Side: A Portrait of Chicago and American Segregation, London 2016.

39 Vgl. Gartz, Linda: Redlined: A Memoir of Race, Change, and Fractured Community in 1960s Chicago, Berkeley 2018; Rothstein, Richard: The Color of Law: A Forgotten History of How Our Government Segregated America, New York 2017.

40 »G.I. Bill« ist die landläufige Bezeichnung für den *Serviceman's Readjustment Act* von 1944, der Förderprogramme und Unterstützungen für die Soldaten, die aus dem Zweiten Weltkrieg zurückkehrten, beinhaltete, darunter günstige Hypotheken und zinsgünstige Darlehen.

41 Der *Fair Labor Standards Act* war Teil des *New Deal* von Präsident Roosevelt, mit dem die Arbeitsbedingungen, einschließlich der Löhne, Sozialleistungen und Sicherheitsstandards

in vielen Branchen verbessert werden sollten. Die von Schwarzen dominierten Berufe waren jedoch von der Gesetzgebung ausgenommen, sodass Schwarze Amerikaner*innen nicht in den Genuss höherer Löhne und Kaufkraft kamen.

42 Vgl. Callahan, David; How the GI Bill Left Out African Americans, In: Demos vom 11. November 2013. (www.demos.org); McIntosh, Kriston: Moss, Emily; Nunn, Ryan; Shambaugh, Jay: Examining the Black-White Wealth Gap In: Brookings Institution vom 27. Februar 2020. (www.brookings.edu)

43 Coates, Ta-Nehisi: The Case for Reparations. In: The Atlantic vom Juni 2014. (www.theatlantic.com)

44 McIntosh, Kriston; et.al.: Examining the Black-White Wealth Gap In: Brookings Institution vom 27. Februar 2020. (www.brookings.edu)

45 Vgl. Hamilton, Darrick; Darity, William J.: Can ›Baby Bonds‹ Eliminate the Racial Wealth Gap in Putative Post-Racial America? In: Review of Black Political Economy, 3,3–4 (2010), S. 207–216.

46 Vgl. Robinson, Cedric J.: Black Marxism: The Making of the Black Radical Tradition, Chapel Hill 1983.

47 Kelley, Robin D. G.: What Did Cedric Robinson Mean by Racial Capitalism? In: Boston Review vom 12. Januar 2017. (www.bostonreview.net)

48 Melamed, Jodi: Racial Capitalism. In: Critical Ethnic Studies, 1,1 (2015), S. 76–85.

49 Vgl. McKittrick, Katherine: Plantation Futures. In: Small Axe, 17,3-42 (2013), S. 1–15.

50 Vgl. Freeman, Lance: There Goes the Hood: Views of Gentrification From the Ground Up, Philadelphia 2011.

51 Vgl. Glick, Jonathan: Gentrification and the Racialized Geography of Home Equity. In: Urban Affairs Review, 44,2 (2008), S. 280–295; Hightower, Cameron; Fraser, James C.: The Raced-Space of Gentrification: ›Reverse Blockbusting,‹ Home Selling, and Neighborhood Remake in North Nashville. In: City and Community, 19,1 (2020), S. 223–244.

52 Vgl. Bullard, Robert D.: Dumping in Dixie: Race, Class and Environmental Quality, New York 1990.

53 Vgl. Vasel, Kathryn: You Can Buy a House in Flint for $14,000. In: CNN vom 4. März 2016. (www.money.cnn.com); Goldstein, Daniel: Lead Poisoning Crisis Sends Flint Real-Estate Market Tumbling. In: MarketWatch vom 17. Februar 2016. (www.marketwatch.com)

54 Vgl. McDonald, Jeremy; Elnaka, Menna; Tomlinson, Asha: It Pays to Get a 2nd Home Appraisal, Especially if You're a Black Homeowner, Hidden Camera Investigation Shows. In: CBC News vom 5. März 2021. (www.cbc.ca)

55 Vgl. Mock, Brentin: A Neighborhood's Race Affects Home Values More Now than in 1980. In: Bloomberg CityLab vom 21. September 2020. (www.bloomberg.com)

56 Howell, Junia; Korver-Glenn, Elizabeth: Race Determines Home Values More Today than It Did in 1980. In: Rice Kinder Institute for Urban Research vom 24. September 2020. (www.kinder.rice.edu)

57 Chen, Listen: Is ›Revitalizing‹ Hogan's Alley Black Racial Justice?: Tensions Between Real Estate and Redress in Black Vancouver's Community and Housing Development, An Interview with Lama Mugabo. In: Volcano vom 21. Mai 2019. (wwww.thevolcano.org)

58 Vgl. Wilder, Craig: A Covenant with Color: Race and Social Power in Brooklyn, New York 2000.

59 Parris, Amanda: Remembering Little Jamaica: This New Film Pays Tribute to a Disappearing Toronto Neighbourhood. In: CBC News vom 27. September 2019. (www.cbc.ca)

60 Ebda.

61 Ebda.

62 Ebda.

63 Hum, Tarry: Black Dispossession and the Making of Downtown Flushing. In: Progressive City. (www.progressivecity.net)

64 Boston, Amanda: Gentrifying the City: From Racialized Neglect to Racialized Reinvestment. In: Insights from the Social Sciences vom 1. September 2020. (www.items.ssrc.org)

65 Ebda.

66 Mele, Christopher: Neoliberalism, Race and the Redefining of Urban Redevelopment. In: International Journal of Urban and Regional Research, 37,2 (2013), S. 598–617.

67 Rhook, Nadia: What's in a Grid?: Finding the Form of Settler Colonialism in Melbourne. In: Global Urban History vom 11. Februar 2016. (www.globalurbanhistory.com)

68 Ebda.

69 Blomley, Nicholas: Unsettling the City: Urban Land and the Politics of Property, London 2004, S. 57.

70 Vgl. Maynard, Robyn: Policing Black Lives: State Violence in Canada from Slavery to the Present, Black Point 2017.

71 Vgl. Walcott, Rinaldo: On Property: Policing, Prisons, and the Call for Abolition, Windsor 2021.

72 Longman, Nickita; et.al.: ›Land Back‹ Is More than the Sum of Its Parts. In: Briarpatch Magazine vom 10. September 2020. (www.briarpatchmagazine.com)

73 Tunney, Joseph: Sandy Hill Rowhouse Residents Face ›Renovictions,‹ Advocates Say. In: CBC News vom 18. April 2021. (www.cbc.ca)

74 Ebda.

75 García, Ivis; Rúa, Mérida M.: ›Our Interests Matter‹: Puerto Rican Older Adults in the Age of Gentrification. In: Urban Studies, 55,14 (2018), S. 3169.

76 Torres, Stacy: ›For a Younger Crowd‹: Place, Belonging, and Exclusion among Older Adults Facing Neighborhood Change. In: Qualitative Sociology, 43,1 (2020), S. 2.

77 Versey, H. Shellae: A Tale of Two Harlems: Gentrification, Social Capital, and Implications for Aging in Place. In: Social Science & Medicine, 214 (2018), S. 1–11.

78 Torres, Stacy: ›For a Younger Crowd‹: Place, Belonging, and Exclusion among Older Adults Facing Neighborhood Change. In: Qualitative Sociology, 43,1 (2020), S. 9.

79 Vgl. Domínguez-Parraga, Lidia: The Effects of Gentrification on the Elderly: A Case Study in the City of Cáceres. In: Social Sciences, 9 (2020), S. 154.

80 Ebda.

81 Vgl. Versey, H. Shellae: A Tale of Two Harlems: Gentrification, Social Capital, and Implications for Aging in Place. In: Social Science & Medicine, 214 (2018).

82 Young, Earni: The Issues That Can Divide a Changing Neighborhood. In: Philadelphia Inquirer vom 23. Oktober 2014. (www.inquirer.com)

83 Versey, H. Shellae: A Tale of Two Harlems: Gentrification, Social Capital, and Implications for Aging in Place. In: Social Science & Medicine, 214 (2018).

84 Vgl. Edmonds Crewe, Sandra: Aging and Gentrification: The Urban Experience. In: Urban Social Work, 1,1 (2017), S. 1.

85 Vgl. Ebda.

86 Vgl. Ebda.

87 Vgl. Adjekum, Sarah: We Need to Talk About Gentrification and Public Health. In: Hamilton Spectator vom 11. Februar 2018. (www.thespec.com)

88 Centers for Disease Control and Prevention: Health Effects of Gentrification vom 15. Oktober 2009. (www.cdc.gov)

89 Lim, Sungwoo; et.al.: Impact of Residential Displacement on Healthcare Access and Mental Health Among Original Residents of Gentrifying Neighborhoods in New York City. (https://pubmed.ncbi.nlm.nih.gov/29272306)

90 Vgl. Iveniuk, James; Leon, Scott: An Uneven Recovery: Measuring COVID-19 Vaccine Equity in Ontario. In: Wellesley Institute vom 16. April 2021. (www.wellesleyinstitute.com); Bahubeshi, Rudayna: Inequality in the COVID Recovery, from Infection Rates to Vaccine Access. In: Policy Magazine vom 15. Juni 2021. (www.policymagazine.ca)

91 Vgl. Parish, Jessica M.: The Vital Politics of Gentrification: Governing Life in Urban Canada into the 21st Century, Toronto 2018. (Unveröff. Dissertation)

92 Vgl. Dear, Michael J.; Wolch, Jennifer R.: Landscapes of Despair: From Deinstitutionalization to Homelessness, New Haven 1987.

93 Vgl. Fuller, Thomas: Life on the Dirtiest Block in San Francisco. In: New York Times vom 8. Oktober 2018. www.nytimes.com

94 Ebda.

95 Kern, Leslie: From Toxic Wreck to Crunchy Chic: Environmental Gentrification Through the Body. In: Environment and Planning D: Society and Space, 33,1 (2015), S. 77.

96 Vgl. Slater, Tom: Municipally Managed Gentrification in South Parkdale, Toronto. In: Canadian Geographer, 48,3 (2004), S. 303–325.

97 Vgl. Sibley, David: Geographies of Exclusion: Society and Difference in the West, London 1995.

Gentrifizerung ist eine Frage der physischen Verdrängung

1 Vgl.: UNHCR (Hg.): Global Trends. Forced Displacement in 2020. (https://www.unhcr.org/60b638e37.pdf)

2 Vgl. Ivester, Sukari: Removal, Resistance and the Right to the Olympic City: The Case of Vila Autodromo in Rio de Janeiro. In: Journal of Urban Affairs, 39,7 (2017), S. 970–985.

3 Vgl. Thompson Fullilove, Mindy: Root Shock: How Tearing Up City Neighborhoods Hurts America, and What We Can Do About It, New York 2004.

4 Vgl. Brenner, Neil; Marcuse, Peter; Mayer, Margit (Hg.in): Cities for People, Not for Profit: Critical Urban Theory and the Right to the City, New York 2012.

5 Vgl. Wyly, Elvin; Newman, Kathe; Schafran, Alex; Lee, Elizabeth: Displacing New York. In: Environment and Planning A, 42,11 (2010), S. 2602–2623.

6 Vgl. Atkinson, Rowland: Measuring Gentrification and Displacement in Greater London. In: Urban Studies, 37,1 (2000), S. 149–165.

7 Vgl. Wyly, Elvin; Newman, Kathe; Schafran, Alex; Lee, Elizabeth: Displacing New York. In: Environment and Planning A, 42,11 (2010), S. 2602–2623.

8 Vgl. Davidson, Mark: Displacement, Space and Dwelling: Placing Gentrification Debate. In: Ethics, Place and Environment: A Journal of Philosophy and Geography, 12,2 (2009), S. 219–234.

9 Vgl. Ebda.

10 Vgl. Tuan, Yi Fu: Space and Place: The Perspective of Experience, Minneapolis 2001 [1977]).

11 Vgl. Thompson Fullilove, Mindy; Wallace, Rodrick: Serial Forced Displacement in American Cities, 1916–2010. In: Journal of Urban Health: Bulletin of the New York Academy of Medicine, 88,3 (2011), S. 381–389.

12 Vgl. Kaba, Mariame: We Do This 'til We Free Us, Chicago 2021.

13 Domizid und Topozid bezeichnen die Zerstörung des Hauses bzw. des Ortes. Urbizid ist die Zerstörung der Stadt.

14 Versey, H. Shellae: A Tale of Two Harlems: Gentrification, Social Capital, and Implications for Aging in Place. In: Social Science & Medicine, 214 (2018), S. 5.

15 Pain, Rachel: Chronic Urban Trauma: The Slow Violence of Housing Dispossession. In: Urban Studies, 56,2 (2019), S. 393.

16 Vgl. Kearns, Ade; Mason, Phil: Regeneration, Relocation and Health Behaviours in Deprived Communities. In: Health and Place, 32 (2015), S. 43–58.

17 Elliott-Cooper, Adam; Hubbard, Phil; Lees, Loretta: Moving Beyond Marcuse: Gentrification, Displacement and the Violence of Un-homing. In: Progress in Human Geography, 44,3 (2020), S. 503.

18 Vgl. Crawford, Belinda; Sainsbury, Peter: Opportunity or Loss?: Health Impacts of Estate Renewal and the Relocation of Public Housing Residents. In: Urban Policy and Research, 35,2 (2017), S. 137–149.

19 Elliott-Cooper, Adam; Hubbard, Phil; Lees, Loretta: Moving Beyond Marcuse: Gentrification, Displacement and the Violence of Un-homing. In: Progress in Human Geography, 44,3 (2020), S. 501.

20 Lefebvre, Henri: Critique of Everyday Life: Foundations for a Sociology of the Everyday, London 1991 [1977]. (Dt.: Kritik des Alltagslebens, Frankfurt/Main 1987)

21 Versey, H. Shellae: A Tale of Two Harlems: Gentrification, Social Capital, and Implications for Aging in Place. In: Social Science & Medicine, 214 (2018), S. 5.

22 Ebda.

23 Domínguez-Parraga, Lidia: The Effects of Gentrification on the Elderly: A Case Study in the City of Cáceres. In: Social Sciences, 9 (2020), S. 9.

24 Buffel Tine; Phillipson, Chris: Ageing in a Gentrifying Neighbourhood: Experiences of Community Change in Later Life. In: Sociology, 53,6 (2019), S. 995.

25 Soziolog*innen nennen das »schwache Bindungen«. Siehe dazu: Mark S. Granovetter: The Strength of Weak Ties. In: American Journal of Sociology, 78,6 (1973), S. 1360–1380.

26 Vgl. Freeman, Lance: There Goes the Hood: Views of Gentrification From the Ground Up, Philadelphia 2011.

27 Recreational Equipment, Inc. ist ein Hersteller von Outdoorkleidung und Wander- und Campingausrüstung und betreibt rund 140 Filialen in den USA. (Anm. des Übersetzers)

28 McDowell, Princess: They Are Gentrifying My Neighborhood in Silence. In: Rebellious Magazine. (www.rebelliousmagazine.com)

29 Not In My BackYard, nicht in meinem Hinterhof, bedeutet, dass man gewisse Veränderungen zwar nicht ablehnt oder sogar befürwortet, aber diese nicht in seiner unmittelbaren Umgebung haben möchte. Besonders beim Bau von Kraftwerken, Verkehrsinfrastruktur

oder Unterkünften für marginalisierte Gruppen machen einflussreichere Bevölkerungsgruppen ihren Einfluss geltend, um sich und ihr Eigentum zu schützen. (Anm. des Übersetzers)

30 Vgl. Brown, Gretchen: How Discussions of ›Neighborhood Character‹ Reinforce Structural Racism. In: Rewire vom 17. Juli 2020. (www.rewire.org)

30 Versey, H. Shellae: A Tale of Two Harlems: Gentrification, Social Capital, and Implications for Aging in Place. In: Social Science & Medicine, 214 (2018), S. 5.

32 Vgl. Schulman, Sarah: The Gentrification of the Mind: Witness to a Lost Imagination, Berkeley 2012.

33 McDowell, Princess: They Are Gentrifying My Neighborhood in Silence. In: Rebellious Magazine. (www.rebelliousmagazine.com)

34 Guzmán, Jaime: The Whiteness Project of Gentrification: The Battle over Los Angeles' Eastside. Denver 2018. (Unveröff. Dissertation).

35 Ebda.

36 Mazer, Katie M.; Rankin, Katharine N.: The Social Space of Gentrification: The Politics of Neighbourhood Accessibility in Toronto's Downtown West. In: Environment and Planning D: Society and Space, 29,5 (2011), S. 831.

37 Im Rahmen von MARCH (Multi-Agency Response to Community Hotspot), einem behördenübergreifenden Projekt unter der Führung der New Yorker Polizei, das in den 1990er Jahren vom damaligen Bürgermeister Rudy Giuliani eingeführt wurde, wurden Hotspots, vor allem der Nachtgastronomie, regelmäßig kontrolliert. (Anm. des Übersetzers)

38 Vgl. Thuy Vo, Lam: As Wealthy Residents Moved in, These Business Owners Found Themselves Raided by Police. In: Buzzfeed News vom 27. August 2020. www.buzzfeednews.com

39 Thuy Vo, Lam: They Played Dominoes Outside Their Apartment for Decades: Then the White People Moved in and Police Started Showing Up. In: Buzzfeed News vom 18. Juii 2018. (www.buzzfeednews.com)

40 Vgl. Helps, David: The Police: Gentrification's Shock Troops. In: Public Books vom 3. November 2020. (www.publicbooks.org)

41 Vgl. Jay, Mark; Conklin, Philip: A People‹s History of Detroit, Durham 2020.

42 Vgl. Solnit, Rebecca: Death by Gentrification: The Killing That Shamed San Francisco. In: Guardian vom 21. März 2016. (www.theguardian.com)

43 Ebda.

44 Bailey, Phillip M.; Duvall, Tessa: Breonna Taylor Warrant Connected to Louisville Gentrification Plan, Lawyers Say. In: Courier Journal vom 5. Juli 2020. (www.courier-journal.com)

45 Ebda.

46 Taylor Jr., Henry-Louis: Breonna Taylor‹s Death and Racist Police Violence Highlight Danger of Gentrification. In: NBC News Think vom 22. Juli 2020. (www.nbcnews.com)

47 Ebda.

48 Vgl. Vannuchi, Luanda; Criekingen, Mathieu Van: Transforming Rio de Janeiro for the Olympics: Another Path to Accumulation by Dispossession?. In: Articulo: Journal of Urban Research, 7 (2015). (www.journals.openedition.org); Anthony, Constance G.: Urban Forced Removals in Rio De Janeiro and Los Angeles: North-South Similarities in Race and City. In: University of Miami Inter-American Law Review, 44,2 (2013), S. 337–364.

49 Vgl. Elliott-Cooper, Adam; Hubbard, Phil; Lees, Loretta: Moving Beyond Marcuse: Gentrification, Displacement and the Violence of Un-homing. In: Progress in Human Geography, 44,3 (2020).

50 Mit »ehemals kolonisierten Menschen« meine ich diejenigen, deren Vorfahren einst unter kolonialer Herrschaft standen, die heute aber politisch unabhängig sind.

51 Vgl. Martin, Carol; Walia, Harsha: Red Women Rising: Indigenous Women Survivors in Vancouver‘s Downtown Eastside. In: Downtown Eastside Women‘s Centre, 2019. (www.dewc.ca)

52 Ebda.

53 Ebda.

54 Vgl. Bonds, Anne; Inwood, Joshua: Beyond White Privilege: Geographies of White Supremacy and Settler Colonialism. In: Progress in Human Geography, 40,6 (2016), S. 715–733; Barker, Adam; Battell Lowman, Emma: Settler Colonialism. In: Global Social Theory. (www.globalsocialtheory.org)

55 Vgl. Reclaiming Power and Place: The Final Report of the National Inquiry into Missing and Murdered Indigenous Women and Girls, 2019). (www.mmiwg-ffada.ca)

56 Martin, Carol; Walia, Harsha: Red Women Rising: Indigenous Women Survivors in Vancouver's Downtown Eastside. In: Downtown Eastside Women's Centre, 2019. (www.dewc.ca)

57 Vgl. Shaw, Wendy: Ways of Whiteness: Harlemising Sydney's Aboriginal Redfern. In: Australian Geographical Studies, 38,3 (2000), S. 291–305.

58 Kim Jackson, Liza: The Complications of Colonialism for Gentrification Theory and Marxist Geography. In: Journal of Law and Social Policy, 27 (2017), S. 69.

59 Baker, Alexander: From Eviction to Evicting: Rethinking the Technologies, Lives and Power Sustaining Displacement. In: Progress in Human Geography, 45,4 (2021), S. 796–813.

60 Vgl. Desmond, Matthew: Evicted: Poverty and Profit in the American City, New York 2016.

61 Vgl. Capps, Kriston: In California, Landlords Threaten Immigrant Tenants with Deportations. In: Bloomberg CityLab vom 5. April 2017. (www.bloomberg.com); Romine, Taylor; Alsharif, Mirna: NYC Judge Recommends Landlord Pay $17,000 for Threatening to Call ICE on Undocumented Tenant. In: CNN vom 21. September 2019. (www.cnn.com)

62 Vgl. Desmond, Matthew: Evicted: Poverty and Profit in the American City, New York 2016.

63 Nova, Annie: 30 Second Trials: Judges Muting Tenants; The Problems with Virtual Evictions. In: CNBC News vom 1. Mai 2021. (www.cnbc.com)

64 Vgl. Hepburn, Peter; Louis, Renee; Desmond, Matthew: Racial and Gender Disparities among Evicted Americans. In: Eviction Lab vom 16. Dezember 2020. (www.evictionlab.org); Eckart, Kim: UW Study Reveals Gender, Racial Disparities in Evictions. In: UW News vom 10. Februar 2020. (www.washington.edu)

65 Freytas-Tamura, Kimiko de: Why Black Homeowners in Brooklyn Are Being Victimized by Fraud. In: New York Times vom 21. Oktober 2019. (www.nytimes.com)

66 Ebda.

67 Ebda.

68 Vgl. Curran, Winifred; Hamilton, Trina: Just Green Enough: Contesting Environmental Gentrification in Greenpoint, Brooklyn. In: Local Environment, 17,9 (2012), S. 1027–1042.

69 Vgl. Dale, Ann; Newman, Lenore L.: Sustainable Development for Some: Green Urban Development and Affordability. In: Local Environment, 14,7 (2009), S. 669–681; Pearsall, Hamil: Superfund Me: A Study of Resistance to Gentrification in New York City. In: Urban Studies, 50,11 (2013), S. 2293–2310.

70 Vgl. Wolch, Jennifer R.; Byrne, Jason; Newell, Joshua P.: Urban Green Space, Public Health, and Environmental Justice: The Challenge of Making Cities ›Just Green Enough‹. In: Landscape and Urban Planning, 125 (2014), S. 234–244; Foster, Jennifer: Off Track, in Nature: Constructing Ecology on Old Rail Lines in Paris and New York. In: Nature & Culture, 5,3 (2010), S. 316–337; Patrick, Darren J.: The Matter of Displacement: A Queer Urban Ecology of New York City's High Line. In: Social and Cultural Geography, 15,8 (2014), S. 920–941.

71 Vgl. Curran, Winifred; Hamilton, Trina: Just Green Enough: Contesting Environmental Gentrification in Greenpoint, Brooklyn. In: Local Environment, 17,9 (2012), S. 1027–1042.

72 Vgl. Kempe, Ysabelle: House Hunters Are Fleeing Climate Change, Causing a New Kind of Gentrification. In: Grist vom 9. April 2021. (www.grist.org)

73 Hubbard, Phil; Brooks, Andrew: Animals and Urban Gentrification: Displacement and Injustice in the Trans-Species City. In: Progress in Human Geography (February 2021), S. 2.

74 Vgl. ebda., S. 6; Fahim Amir, Being and Swine: The End of Nature (As We Knew It), Toronto 2020. (Dt. Schwein und Zeit, Hamburg 2019).

75 Hubbard, Phil; Brooks, Andrew: Animals and Urban Gentrification: Displacement and Injustice in the Trans-Species City. In: Progress in Human Geography (February 2021), S. 7.

76 Fahim Amir, Being and Swine: The End of Nature (As We Knew It), Toronto 2020, S. 68.

77 Peña, Mauricio: Target Set to Hire 2,000 Employees for Controversial Little Village Warehouse. In: Block Club Chicago vom 29. April 2021. (www.blockclubchicago.org)

78 Vgl. Madden, David: The Urban Process under Covid Capitalism. In: City 24,5–6 (2020), S. 677–680.

79 Vgl. Hughes, Siobhan: How Cori Bush Put Life Story to Work in Eviction Protest at Capitol. In: Wall Street Journal vom 5. August 2021. (www.wsj.com)

80 Madden, David: The Urban Process under Covid Capitalism. In: City 24,5–6 (2020), S. 678.

81 Vgl. Schulman, Sarah: The Gentrification of the Mind: Witness to a Lost Imagination, Berkeley 2012.

82 Vgl. Lurie, Julia: How PPP Loan Distribution Became the New Redlining. In: Mother Jones vom 1. Mai 2021. (www.motherjones.com)

83 Vgl. Morel, Laura C.; Al Elew, Mohamed; Harris, Emily: Rampant Racial Disparities Plagued How Billions of Dollars in PPP Loans Were Distributed in the U.S.. In: Reveal vom 1. Mai 2021. (www.revealnews.org)

84 Vgl. Torres, Stacy: ›For a Younger Crowd‹: Place, Belonging, and Exclusion among Older Adults Facing Neighborhood Change. In: Qualitative Sociology, 43,1 (2020), S. 9.

85 Buffel Tine; Phillipson, Chris: Ageing in a Gentrifying Neighbourhood: Experiences of Community Change in Later Life. In: Sociology, 53,6 (2019).

Gentrifizierung ist eine Metapher

1 Vgl. Mizoguchi, Karen: Beyoncé Is Prepping for Coachella 2018 by Going Vegan – and You Too Can Copy Her Meal Plan! In: People vom 2. März 2018. (www.people.com)

2 Vgl. Ballard, Jamie; Garrity, Amanda: 30 Celebrities You Didn't Know Were Vegan. In: Good Housekeeping vom 20. Dezember 2018. (www.goodhousekeeping.com)

3 Vgl. Bettez Halnon, Karen; Cohen, Saundra: Muscles, Motorcycles and Tattoos: Gentrification in a New Frontier. In: Journal of Consumer Culture, 6,1 (2006), S. 33–56.

4 Vgl. Brean, Joseph: From Counter-Culture to Mainstream: Why the Red-Hot Tattoo Boom is Bound to End. In: The National Post vom 16. August 2013. (www.nationalpost.com)

5 Vgl. Bettez Halnon, Karen; Cohen, Saundra: Muscles, Motorcycles and Tattoos: Gentrification in a New Frontier. In: Journal of Consumer Culture, 6,1 (2006), S. 33–56.

6 Vgl. Filipović, Andrija: Drag for Everyone: Creative Industries and the Becoming-Visible of Drag in the 21st Century Belgrade. In: Sexualities (2021).

7 Vgl. De Michelis, Elizabeth: A History of Modern Yoga, London 2004.; Strauss, Sarah: Positioning Yoga: Balancing Acts Across Cultures, Oxford 2004.

8 Vgl. Philp, John: Yoga Inc.: A Journey Through the Big Business of Yoga, Toronto 2009.

9 Vgl. Curran, Winifred: Gender and Gentrification. New York 2018.

10 Vgl. Dworkin, Shari L.; Wachs, Faye L.: ›Getting Your Body Back‹: Postindustrial Fit Motherhood in Shape Fit Pregnancy Magazine. In: Gender and Society, 18,5 (2004), S. 610–624.

11 Vgl. Kern, Leslie: Connecting Embodiment, Emotion and Gentrification: An Exploration Through the Practice of Yoga in Toronto. In: Emotion, Space and Society, 5,1 (2012), S. 27–35.

12 Vgl. Vowel, Chelsea: Indigenous Writes: A Guide to First Nations, Métis, and Inuit Issues in Canada, Winnipeg 2016.

13 Van Badham: ›Mentrification‹: How Men Appropriated Computers, Beer and the Beatles. In: The Guardian vom 19. Mai 2019. (www.theguardian.com)

14 Vgl. Kern, Leslie: Sex and the Revitalized City: Gender, Condominium Development, and Urban Citizenship, Vancouver 2010.

15 Mock, Brentin: The New Urban Fried-Chicken Crisis. In: Bloomberg CityLab vom 10. Mai 2017. (www.citylab.com)

16 Vgl. Demby, Gene: Where Did That Fried Chicken Stereotype Come From? In: Code-Switch vom 22. Mai 2013. (www.npr.org)

17 Vgl. Hester, Jessica: When Food Gets Gentrified. In: Bloomberg CityLab vom 6. Dezember 2016. (www.citylab.com)

18 Vgl. East Liberty development: History of East Liberty, 2021. (www.eastliberty.org)

19 Vgl. Alkon, Alison Hope; et.al.: A Recipe for Gentrification: Food, Power, and Resistance in the City, New York 2020.

20 Vgl. Walker, Renee E.; et.al.: Disparities and Access to Healthy Food in the United States: A Review of Food Deserts Literature. In: Health and Place, 16 (2010), S. 876–884.

21 Vgl. Meyer, Mandy: This Is How Many Vegans Are in the World Right Now. In: VOU vom 17. Januar 2021. (www.wtvox.com)

22 Banis, David: Everything Is Ready to Make 2019 the ›Year of the Vegan‹: Are You? In: Forbes vom 13. Dezember 2018. (www.forbes.com)

23 Whyte, Murray: ›My Parkdale Is Gone‹: How Gentrification Reached the One Place That Seemed Immune. In: The Guardian vom 14. Jänner 2020. (www.theguardian.com)

24 Ebda.

25 O'Neil, Lauren: Vegans Now Have Their Own Neighbourhood in Toronto. In: BlogTO, vom 7. März 2018. (www.blogto.com)

26 Vgl. Frank, Thomas: The Conquest of Cool: Business Culture, Counterculture, and the Rise of Hip Consumerism, Chicago 1998.

27 Chuang, Céline: Let Us Be Water: Grieving Gentrification in the Heart of the City. In: Guts Magazine vom 19. Januar 2020. (www.gutsmagazine.ca)

Gentrifizierung ist unvermeidlich

1 Fry, Hannah; Wick, Julia: Moms Squatting in Home to Protest Bay Area Housing Crisis Are Kicked Out by Deputies. In: Los Angeles Times vom 14. Januar 2020. (www.latimes.com)

2 Vgl. Bott, Michael; Myers, Sean: Examining Wedgewood: A Look at the Home-Flipping Giant in Battle with Homeless Mothers. In: NBC Bay Area vom 31. Dezember 2019. (www.nbcbayarea.com)

3 Vgl. Holder, Sarah; Mock, Brentin: A Group of Mothers, a Vacant Home, and a Win for Fair Housing. In: Bloomberg CityLab vom 28. Januar 2020. (www.citylab.com)

4 Vgl. Lees, Loretta; et.al.: Resisting Planetary Gentrification: The Value of Survivability in the Fight to Stay Put. In: Annals of the American Association of Geographers, 108,2 (2018), S. 346-355.

5 Vgl. Annunziata, Sandra; Rivas-Alonso, Clara: »Resisting Gentrification«, in Handbook of Gentrification Studies, hg. von Loretta Lees und Martin Phillips, Cheltenham 2018, S. 393–412.

6 Vgl. Ebda.

7 Woods, Clyde: Life after Death. In: Professional Geographer, 54,1 (2002), S. 62.

8 McKittrick, Katherine: Plantation Futures. In: Small Axe, 17,3-42 (2013), S. 9.

9 Vgl. Dorries, Heather, et.al. (Hg.in): Settler City Limits: Indigenous Resurgence and Colonial Violence in the Urban Prairie West, Winnipeg 2019.

10 Vgl. Kern, Leslie: Sex and the Revitalized City: Gender, Condominium Development, and Urban Citizenship, Vancouver 2010.

11 Vgl. Solnit, Rebecca; Schwartzenberg, Susan: Hollow City. The Siege of San Francisco and the Crisis of American Urbanism. London/ New York 2000; Moskowitz, Pete E.: How to Kill a City. Gentrification, Inequality, and the Fight for the Neighbourhood, New York 2017; Moss, Jeremiah: Vanishing New York: How a Great City Lost Its Soul, New York 2017; Calhoun, Ada: St. Marks Is Dead: The Many Lives of America's Hippest Street, New York 2015.

12 In Deutschland gibt es ebenfalls Ansätze, mittels CLTs Boden vom Markt zu nehmen und einer zivilgesellschaftlichen, gemeinwohl-orientierten Nutzung zuzuführen, vgl.: https://www.stadtbodenstiftung.de. Eine andere in Deutschland verbreitete Form, Wohnraum

dem Immobilienmarkt zu entziehen, ist das Mietshäuser Syndikat, bei dem gemeinschaftlich Häuser erworben und danach in Kollektiveigentum überführt werden, ohne dass diese später weiterverkauft werden können, vgl.: https://www.syndikat.org. (Anm. des Übersetzers)

13 Vgl. Ferré-Sadumi, Luis: India Walton Stuns Longtime Incumbent in Buffalo Mayoral Primary. In: New York Times vom 23. Juni 2023. (www.nytimes.com)

14 Turnbull, Lornet: To Combat Gentrification, One City Is Changing How Homes Are Bought and Sold. In: Yes Magazine vom 13. Juli 2018. (www.yesmagazine.org)

15 Vgl. La Communauté Milton Parc: History and Architecture of the Milton Park District, 2013. (www.miltonparc.org)

16 Vgl. Evergreen Cooperatives: About Us, 2016. (www.evgob.com)

17 Vgl. Funes, Yessenia: Own a Home in Just Four Years?: This Co-op Program Keeps Workers in the Neighborhood. In: Yes Magazine vom 24. August 2015. (www.yesmagazine.org)

18 Vgl. Rodríguez, María Carla; Di Virgilio, María Mercedes: A City for All?: Public Policy and Resistance to Gentrification in the Southern Neighborhoods of Buenos Aires. In: Urban Geography, 37,8 (2016), S. 1215–1234.

19 Vgl. Hubbard, Phil; Lees, Loretta: The Right to Community? In: City, 22,1 (2018), S. 8–25.

20 Vgl. Berglund, Lisa; Butler, Sam: Detroit's Community Benefits Ordinance: Setbacks and Opportunities to Giving Residents a Voice in Development. In: Journal of Community Practice, 29,1 (2021), S. 23–45.

21 Ebda. S. 39.

22 Vgl. Würmann, Isaac: The Tenants' Rebellion. In: Slate vom 10. Mai 2021. (www.slate.com); Hermsmeier, Lukas: Berlin's Radical Housing Activists Aren't Afraid of Expropriations. In: Nation vom 27. März 2019. (www.thenation.com)

23 Vgl. Braneck, Dave: Berlin Referendum: Voters Mull One of Europe's Most Radical Ripostes to Gentrification. In: EuroNews vom 21. September 2021. (www.euronews.com)

24 Vgl. Berry, Alex: Germany: Berlin Locals Vote to Expropriate Real Estate Giants. In: DW vom 26. September 2021. (www.dw.com)

25 Vgl. August, Martine: Inclusionary Zoning: Six Insights from International Experience. In: Plan Canada (Winter 2018), S. 6–11.

26 Vgl. Lee, Seon Young; Han, Yoonai: When Art Meets Monsters: Mapping Art Activism and Anti-Gentrification Movements in Seoul. In: City, Culture and Society, 21 (2020).

27 Ebda.

28 SquatSpace: Tour of Beauty, 2019. (www.squatspace.com)

29 Vgl. Ilhein, Lucas: Complexity, Aesthetics, and Gentrification: Redfern/Waterloo Tour of Beauty. In: There Goes the Neighbourhood: Redfern and the Politics of Urban Space, hg. von Zanny Begg und Keg De Souza, Sydney 2009, S. 46-49.

30 McLean, Heather: Featured Video – ›A Buzz in My Hub: Gender, Race, and Performing the Creative City‹. In: Antipode Online vom 18. März 2013. (www.antipodeonline.org)

31 McLean, Heather: Hos in the Garden: Staging and Resisting Neoliberal Creativity. In: Environment and Planning D: Society and Space, 35,1 (2017), S. 9.

32 Vgl. Ebda.

33 Ilhein, Lucas: Complexity, Aesthetics, and Gentrification: Redfern/Waterloo Tour of Beauty. In: There Goes the Neighbourhood: Redfern and the Politics of Urban Space, hg. von Zanny Begg und Keg De Souza, Sydney 2009, S. 49.

34 Vgl. Boarini, Silvia: Aboriginal Australians Defying Gentrification. In: AlJazeera vom 9. Februar 2015. (www.aljazeera.com)

35 Vgl. CBC News: Toronto Mayor to Review Clearing of Homeless Encampment from Trinity Bellwoods. Vom 23. Juni 2021. (www.cbc.ca)

36 Notizen aus der Feldforschung vom September 2015.

37 García, Ivis: No Se Vende (Not for Sale): An Anti-Gentrification Grassroots Campaign of Puerto Ricans in Chicago. In: América Crítica, 3,2 (2019), S. 35–61.

38 Ebda.

39 Ebda.

40 Philadelphia Housing Action: Philadelphia Housing Action Claims Victory after 6 Month Direct Action Campaign Forces City to Relinquish 50 Vacant Homes to Community Land Trust. (www.philadelphiahousingaction.org)

41 Maharawal, Manissa M.: Infrastructural Activism: Google Bus Blockades, Affective Politics, and Environmental Gentrification in San Francisco. In: Antipode (2021).

42 Mould, Oli: Gutsy, Organised Londoners Have Learned to Stop Gentrification in Its Tracks – Here's How. In: Conversation vom 1. März 2018. (www.theconversation.com)

43 Vgl. Opillard, Florian: Resisting the Politics of Displacement in the San Francisco Bay Area: Anti-Gentrification Activism in the Tech Boom 2.0. In: European Journal of American Studies, 10,3 (2015).

44 Vgl. Lorde, Audre: Sister Outsider, Freedom 1984. (Dt.: Sister Outsider, München 2021, S. 151)

45 Allie, Mohammed: Cape Town Anger Over Slave Quarter Gentrification. In: BBC News vom 5. August 2018. (www.bbc.com)

46 Vgl. Macguire, Eoghan: Can South Africa's ›Cradle of Islam‹ Survive Gentrification? In: AlJazeera vom 11. Dezember 2018. (www.aljazeera.com)

47 Pasternak, Shiri; et.al.: Cash Back: A Yellowhead Institute Red Paper, Yellowhead Institute 2021, S. 5.

48 Vgl. Velásquez Atehortúa, Juan: Barrio Women's Invited and Invented Spaces Against Urban Elitisation in Chacao, Venezuela. In: Antipode, 46,3 (2014), S. 835–856.

49 Ebda; S. 843.

50 Miraftab, Faranak: Insurgent Planning: Situating Radical Planning in the Global South. In: Planning Theory, 8,1 (2009), S. 32–50.

51 Vgl. Lawrence, Elizabeth; ›Love and Solidarity‹: Amid Coronavirus, Mutual Aid Groups Resurge in New York City. In: NPR vom 26. Juli 2020. (www.npr.org); Equality for Flatbush: Brooklyn Shows Love Mutual Aid Project, 2020. (www.euqlityforflatbush.org)

52 Vgl. Spade, Dean: Mutual Aid: Building Solidarity During This Crisis (and the Next), London 2020. Savitch-Lew, Abigail: Mutual Aid Movement Playing Huge Role in COVID-19 Crisis. In: City Limits vom 3. April 2020. (www.citylimits.org)

53 Spade, Dean: Mutual Aid: Building Solidarity During This Crisis (and the Next), London 2020, S. 16.

54 Ebda., S. 17.

Lasst uns eine andere Geschichte erzählen

1 Vgl. Bassichis, Morgan; et.al.: Building an Abolitionist Trans and Queer Movement with Everything We've Got. In: Captive Genders: Trans Embodiment and the Prison Industrial Complex, hg. von Eric A. Stanley und Nat Smith, Edinburgh 2011), S. 15–40.

2 Olufemi, Lola: Feminism, Interrupted: Disrupting Power, London 2020.

3 Ebda.

4 Vgl. Crenshaw, Kimberlé: Demarginalizing the Intersection of Race and Sex: A Black Feminist Critique of Antidiscrimination Doctrine, Feminist Theory, and Antiracist Politics. In: Feminist Legal Theory: Readings in Law and Gender, hg. von Katherine Bartlett und Roseanne Kennedy, New York 1991, S. 57–80. (Dt.: Das Zusammenwirken von *Race* und Gender ins Zentrum rücken: Eine Schwarze feministische Kritik des Antidiskriminierungsdogmas, der feministischen Theorie und antirassistischer Politiken. In: Natasha A. Kelly (Hg.): Schwarzer Feminismus. Grundlagentexte, 2. Auflage, Münster 2022, S. 143–184).

5 Vgl. Kern, Leslie: Feminist City: A Field Guide, Toronto 2019. (Dt.: Feminist City, Münster 2022)

6 Vgl. Power, Emma R.; Mee, Kathleen J.: Housing: An Infrastructure of Care. In: Housing Studies, 35,3 (2020), S. 500.

7 Ebda.

8 Vgl. Kirkby, Chelsea; Mettler, Kathryn: Women First: An Analysis of a Trauma-Informed, Women-Centred, Harm Reduction Housing Model for Women with Complex Substance Use and Mental Health Issues. In: Exploring Effective Systems Responses to Homelessness, hg. von Naomi Nichols und Carey Doberstein, Toronto 2016, S. 114–131.

9 Vgl. Schulman, Sarah: The Gentrification of the Mind: Witness to a Lost Imagination, Berkeley 2012.

10 Vgl. Gieseking, Jen Jack: A Queer New York: Geographies of Lesbians, Dykes, and Queers, New York 2020, S. 7.

11 Olufemi, Lola: Feminism, Interrupted: Disrupting Power, London 2020.

12 Roberts, David J.; Mahtani, Minelle: Neoliberalizing Race, Racing Neoliberalism: Placing ›Race‹ in Neoliberal Discourses. In: Antipode, 42,2 (2010): 248.

13 Danewid, Ida: The Fire This Time: Grenfell, Racial Capitalism and the Urbanisation Of Empire. In: European Journal of International Relations 26,1 (2020), S. 299.

14 Pulido, Laura: Geographies of Race and Ethnicity 1: White Supremacy vs White Privilege in Environmental Racism Research. In: Progress in Human Geography, 29,6 (2015), S. 810.

15 Ebda., S. 812.

16 Ebda., S. 813.

17 Ebda., S. 812.

18 Vgl. Thompson Fullilove, Mindy; Wallace, Rodrick: Serial Forced Displacement in American Cities, 1916–2010. In: Journal of Urban Health: Bulletin of the New York Academy of Medicine, 88,3 (2011), S. 381–89.

19 Vgl. Taylor, Keeanga-Yamattha: Race for Profit: How Banks and the Real Estate Industry Undermined Black Homeownership, Chapel Hill 2019.

20 Vgl. Bullard, Robert D.: Dumping in Dixie: Race, Class and Environmental Quality, New York 1990.

21 Vgl. Sze, Julie: Noxious New York: The Racial Politics of Urban Health and Environmental Justice, Boston 2006.

22 Vgl. Moscrop, David: Fixing the Housing Crisis Will Mean Treating Shelter as a Right – Not a Commodity. In: Canadian Dimension vom 25. Juni 2021. (www.canadiandimension.com)

23 Vgl. Kaba, Mariame: We Do This 'til We Free Us, Chicago 2021.

24 Ebd.

25 Wilson Gilmore, Ruth: Golden Gulag: Prisons, Surplus, Crisis, and Opposition in Globalizing California, Berkeley 2007.

26 Vgl. McKittrick: Plantation Futures. In: Small Axe, 17,3-42 (2013), S. 1–15.

27 Butler, Tamika: Last Year, the Bike Industry Promised Inclusivity: But Advocacy Allies Still Don't Get It. In: Bicycling vom 1. Juli 2021. (www.bicycling.com)

28 Sefa Dei, George J.: Foreword. In: Decolonization and Anti-Colonial Praxis: Shared Lineages, hg. von Anila Zainub, Leiden 2019, S. xii.

29 Ebda.

30 Vgl. Robinson, Jennifer: Ordinary Cities: Between Modernity and Development, London 2006; Porter, Libby: Unlearning the Colonial Cultures of Planning, London 2016.

31 Vgl. Peake, Linda; Rieker, Martina: Rethinking Feminist Interventions into the Urban, London 2013.

32 Vgl. Tuhiwai Smith, Linda: Decolonizing Methodologies: Research and Indigenous Peoples, London 1999.

33 Vgl. McGregor, Deborah: Mino-Mnaamodzawin: Achieving Indigenous Environmental Justice in Canada. In: Environment and Society: Advances in Research, 9 (2018), S. 7–24.

34 Vgl. Harjo, Laura: Spiral to the Stars: Mvskoke Tools of Futurity, Tucson 2019, S. 10.

35 Vgl. Dorries, Heather, et.al. (Hg.in): Settler City Limits: Indigenous Resurgence and Colonial Violence in the Urban Prairie West, Winnipeg 2019.

36 Vgl. LaDuke, Winona: A Society Based on Conquest Cannot Be Sustained: Native Peoples and the Environmental Crisis. In: Toxic Struggles: The Theory and Practice of Environmental Justice, hg. von Richard Hofrichter, Philadelphia 1993, S. 98–106.

37 Vgl. Ebda.

38 Vgl. Kim Jackson, Liza: The Complications of Colonialism for Gentrification Theory and Marxist Geography. In: Journal of Law and Social Policy, 27 (2017), S. 69.

39 Tuck, Eve; Yang, K. Wayne: Decolonization Is Not a Metaphor. In: Decolonization: Indigeneity, Education and Society, 1,1 (2012), S. 2.

40 Ebda., S. 7.

41 Pasternak, Shiri; King, Hayden: Land Back: A Yellowhead Institute Red Paper, Yellowhead Institute 2019, S. 36.

42 Nixon, Lindsay: This Prairie City Is Land, Too. In: Briarpatch Magazine vom 10. September 2020. (www.briarpatchmagazine.com)

43 Vgl. Peters, Evelyn; Anderson, Chris: Indigenous in the City: Contemporary Identities and Cultural Innovation, Vancouver 2014.

44 Vgl. Walker, Ryan; et.al.: (Hg.): Reclaiming Indigenous Planning, Montreal 2013.

45 Escobar, Arturo: Designs for the Pluriverse: Radical Interdependence, Autonomy, and the Making of Worlds, Durham 2017.

46 Vgl. McGregor, Deborah: Mino-Mnaamodzawin: Achieving Indigenous Environmental Justice in Canada. In: Environment and Society: Advances in Research, 9 (2018), S. 7–24.

47 Schlichtman, John Joe; et.al.: Gentrifier, Toronto 2017, S. 89.

48 Vgl. Brown-Saracino, Japonica: A Neighborhood That Never Changes: Gentrification, Social Preservation, and the Search for Authenticity, Chicago 2010.

49 Vgl. Hamilton, Trina; Curran, Winifred: From ›Five Angry Women‹ to ›Kick-Ass Community‹: Gentrification and Environmental Activism in Brooklyn and Beyond. In: Urban Studies, 50,8 (2013), S. 1557–1574.

50 Ebda. S. 1560.

51 Vgl. Iyer, Deepa: The Social Change Ecosystem Map (Building Movement Project). (www.buildingmovement.org)

52 Ebda.

53 Vgl. Haig-Brown, Celia: Decolonizing Diaspora: Whose Traditional Land Are We On? In: Cultural and Pedagogical Inquiry, 1,1 (2009), S. 4–21.

54 Vgl. Buckley, Michelle: From Kerala to Dubai and Back Again: Construction Migrants and the Global Economic Crisis. In: Geoforum, 43,2 (2012), S. 250–259.

55 Vgl. Weitzman, David: Skywalkers: Mohawk Ironworkers Build the City, New York 2010.

56 Als Trickle-Down-Ökonomie wird die Theorie, dass der Wohlstand der Reichsten einer Gesellschaft nach und nach auch bei den unteren Teilen einer Gesellschaft ankommt, bezeichnet. Vertreter*innen des Neoliberalismus führen diese beispielsweise gerne an, um Steuersenkungen für die Wohlhabenden zu rechtfertigen, da diese im Laufe der Zeit der gesamten Gesellschaft zugute kommen würden. (Anm. des Übersetzers)

57 Vgl. Ahmed, Sara: Living a Feminist Life, Durham 2017 (Dt.: Feministisch leben! Manifest für Spaßverderberinnen, Münster 2022)

58 Vgl. Gibson-Graham, J. K.; Dombroski, Kelly: The Handbook of Diverse Economies, Cheltenham 2020.

59 Costanza-Chock, Sasha: Design Justice: Community-Led Practices to Build the Worlds We Need, Cambridge 2020. (Online: design-justice.pubpub.org)

60 Kaba, Mariame: We Do This 'til We Free Us, Chicago 2021, S. 55.

61 Ebda, S. 57.

62 Ebda.

63 Ebda, S. 56.

Zwischenraum Kollektiv (Hg.)

Decolonize the City!

Zur Kolonialität der Stadt

200 Seiten | 14,00 €
ISBN 978-3-89771-546-2

Eine Verortung der »Europäischen Stadt« und ihrer Herstellung

Die Beiträge zu *Decolonize the City!* fragen aus einer rassismuskritischen Position nach dem Alltag von postkolonialen MigrantInnen und People of Color und ihren Kämpfen in der Stadt, benennen politische Praktiken der Verortung und der Selbstbezeichnung im deutschen/transnationalen Kontext und gehen aus einer selbstbestimmten, solidarischen und verantwortungsvollen Position auf das Verhältnis zwischen Stadt und der Verortung rassifizierter Menschen und Communitys ein. Es werden dabei die Perspektiven derjenigen in den Mittelpunkt gestellt, die als zugleich rassifizierte, vergeschlechtlichte und sexualisierte »Andere« hervorgebracht und gelesen werden – und sich selbst so verstehen oder auch nicht.

Daniel Mullis

Recht auf die Stadt

Von Selbstverwaltung und radikaler Demokratie

184 Seiten | 14,00 €
ISBN 978-3-89771-544-8

Wer bestimmt den urbanen Raum?

Recht auf die Stadt ist bei Lefebvre weit mehr als der Kampf um die aktuelle Stadt. Doch was steht hinter dieser 1968 ausgerufenen Parole, wie ist sie in Lefebvres Ideen zu Stadt und Raum eingebunden, was können seine Konzepte heute noch leisten und welche emanzipatorischen Perspektiven bieten sie? Diesen Fragen wird ausgehend von der Konfrontation Lefebvres mit dem Ansatz der radikalen Demokratie nach Ernesto Laclau und Chantal Mouffe nachgegangen, um daraus Antworten für ein aktivistisches und praxisorientiertes Recht auf die Stadt zu gewinnen.

»Bereits die verständlichen Einführungen in die Theorien von Lefebvre einerseits und Laclau und Mouffe andererseits machen das Buch sehr lesenswert. Zudem gelingt es Mullis, beide in der Linken viel diskutierten Werke zu verbinden.«

Jonas Aebi | WOZ

Frank Eckardt & Hamidou Maurice Bouguerra (Hg.)

Stadt und Rassismus

Analysen und Perspektiven für eine antirassistische Urbanität

424 Seiten | 19,80 Euro
ISBN 978-3-89771-095-5

Städte als Orte des rassistischen Geschehens und des antirassistischen Kampfes

Mit diesem Buch sollen die Zusammenhänge zwischen den Strukturen der Stadt und denen des Rassismus sowohl charakterisiert als auch analysiert werden. In welcher Weise wirkt sich Rassismus im städtischen Alltag, im Bildungswesen, im öffentlichen Raum, bei der Wohnungssuche oder gegenüber Institutionen wie der Polizei aus? Und in welcher Weise kann dagegen vorgegangen werden? Schließlich ist die Stadt nicht nur der Ort des rassistischen Geschehens, sondern auch der Raum für antirassistische Kämpfe.